ITINÉRAIRE

ET SOUVENIRS

D'UN VOYAGE EN ITALIE.

ITINÉRAIRE

ET SOUVENIRS

D'UN VOYAGE EN ITALIE

EN 1819 ET 1820.

> Salve, magna parens frugum, Saturnia tellus,
> Magna virûm : tibi res antiquæ laudis et artis
> Ingredior.
> Virg., *Géorg.*, liv. ii.

TOME TROISIÈME.

PARIS.

IMPRIMERIE DE DONDEY-DUPRÉ,
Rue Saint-Louis, N° 46, au Marais.

M. DCCC. XXIX.

ITINÉRAIRE

ET SOUVENIRS

D'UN VOYAGE EN ITALIE.

LE MUSÉE DE PORTICI.
LE PALAIS DE PORTICI. — HERCULANUM. — LA FAVORITE.
RÉFLEXIONS SUR LES NAPOLITAINS.

Naples, 30 novembre 1819.

Un corps de logis dépendant de la maison royale de Portici, avait été réservé pour y exposer les objets d'art trouvés dans les fouilles de Pompéia, d'Herculanum et de Stabia. Quand l'irruption des Français menaça le territoire napolitain, le roi Ferdinand emporta en Sicile la majeure partie des antiquités qui se trouvaient réunies dans ce musée. A son retour, il n'a plus voulu y laisser que les tableaux qui en faisaient partie : le reste a été envoyé au musée Bourbon, où nous l'avons déjà vu. Mais, tout incomplète qu'elle est, cette collection n'excite pas un moindre intérêt. Elle rappelle les usages, les mœurs et les goûts antiques. Ce sont, en quelque sorte, des mémoires du tems. En effet, à quelques inspirations que cèdent les artistes, quel que soit le genre que leur génie préfère, leurs ouvrages suivent constamment le goût dominant du siècle. Ils s'attachent à reproduire les scènes, les objets qui plaisent au plus grand nombre; et de plus ils sont obligés de s'accommoder à la direction du gouvernement sous lequel ils vivent, et au caractère des chefs de l'état. Lors des croisades, l'image d'un chevalier armé pour la conquête de la Palestine, celle d'un pélerin allant visiter le Saint-Sépulcre, les exploits du premier, les misères du second, les dangers de tous les deux, avaient un attrait qu'ils ne conservèrent point. Les longs règnes voient eux-mêmes de pareilles révolutions. Dans la saison des amours de Louis XIV, ne recherchait-on pas des sujets, qui furent proscrits dès qu'il eut mis à la mode, la vieillesse, la fidélité du mariage, et la pénitence? Les débauches de la régence enhardirent des peintures, que la pudeur de Louis XVI n'aurait pas souffertes. Sans citer les scènes de la Grèce et de Rome, qui eurent la vogue quand nous crûmes sérieusement être des républicains, n'avons-nous pas vu depuis la foule changer encore d'engouement ? Durant l'ère de Napoléon, la nation était guerrière : des victoires, des champs de bataille, du sang, des morts, des mourans, des blessés, des ambulances, des hôpitaux, des révoltés soumis, des vaincus de toutes les nations baissant les armes devant nos aigles, remplissaient nos salles d'exposition. Aujourd'hui nous ne voulons plus que des tableaux d'église, et de je ne sais quelle vieille chevalerie, dont les dames et les héros dorment dans la poussière des monumens gothiques. Si de nobles sujets d'histoire apparaissent entre ces conceptions surannées, nous les devons aux peintres dignes de notre siècle, qui empruntent aux plus beaux jours du règne d'Henri IV et de Louis XIV, les souvenirs glorieux de l'ancienne monarchie. D'autres hasardent de rappeller des épisodes de nos campagnes mémorables. Mettant dans l'ombre la cocarde et le drapeau tricolores, ils s'attachent à peindre des actions héroïques ou touchantes ; un soldat blessé défendant les restes de sa vie contre plusieurs ennemis qui craignent de les lui ravir ; le dernier des grenadiers d'un régiment, cachant dans la même terre qui couvre tous ses frères d'armes, leur aigle et leur étendard jadis triomphans : et l'on voit dans ce mélange de sujets religieux, chevaleresques et militaires, dans la liberté des premiers, dans la contrainte des derniers, un emblême fidèle de l'état actuel des choses et des esprits.

Les scènes mythologiques, les souvenirs de la Grèce, les ornemens propres à décorer les appartemens, tiennent le plus de place dans le Musée de Portici. Ainsi, les habitans de Pompéia aimaient les dieux. La liberté, l'amour de la patrie, les vertus civiques, étaient en honneur parmi eux. Puisqu'ils embellissaient leurs demeures, ils se plaisaient à vivre dans la retraite, au sein de la famille, et sans doute aussi de l'amitié. Que les plus habiles peintres d'alors connussent les règles de leur art; que leurs compositions fussent simples; que leur dessin fût correct, leur coloris harmonieux, on ne s'en étonnera pas : toutes les époques où la civilisation a fait de grands progrès, comptent leurs hommes de génie et des chefs-d'œuvre. Ce qui surprendra davantage, c'est le degré de perfection qu'avaient atteint les peintures les plus communes. Toutes étaient fixées sur le mur, par un procédé sans doute ignoré depuis; car il semble que la plupart viennent d'être terminées. Des fragmens de pierre, des portions d'enduits, ont été détachés, encadrés; et c'est devant ces tableaux d'un genre nouveau, qui survivent dans toute leur fraîcheur à dix-huit siècles de séjour dans la terre, que nous allons passer, non sans une sorte de vénération. Les uns représentent des fleurs, des poissons, des oiseaux, des animaux divers, groupés ensemble. Ces objets sont d'une imitation facile; mais ici la vérité des nuances, la pureté des contours, et la naïveté des poses, trompent les yeux les plus exercés. Voici une corbeille de figues violettes. Les nervures d'un beau vert, qui se prolongent sur leur peau fine et veloutée, ne semblent-elles pas tracées par la nature elle-même? Et cette légère teinte blanche, cette fleur éphémère dont les couvre la rosée du matin, ne diriez-vous pas qu'elle doive s'évaporer au premier rayon du soleil? Regardez ces vases de verre pleins de fruits dont quelques-uns trempent dans une liqueur; cette coupe d'une forme élégante, remplie d'œufs: la transparence du verre, l'altération qu'elle produit dans la couleur des œufs et des fruits, ne font-elles pas illusion? Voyez quelle finesse de tons fait ressortir la liqueur et éclaire sa surface!

L'art des reflets ne peut aller plus loin, ni indiquer avec plus d'exactitude les effets de la lumière.

Entrons maintenant dans les galeries consacrées à la mythologie et à l'histoire. La plupart des tableaux ont de très-petites dimensions. L'un d'eux rappelle le célèbre stratagême des Grecs au siége de Troie. Les bornes étroites du cadre ne nuisent ni aux principales parties de cette composition, ni à ses accessoires. L'affluence des Troyens, l'empressement qu'ils mettent à introduire cette machine, la présence de Minerve, l'exaltation prophétique de Cassandre, rien n'est omis; et pourtant il ne règne aucune confusion, dans cet espace de deux pieds de long sur quinze pouces de haut.

Quelle est cette femme parée d'un diadème, et dont la beauté est noble et touchante? ses yeux sont noyés de larmes, et sa grande ame médite une résolution terrible. Elle aime avec passion. C'est une reine trahie, une amante délaissée : vous reconnaissez Didon. Elle est debout; ses bras se roidissent le long de son corps. Ses mains se joignent violemment, non pour supplier un infidèle de ne la point abandonner, mais par un sentiment profond du désespoir dans lequel il la plonge. Elle penche légèrement sa tête, comme une fleur atteinte par la faux. Son regard se perd sur l'étendue des mers, où elle n'aperçoit plus que la trace du vaisseau d'Énée. Elle ne survivra point à cette perfidie.

Voici encore une belle reine : celle-ci a cessé de vivre. Elle est étendue sur son lit de mort. C'est Sophonisbe : le poison ne l'a point encore défigurée. Le calme dont ses traits conservent l'empreinte, atteste son mâle courage. Une esclave noire veille auprès d'elle. Scipion la contemple d'un œil impassible ; l'austérité de son caractère est peinte sur son front : toutefois il s'y mêle quelque pitié. On ne sait si maintenant tant de beautés n'excusent pas à ses yeux, la faiblesse de Massinissa ; si les conseils d'une Carthaginoise lui paraissent toujours aussi redoutables ; et s'il n'éprouve pas quelques regrets, que cet allié des Romains, pour se soustraire à des reproches, ait cru devoir envoyer la mort à sa nouvelle épouse. Il semble réfléchir sur les paroles qu'elle a prononcées en prenant la coupe fatale : « J'accepte ce don nuptial, et même » avec joie, s'il est vrai qu'un époux n'ait pu » faire davantage pour une épouse. Va pourtant » dire à ton maître que j'aurais quitté la vie » avec plus de gloire, si mes noces n'eussent

» pas été sitôt suivies de mes funérailles [1]. »

La demi-figure, de moyenne proportion, qui tient d'une main des tablettes, et de l'autre un style appuyé sur sa bouche, est-elle un portrait ou une tête de fantaisie? Son profil est grec. La régularité de ses traits n'en diminue point la grâce. Elle compose; Apollon l'inspire; son regard est passionné : n'est-ce point Sapho? En ce moment elle oublie les mépris des filles de Lesbos. Sa lyre ne retentira point des plaintes qu'elle leur adressait :

> Et
> Æoliis fidibus querentem
> Sapho puellis de popularibus [2].

Ce sont des chants d'amour qu'elle va faire entendre. C'est à Phaon qu'elle les adresse. Le trouble qui l'agite, s'exhalera en accens harmonieux. Elle sourit à sa pensée, et cherche à lui donner une vive expression.

Passons aux débris d'une rotonde, qui devait

---

[1] Tite-Live, *Hist.*, liv. xxx, 15, *trad. de* Dureau de la Malle.

[2] Hor., liv. ii, od. 13.

> Et des cruels mépris des filles de Lesbos
> Sapho se plaignant sur sa lyre.
> (*Trad. de* Daru.)

être l'appartement de luxe de quelque riche Pompéien. Sur chacun des panneaux est peint un sujet différent. Le premier est l'enfance de Télèphe. A demi couché sur le gazon, il s'appuie sur l'un de ses bras. Une biche l'allaite et le caresse. Flore, parée des attributs du printems, préside à cette scène. Elle est assise, mollement accoudée sur un tertre, et paraît songer à la conservation miraculeuse de ce fils d'Hercule abandonné par sa mère, et dont les destinées appartiendront à des tems héroïques. Hercule lui-même et la déesse de la victoire se mêlent à ce groupe. Un faune l'égaie par sa présence. Sa physionomie est si fine, si enjouée; il rit si franchement, que son hilarité se communique au spectateur. On croit en deviner la cause, et l'on rit de le voir rire. — Un second panneau représente l'éducation d'Achille; un troisième, celle de Bacchus. Le dieu enfant soulevé par Silène, tend avidement ses deux mains, vers une grappe de raisin que lui offre l'une des nymphes qui l'ont nourri. Elle le regarde avec tendresse. Son front est couronné de feuillage. Serré contre sa taille, son manteau de peau de biche se drape sur ses épaules. Deux autres nymphes qui ont partagé avec elle les soins de l'enfance de Bacchus, debout derrière un arbre, feignent de se cacher. Aux pieds de Silène est son âne couché, endormi, la tête ceinte de branches de lierre, sellé d'un bât semblable à ceux d'aujourd'hui. Du côté opposé, une prêtresse agite une cymbale garnie de grelots. Mercure à demi nu et assis sur une outre, pince les cordes d'une lyre. Un satyre détache d'une main l'un de ses cothurnes, et de l'autre montre en souriant l'empressement que le jeune Bacchus met à se saisir des raisins. — Dans un quatrième panneau, Iphigénie vient de reconnaître Oreste. Pylade et Thoas sont présens. Thoas cherche à démêler quelle sera l'issue de cette rencontre. Méconnu par son ami, Pylade s'efforce de lui rappeler le sentiment qui les unit. La préoccupation de la prêtresse, l'inquiétude du roi, la douleur de Pylade, l'indifférence d'Oreste sont rendues avec une vérité frappante. — Ailleurs les enfans d'Athènes remercient Thésée de les avoir délivrés du Minotaure. Ariadne figure dans ce tableau. On la devine au peloton de fil qu'elle tient entre ses mains; et plus encore au bonheur que lui donne le triomphe de son amant.

Les sujets où l'Amour joue un rôle, sont fort

nombreux. Seul, sur un char, armé de ses flèches et de son carquois, il guide des tigres, des lions ou d'autres animaux. Les uns cédant à son empire, perdent leur naturel féroce et sauvage. Dociles à sa puissance, les autres doux par nature, deviennent encore plus timides et plus caressans. Ici, il offre Bacchus à Ariadne. Là, il indique à Diane, Endymion endormi. Partout où il peut se mêler de quelque chose, il est placé avec esprit, sous les traits d'un enfant rusé, joli, léger. C'est là que se trouve l'original de cette marchande si souvent copiée par le dessin et par la gravure, avec sa cage et ses Amours ailés de toutes les espèces et dans toutes les attitudes.

Enfin un Sacrifice au dieu du Silence et une Prière à celui de la Fécondité termineront la revue de cette galerie. Dans le premier tableau le lieu de la scène est mystérieux ; la cérémonie, simple, paisible ; et le dieu prête une attention calme et réfléchie. Ses traits sont spirituels. Si son doigt posé sur ses lèvres ne l'empêchait de parler, on sent qu'il serait éloquent, persuasif, et comme dit Montaigne, *parlier et bien intelligible*. — Quant au dernier tableau, à part l'image de la divinité dont nos mœurs repoussent l'exhibition, rien n'est touchant comme la prière qu'une jeune femme lui adresse. Elle est agenouillée. Ses mains sont jointes, et tendues vers l'objet de son culte. L'ardeur de ses vœux est extrême; et s'il était en votre pouvoir de le faire, vous les exauceriez, tant elle est belle, et paraît disposée à trouver du bonheur dans les douceurs de la maternité.

Puis viennent des paysages, des arabesques et quelques caricatures. — Les paysages représentent des sites du pays. Dans le nombre est une vue du port de Pouzzole, où l'on aperçoit quelques arches du mur qui en fermait l'enceinte. En général ces peintures ne manquent ni d'air, ni d'espace. Les plans sont distincts. Le coloris des ciels se ressent de la pureté de l'atmosphère locale; et le feuillé des arbres est délié, transparent et varié, autant que leur dessin a de hardiesse. — Tout ce qu'une imagination brillante peut se permettre d'inventions bizarres, entrait dans la composition des arabesques. Celles qu'on a trouvées à Pompéia notamment, sont d'un goût parfait. Des oiseaux d'un plumage charmant, des quadrupèdes, des chimères, des sphinx, des figures fantastiques de toutes les formes, nues, ornées de feuillage, ou faisant flotter au gré du vent de légères draperies, s'unissent par des guirlandes de fleurs qui forment mille nœuds, et se délient pour se marier de nouveau, et se prolonger en festons dont les contours varient à l'infini. Si quelquefois des fragmens d'architecture y sont mêlés, le trait en est correct, la perspective juste, le profil pur, et la dégradation des tons observée avec exactitude. Toutefois voici le plan enluminé d'un jardin, qui n'a pas droit aux mêmes éloges. La verdure y est comprimée ou cachée derrière des treillages, et taillée en portiques, en niches, et en compartimens réguliers d'un genre baroque et contre nature. — Je ne suis pas assez initié dans les travers que les caricatures ridiculisaient pour juger de celles que je vois. Il paraîtrait que ceux qui avaient adopté ce genre de satire, s'appliquaient à placer des têtes fort grosses sur des corps à peine convenables à des pygmées. Probablement ces images grotesques offraient des ressemblances connues, que l'on exposait ainsi à la risée générale. Mais comment en sentir aujourd'hui le sel ou seulement la gaîté? Parmi celles de notre âge qui ne remontent pas au-delà de trente années, dont l'allusion était alors populaire, et où chacun connaissait le sujet et les personnages, combien n'en compte-t-on pas qui seraient maintenant des énigmes inexplicables? On se flatte cependant, d'avoir deviné l'intention de quelques-unes de celles qui ont été découvertes à Portici. Une cigale sur un char, tient des rênes avec sa bouche. Elle guide un perroquet attelé à ce burlesque équipage. On veut que la cigale représente Sénèque; et le perroquet, Néron. Cette interprétation semble si tirée, si singulière, et tellement dépourvue de sens et de vérité, qu'il est difficile de l'adopter. Néron n'est pas de ceux dont il eût suffi de se moquer. L'exécration publique emploie d'autres armes contre de pareils monstres; et s'il n'eût fait que répéter les leçons de Sénèque, les actes de sa vie auraient peut-être répondu aux premières inclinations de sa jeunesse.

Dans quelques maisons de Pompéia, on a trouvé des tableaux à terre, appuyés contre le mur, prêts à être placés, et qui font aussi partie du Musée de Portici. Ceux à qui ils appartenaient avaient-ils seulement négligé de les suspendre? ou bien endommagés par la première commotion du sol, peut-être ils venaient d'être

réparés, et l'on se disposait à les replacer aux mêmes lieux qu'ils embellissaient auparavant. Quel sujet inépuisable de mélancoliques pensées, que ces soins d'un avenir si violemment anéanti! Qui pouvait supposer leur inutilité? Hélas! il ne nous est donné ni de prévoir les revers qui détruiront nos jouissances, ni ceux qui les prolongeront pour d'autres que pour nous. Dans les villes consumées par les feux du Vésuve, les chefs de la famille n'emportèrent pas même la consolation d'avoir assuré le bien-être de leurs enfans. Nul ne fut appelé à recueillir aucun héritage. La génération qui s'éteignait, et celle qui florissait, et la génération naissante disparurent à la fois. Il n'y eut ce jour là, ni vieillesse ni jeunesse, ni force ni faiblesse, ni maladie ni santé, dont on pût se prévaloir pour mesurer ou pour étendre la durée de la vie. C'eût été l'occasion de dire avec Montaigne : « Si vous avez vescu un iour, vous avez
» tout veu : un iour est egal à touts iours. Il n'y
» a point d'aultre lumiere ny d'aultre nuict: ce
» soleil, cette lune, ces estoiles, cette dispo-
» sition, c'est celle mesme que vos ayeuls ont
» iouye, et qui entretiendra vos arriere-nep-
» veux.

» Non alium videre patres : aliumve nepotes
» Aspicient [1].

» Et au pis aller, la distribution et varieté de
» touts les actes de ma comedie se parfournit
» en un an. Si vous avez prins garde au bransle
» de mes quatre saisons, elles embrassent l'en-
» fance, l'adolescence, la virilité et la vieillesse
» du monde : il a ioué son ieu, il n'y sçait
» aultre finesse que de recommencer ; ce sera
» tousiours cela mesme [2]. »

Des objets qui ont un nouveau genre d'intérêt, remplissent le vestibule du Musée de Portici et une pièce attenante. Ce sont d'abord les enseignes de divers métiers, où l'on voit représentés des ouvrages industriels d'un usage journalier, et qui confirment les détails que l'on connaissait déjà sur l'habillement, la coiffure, la chaussure, les modes, et les ustensiles des ménages antiques. Ensuite vient un oratoire domestique, semblable à une petite chambre carrée à laquelle on aurait enlevé une de ses pa-

---

[1] Nos pères n'ont pas vu autre chose : et nos neveux n'en verront pas davantage.

[2] MONTAIGNE, *Ess.*, liv. 1, ch. 19, *Que philosopher, c'est apprendre à mourir.*

rois. Il était consacré à la fécondité. On y trouva, lorsqu'il fut découvert, le trépied de bronze orné de nombreux phallus, qui figure entre les antiquités les plus curieuses du musée Bourbon. Les tablettes qui en garnissent le pourtour intérieur, servaient à poser les dieux familiers, les offrandes, les coupes et les vases des libations. Ici sont des fragmens enlevés aux murs des casernes et des corps-de-garde, barbouillés de noms de soldats et de jeux de mots insignifians ou grossiers; là, quelques instrumens de correction en fer : ces espèces de gênes se composaient d'une forte barre horizontale partagée à intervalles égaux, par des barreaux adhérens entre lesquels les coupables étaient contraints à passer le cou, les mains ou les pieds. On les y retenait à l'aide d'une tringle arrêtée par un bout dans un anneau, et par l'autre dans une serrure qui fermait à clé. Lors de la fatale éruption, les geoliers ne songèrent qu'à leur propre salut. Les condamnés dont ils avaient la garde périrent : on en voit encore les squelettes dans les fers. Mais ces débris humains ne sont pas ceux qui causent le plus d'émotion. Jetez les yeux sur les restes de cette Pompéienne, qui mourut dans la cave où elle s'était réfugiée. Voilà sur une table, sa tête et quelques-uns de ses ossemens, échappés à l'indiscrétion des voyageurs et à la cupidité des gardiens et des guides. A côté, sont quelques portions du limon qui prit l'empreinte de son corps. On ne permet plus d'y toucher. Les ordres les plus sévères veillent à leur conservation. Ne voyez-vous pas en idée cette infortunée tout entière? Les formes de son sein, de ses belles épaules, de son cou bien placé, de sa taille arrondie vous aident à la recomposer. Elle était grande, jeune, bien faite. Son embonpoint avait de la grâce et de la fraîcheur. Surprise dans son sommeil, elle fuyait en chemise: des morceaux de linge tiennent encore à la terre durcie qui l'enveloppa. Ah! que cette mort est affreuse, qui ne laisse aucun souvenir, aucun reget, aucune trace de passage dans la vie! Éloignons-nous de ces tristes reliques. Entrons dans le palais de Portici. La mémoire d'événemens récens nous y appelle. Parcourons les appartemens occupés naguère par une jeune dynastie, sur laquelle l'adversité a épuisé ses rigueurs, et dont les membres épars expient maintenant dans la proscription et l'obscurité, l'éclat passager dont ils ont joui.

Partout ailleurs l'image d'un concierge pourrait paraître déplacée; il n'en est pas de même ici. Celui de Portici est d'une grande stature et d'une forte corpulence. Il porte la tête au vent, à la manière des courtisans. Ses cheveux sont poudrés à blanc; et sa frisure se termine au-dessus des oreilles, en grosses boucles qui vont de l'œil à l'occiput. Naturellement grave, la solennité de son allure s'augmente de la démarche lente et embarrassée à laquelle la goutte l'oblige. Il attache à ses fonctions beaucoup d'importance. La connaissance des traditions historiques du dernier règne, lui donne une haute estime de lui-même. Aussi les débite-t-il avec une suffisance imperturbable, et d'un ton de dignité sur lequel son extérieur ne répand pas une médiocre teinte de ridicule. Il convient de le laisser parler.

« Commençons, dit-il, par les portraits des princes français qui ont régné à Naples. Au premier rang, nous plaçons celui qui disposa de la couronne des Deux-Siciles et de tant d'autres royaumes, l'empereur Napoléon-le-Grand. Cette peinture est une copie faite par votre célèbre peintre Gérard, d'après son propre tableau original. La ressemblance est parfaite; le manteau de velours et d'hermine, parsemé d'abeilles d'or, se drape largement; le maintien est noble; et les yeux brillent du génie du modèle : *Questo è un grand' uomo da vero!* Madame Lætitia Bonaparte est auprès de lui : noble dame, mère de plusieurs enfans qui tous ont été rois, et qui ne sont plus rien. On assure qu'elle fut belle, et cela s'aperçoit encore à travers les rides de son âge. Elle devait être heureuse; mais elle a l'air triste : il semblerait qu'elle était avertie des malheurs qui menaçaient sa famille. Maintenant, voici Murat, ses enfans, Joseph, et Masséna que vous nommez le favori de la victoire. N'est-ce pas que *Gioacchino* a l'air martial? Joseph pas tant, à beaucoup près : il valait mieux pour le salon et pour les dames. Les cadres suivans renferment des scènes de famille, qui touchent beaucoup moins le peuple qu'on ne le croit à la cour, quand elles ne lui font pas pitié, ou qu'il ne les tourne pas en dérision. Ici, Murat visite un hospice qu'il a fondé; ses officiers l'environnent; il distribue des vêtemens aux pauvres; tous le remercient et le bénissent. Là, ses enfans parcourent le théâtre d'Herculanum; ce n'est pas fort intéressant. Mais venez voir une marine dont le sujet ne s'oubliera jamais. Elle représente Napoléon échappé de l'île d'Elbe, et près de débarquer sur les côtes de la Provence. Il a quitté le brick qui le portait. Dans le canot qui le conduit à terre, vous le reconnaissez entre ses soldats fidèles, à son petit chapeau et à sa redingote grise. Le pavillon tricolore flotte à l'avant. Une légère brise du midi le dirige vers le rivage. Les rameurs se hâtent. La mer calme, le ciel serein présagent une entreprise qui ne rencontrera point d'obstacle. — Nous sommes au rez-de-chaussée, dans un appartement qui n'est point habité : montons au premier étage. »

J'avais à peine interrompu de quelques questions cette description rapide. Il était surprenant qu'une pareille galerie fût conservée et montrée au public, quand, en France, le nom seul de Napoléon cause un tel effroi, que les conseillers de la couronne n'en laissent nulle part aucune trace. De la part de Ferdinand, est-ce sécurité ou bien indifférence? Je serais tenté de l'en louer. Qu'il y prenne garde cependant : l'une et l'autre peuvent avoir leur danger. Les rois de l'Europe n'auront pas toujours la volonté ou la puissance de replacer sur leur trône, ceux qui s'en seront laissé tomber. Il ne faut tenter ni la fortune ni les peuples, par des souvenirs et des comparaisons dont on n'est pas sûr de tirer avantage. Assez d'autres dangers sont imminens; et les précautions d'une juste prudence peuvent être admises, sans toutefois les pousser jusqu'à la pusillanimité qui avilit et ne remédie à rien. Nous arrivons au haut d'un escalier facile et d'un style grandiose. Entrons dans les appartemens royaux. Les chambranles des portes sont en marbre; les pavés, en mosaïque antique. Écoutons notre guide.

« Vous venez de passer dans l'antichambre de service de Mme Murat, quand elle était reine-régente. Celle où nous sommes servait pour ses pages. Ses gardes se tenaient dans celle qui suit : elle conduit au salon d'attente, et ensuite à la salle où S. M. donnait des audiences. La vaste pièce qui vient après, était pour recevoir les assemblées de gala. Elle touche à celle où se réunissait le conseil de régence. On n'y traita pas toujours les affaires du royaume. Lorsque le roi Murat n'était pas à la guerre, on y faisait tour à tour de la musique, et les enfans y prenaient des leçons en présence de Mme Murat, qui veillait à leur éducation comme une bonne mère de famille qu'elle était. »

La répétition du nom de Murat me semblait affectée. J'ai cherché à amener celui des nouveaux maîtres de ce palais. « Quelle est, ai-je demandé, la destination actuelle de ces appartemens? La comtesse Floridia les habite-t-elle? Le roi vient-il fréquemment à Portici? » A ces questions, je n'obtenais que des réponses laconiques, faites d'un ton bref, accompagnées de légers signes d'impatience; et la description continuait.

« Nous traverserons sans nous arrêter, le salon de porcelaine. Les Français n'aiment pas ce genre de décoration à cause de la pauvreté de la matière. Tous ces émaux de couleurs assez mal assorties, composent un ensemble fragile et mesquin. Voilà cependant pour cinq cent mille ducats de guirlandes, de girandoles, de lustres, de moulures et d'ornemens de toute espèce. La mode en est passée; et ce travail vétilleux n'a pas donné un grand essor, ni beaucoup de relief, à notre manufacture royale.

» Suivez-moi dans le cabinet de travail de la reine-régente Caroline Murat. Vous y serez en pays de connaissance, comme vous dites, messieurs les Français. N'apercevez-vous pas tout de suite, les deux bustes du roi de Rome qui sont sur la cheminée? L'un est en marbre; l'autre, en biscuit de Sèvres, moulé sur le premier. Remarquez-vous la devise écrite en lettres d'or sur le socle : *majestas et amor*, amour et majesté; deux paroles qui montrent l'origine et la destinée de cet auguste enfant : *adesso chi sa quel che ne sara ?* — Mme Murat aimait beaucoup les souvenirs de la France. Voici une vue de la Malmaison qui appartenait à l'impératrice Joséphine. En voilà une autre du château de Neuilly, que S. M. l'Empereur et Roi avait donné à Murat. Elles n'ont de prix que par l'exactitude de la ressemblance. Les tableaux qui viennent après, représentent divers quartiers de Venise. A la justesse de la perspective, à la transparence des eaux, à la finesse des tons, vous reconnaissez aisément le célèbre Canaletto. Je n'ai pas besoin de vous nommer l'auteur des deux petits intérieurs de couvent que vous regardez là : ils sont de M. Granet de Lyon, qui demeure à Rome. Cet artiste peint l'humidité des cloîtres, le luisant des boiseries, les plis de la bure, et les chairs des moines et des religieuses, avec une vérité qu'on ne rencontre point ailleurs. Ses figures presque toujours placées dans des églises, le long des stalles ou en procession, n'ont, dans leurs attitudes, aucune monotonie. Il sait modifier à l'infini, le recueillement, la méditation, la prière, la piété. Des scènes touchantes se mêlent quelquefois à ses compositions, comme une prise d'habit, un enterrement, un évanouissement causé par l'excès du jeûne et des macérations. Mais l'idée principale du sujet n'en est point affaiblie. Tout est sacrifié à son genre favori. Hors le groupe peu nombreux occupé d'un de ces épisodes, le reste des assistans n'est nullement distrait de sa dévotion. La pensée d'une autre vie les préoccupe. Dans tout ce qui arrive autour d'eux, ils ne voient qu'un acte de la permission divine. Est-ce un bien? ils remercient Dieu de sa bonté. Est-ce un mal? ils le remercient encore de cette épreuve qui doit ouvrir les portes du ciel à celui qui la subit.

» Je vous ai entretenu longuement de M. Granet, parce que je n'ai plus à vous montrer que deux tableaux fort médiocres. Le premier offre une scène de la conquête de Grenade par Gonzalve de Cordoue. Ils sont de M. le comte de*** On n'y distingue plus rien, quoiqu'ils soient faits depuis peu de tems. Les clairs se sont obscurcis; les ombres ont poussé au noir. Je les ai vus dans leur primeur, ils n'en valaient guère mieux. Le comte de*** compose, dessine et peint en amateur que les éloges ont gâté : *Egli non sara mai un maestro.* Il y a dans ses ouvrages plus de prétention à l'effet, que de vrai talent : *ma va bene per un signore di qualità,* c'est fort bon pour un homme de qualité.

» Entrez dans la chambre de Mme Murat. Une miniature est suspendue au trumeau de la cheminée : c'est encore le portrait du roi de Rome. Voilà le lit où dormait Mme Murat. La glace à laquelle il est adossé a quinze pieds de large sur douze de haut. S. M. la fit venir de Paris. Sa table de toilette est telle qu'elle l'a laissée. La coupe, le sultan, le couteau dont elle se servait pour ouvrir les citrons dont elle faisait un grand usage, sont, comme vous voyez, marqués à son chiffre. Cette petite porte communique à la salle de bain ; cette autre, à la garde-robe. La lettre initiale de son nom est encore sur tous les meubles, sur tous les ustensiles, au fond de tous les vases. Rien n'a été changé. Et vous devez trouver dans l'ensemble de cet ameublement, plus d'élégance que de richesse, moins de recherche que de commodité.

» Enfin, l'appartement de la reine-régente finit dans la bibliothèque où nous sommes maintenant. Elle s'y retirait souvent. Les dessins qui sont au-dessus du secrétaire, ont été faits par les enfans de Murat. — Eh quoi, disais-je à ce concierge, occupe-t-on jamais ce logement? — Sans doute. — Et l'on se sert du même mobilier? — Il n'y en a pas d'autre. — Et ces portraits, ces bustes, ces dessins, ces chiffres n'inspirent aucune répugnance aux nouveaux possesseurs de ce palais, ne produisent sur eux aucune impression désagréable ! — Pas la moindre. — L'image du roi de Rome ne rappelle aucun souvenir pénible, et l'on ne cherche point à l'écarter ! — Personne ne s'en est aperçu. — Ferdinand la voit-il, la regarde-t-il ? — Oui ; il ne peut faire autrement quand il vient, et paraît y être fort indifférent. Il couche dans la pièce voisine, par où Mme Murat communiquait avec son auguste époux: Ne vous semble-t-elle pas bien modeste ? Tel est le goût du roi actuel. Dans tous les palais royaux, il a choisi une chambre à peu près pareille, tendue en percale blanche, meublée et disposée de la même façon. Un petit lit, une petite table à écrire, un canapé sur lequel il puisse étendre sa jambe goutteuse, lui suffisent. Partout il veut retrouver le même arrangement et conserver ses mêmes habitudes. Soulevez les housses qui couvrent les chaises et les fauteuils, et vous lirez alternativement les lettres *J* et *G*, qui sont les initiales du roi Murat, en français et en italien. Je vais vous introduire dans l'appartement *di Gioacchino primo.* »

Alors a commencé un nouveau dénombrement de salles, de salons, de locaux différens, où la dynastie actuelle n'a pas été moins oubliée. Tout y indique en effet, le règne passager de Murat, et amenait à tout propos son éloge. S'agissait-il d'objets de luxe? le roi Joachim aimait l'éclat et la magnificence; d'objets d'art? il encourageait les talens et protégeait les artistes. Des trophées militaires décoraient son lit, ses boiseries, ses plafonds, parce qu'il était brave, et que la vue des lances, des épées, des casques, des drapeaux, lui rappelait la gloire des batailles. La plus sévère étiquette présidait à ses réceptions solennelles. Il y avait des places réservées pour lui, pour la reine, pour sa famille; mais il ne s'y mettait que par respect pour son rang et pour sa couronne, car il était naturellement accessible et familier. « C'est sur ce balcon, a continué notre guide, en ouvrant une grande porte vitrée, qu'il venait avec sa femme et ses enfans, respirer la brise du soir. LL. MM. affectionnaient cette place. Je pourrais vous dire où chacun s'asseyait. Durant les grandes chaleurs, c'était le délassement journalier. La vue n'est-elle pas magnifique? Elle embrasse le golfe, et le rivage entier de Naples. Vous n'imaginez point quels parfums répandent, durant les premières heures de la nuit, les myrtes et les orangers qui ornent les jardins de ce palais, en composent les massifs et tapissent leurs murs. » Il allait se livrer à son enthousiasme italien, si nous n'eussions terminé là notre visite. Il nous a reconduits. « Étiez-vous au service de Murat ? lui ai-je demandé avant de le quitter. — Certainement. Je suis né ici ; mes pères ont successivement rempli la place que j'occupe bientôt depuis cinquante ans. C'est notre patrimoine, l'héritage que nous avons recueilli et que nous laisserons. Je compte que mon fils le recevra de moi, et le transmettra à ses enfans. Jamais je n'ai abandonné mon poste. Les événemens politiques n'ont, Dieu merci, apporté aucun changement à ma position. J'ai toujours servi fidèlement la maison royale de Portici. Nous lui appartenons, moi et les miens, à la vie et à la mort. »

Après avoir vu les antiquités extraites des fouilles d'Herculanum, on éprouve le désir de connaître l'emplacement et les restes de cette ville. Portici et Résina sont bâtis immédiatement au-dessus d'elle : c'est par Résina qu'on y pénètre ; mais les curieux y trouvent peu de quoi se satisfaire. L'appareil de ce voyage souterrain fait naître d'autres idées que celles qui vont se réaliser. On allume des torches. A la lueur de leur flamme, chacun descend un escalier tortueux, humide et mal entretenu. De tems en tems les guides appliquent contre le mur des flambeaux qui puissent éclairer le retour, au cas que ceux dont on est muni viennent à s'éteindre. On arrive ainsi à la profondeur de quatre-vingt-dix palmes ou soixante pieds, dans les avenues d'un vaste théâtre grec. Au moyen de lumières placées de distance en distance, vous reconnaissez sa forme demi-circulaire, la place de quelques statues, et l'avant-scène. Il vous est facile de mesurer sa largeur, malgré l'exiguité des excavations qui ne permet pas de prendre un aperçu de ses autres dimensions. De toutes parts, vous êtes arrêté par la présence de la lave qui a rempli tous les vides, et qui formerait une carrière aisée à exploiter, si la ruine des villages dont les fondations reposent sur elle, ne devait pas s'ensuivre. On se hâte de sortir de cette cave presque dépourvue d'air respirable; et l'on regrette, en retournant au grand jour, de n'avoir rien vu de ce à quoi l'on s'attendait.

Comme le nom de Pompéia, celui d'Herculanum ne se trouvait que dans quelques écrits. On n'avait que des données obscures et incomplètes sur son existence et sur sa position. Les mêmes auteurs, qui parlaient de la ruine de Pompéia et de Stabia, citaient celle d'Herculanum. En 1720, le hasard fit découvrir cette ville antique. Emmanuel de Loréna, prince d'Elbeuf, cherchait des marbres pour orner un casin. La rencontre de quelques statues réveilla le souvenir d'Herculanum. Plus tard, en l'année 1738, Charles III donna suite à cette découverte. Peu à peu divers lieux furent reconnus, de nombreux objets d'art exhumés; mais comme il fallait, à mesure que l'on avançait, combler de nouveau les parties excavées, pour éviter les éboulemens du sol supérieur et des habitations qui le couvrent, ces travaux furent abandonnés.

Dans le milieu du village de Résina, entre la grande route des Calabres et la mer, est située une maison de plaisance du roi, nommée la Favorite. Des jardins mal dessinés l'environnent. Rien n'invite à les parcourir. Les longues allées droites qui les traversent, ne promettent qu'une fatigue sans plaisir comme sans but. Le terme où elles aboutissent n'est point caché, mystérieux. Tous les agrémens de leur ombrage dépourvu de l'irrégularité qui lui donnerait tant de charme, on les trouve dès qu'on y entre; tous les parfums des arbustes, on les respire sans les aller chercher. L'imagination n'a rien à créer; l'espérance, rien à promettre. Combien sont préférables ces chemins sinueux, qui semblent tracés par le promeneur lui-même, selon le caprice qui le guide de côté et d'autre, et comme à l'aventure; qui, à chaque détour, augmentent la curiosité, lors même qu'elle n'est jamais satisfaite, et varient à l'infini l'aspect de la contrée! Cependant, le site de la Favorite est pittoresque. Voisin du Vésuve, il est semé de collines et de petites vallées. On aurait pu y ménager des points de vue délicieux. De chaque sommité, les regards s'étendant au loin, se seraient portés tour à tour sur la côte de Pouzzole, sur celle de Castel-a-Mare, sur la mer, sur ses îles riantes, puis enfin sur le volcan lui-même, si propre à embellir le plus riche paysage. Mais, encore une fois, l'art des jardins semble dédaigné en Italie. Nulle part on ne trouve ces imitations plus ou moins approchées de la nature, si répandues maintenant en France, et communes depuis long-tems en Angleterre; cette réunion de champs, de vergers, de prairies, de futaies, images de vastes et belles campagnes.

L'intérieur de la Favorite n'a rien de remarquable qu'une salle de bal dont la forme est elliptique. Quatre salons de jeu placés symétriquement dans son pourtour, la dominent et communiquent avec elle par de grandes portes de glace et par de larges degrés. Son ameublement est simple, frais et de bon goût. Les lustres brillans qui l'éclairent, ont été faits par un Allemand qui n'y a employé que des cristaux du pays, d'une blancheur et d'une transparence rares : la main-d'œuvre et la matière paraissent avoir un grand prix. On estime beaucoup les mosaïques dont cette salle et ses dépendances sont pavées. Je ne détaillerai point une suite de marines qui en décorent les murs, et qui ont été peintes par ordre du gouvernement : elles représentent divers ports de mer du royaume, et n'ont d'autre mérite que celui de la ressemblance.

Ramené à la ville par l'heure du dîner, je me suis rendu à l'invitation du duc de N. P.... Nous nous connaissions déjà. A son exquise politesse s'est jointe une familiarité amicale. La dignité de l'ambassadeur s'est éclipsée, pour faire place aux qualités de l'homme du monde : un abandon aimable a remplacé la réserve du diplomate. Nous étions peu de convives. Il n'y avait d'invités qu'un seul étranger à l'ambassade, mon compagnon de voyage et moi. Cet étranger se nomme le comte de P***. C'est un ancien officier de notre marine royale, qui, pendant la révolution française, se réfugia en Sicile. Différent de la plupart des émigrés, il ne portait pas au-dehors, les grands airs des courtisans, ni leur morgue, ni leur inutilité, ni la fanfaronnade des déserteurs de Louis XVI. Les connaissances qu'il avait acquises dans son art, ne tardèrent pas à le faire distinguer. On lui offrit du service sur les vaisseaux napolitains. Il l'accepta, et occupe maintenant un poste élevé. Sa figure est noble. Il a de l'aisance dans les manières; mais j'ai entrevu par momens, qu'il éprouvait quelque gêne avec nous, de n'être plus Français que par ses vœux, ses souvenirs, et ses regrets peut-être. La conversation a été animée, gaie, et instructive pour moi. Tout ce qui aurait pu conduire à des discussions politiques, s'en est trouvé naturellement écarté. Le duc de N. P.... paraît avoir fait des recherches et des études sur l'origine des villes méridionales de l'Italie, et connaître également bien ce qu'elle a de fabuleux et d'historique : il en parle avec élégance et sans pédantisme. Plus familier avec les tems modernes, M. de P*** sait la statistique des provinces du royaume, l'esprit et les usages de la nation. Ces rapprochemens du présent avec le passé, stimulés par les questions que nos interlocuteurs nous encourageaient à leur adresser, et par leur complaisance à y répondre, ont amené le récit d'anecdotes amusantes, de faits intéressans, auxquels les mœurs nationales donnaient de l'originalité.

Les hommes et les choses ne changent guère dans ce pays, si ce n'est par secousse, par exaltation, et pour retomber bientôt au même point, parce que le climat produit constamment les mêmes effets. C'est lui qui domine le physique et le moral de la population; et toutes les vicissitudes qu'elle éprouve, participent de cette influence. On reconnaît dans les Napolitains et les Calabrois de nos jours, les Campaniens et les Brutiens d'autrefois. Ce sont encore les mêmes élans passagers d'énergie, et le même penchant à la servitude. La paresse, qui est leur premier besoin comme leur plus grande jouissance, leur fait trouver le bonheur dans l'absence de tous soins. Ce qui les attache à la patrie, ailleurs en romprait les liens. Néanmoins, on n'en saurait disconvenir, quelques traits nouveaux s'aperçoivent dans leur caractère. Le joug de l'Angleterre leur a été odieux, et leur inspire un grand éloignement pour la domination des étrangers. Quoique les institutions françaises ne leur aient été connues qu'imparfaitement, ils en ont retenu quelques velléités vers une nouvelle organisation sociale. Les rois napoléoniens qui les ont gouvernés, sont devenus à leurs yeux, des termes de comparaison peu avantageux à celui qu'ils ont retrouvé dans les ruines de l'empire de Bonaparte. Il semble qu'ils se laisseraient aller à sortir de leur apathie, s'ils ne craignaient de perdre un jour de leur vie oisive, douce, toute pleine de voluptés plutôt négatives que réelles. Mais ceci ne touche encore que les classes peu nombreuses qui daignent réfléchir quelquefois. Quant à la masse de la nation, elle est trop ignorante, trop adonnée à ne rien faire, et elle vit à trop bon marché, pour prendre une part durable à des révolutions. Si elle s'en mêla, ce fut toujours pour seconder les fureurs des novateurs, pour profiter des momens où les lois se taisent, et où les crimes sont sûrs de l'impunité. La résistance à nos invasions ranima en elle quelque ardeur guerrière. La soif du sang et du pillage une fois éteinte, on la vit traîner le char du vainqueur. Il faut à cette populace, encore plus qu'à aucune autre, des émotions fortes, et que les rênes de l'état soient tenues d'une main ferme. Elle se vanterait plus volontiers de sa soumission au plus vil des tyrans, qu'elle ne serait sensible à la gloire de participer à l'administration de ses affaires. La liberté n'y serait jamais que la licence. C'est par la ruse et par la cruauté qu'elle se distingue : il y a des bêtes féroces qu'on ne reconnaît pas à d'autres signes. Aussi dit-on de Naples que c'est le paradis habité par les diables : locution vulgaire que les Napolitains emploient eux-mêmes, et dont ils plaisantent. Du moins pourrait-on croire que les prêtres fissent exception, et que l'on dût les ranger au nombre des hommes instruits. La science théologique de la très-grande majorité d'entre eux, consiste en de vaines superstitions. Chargés d'enseigner la religion, ils l'ignorent ; d'encourager par leur piété, la pratique de ses vertus, ils se contentent d'en accomplir les devoirs les moins rigoureux ; d'y joindre l'exemple d'une morale austère, et il en est qui vivent dans un relâchement de mœurs difficile à concevoir. Au reste, ces observations se trouvent à peu près partout. Si j'écrivais autre chose que des souvenirs, je ne les placerais pas ici.

LA GROTTE DE PAUSILIPPE. — POUZZOLE.
TEMPLE DE JUPITER SÉRAPIS. — AMPHITHÉATRE.
LE FORUM DE VULCAIN OU LA SOLFATARA. — UN RÉSERVOIR.
LE PORT. — LE PONT DE CALIGULA. — CUPIDITÉ DE NOTRE CICÉRONÉ.
ANTONIO, DOMESTIQUE DE PLACE.
LE COMTE DE M***, MON COMPAGNON DE VOYAGE. — DÉPART POUR CUMES.
UNE VILLA DE CICÉRON. — LA PORTE DE CUMES. — SOUVENIRS HISTORIQUES.
LA SIBYLLE. — LES ENFERS. — LE LAC DE FUSARO. — L'AVERNE. — BAÏES.
SA CITADELLE. — LE TEMPLE DE DIANE LUCIFÈRE;
CELUI DE VÉNUS GÉNITRIX ET CELUI DE MERCURE. — LES ÉTUVES DE NÉRON.
LES BAINS DE LA SIBYLLE. — SOUVENIRS HISTORIQUES. — BAULI.
SOUVENIRS HISTORIQUES. — LE TOMBEAU D'AGRIPPINE.
LE STYX. — SOUVENIRS HISTORIQUES. — TIBÈRE.
LE MONT DE MISÈNE. — SOUVENIRS HISTORIQUES.
UN VAISSEAU DE LIGNE ANGLAIS. — L'ÎLE DE PROCIDA.
ARRIVÉE DANS L'ÎLE D'ISCHIA.

Lacco, 1er décembre 1819.

Dès la première heure du jour, je suis sorti de Naples par la Grotte de Pausilippe, pour visiter la côte occidentale du golfe. Quelque surprenans que soient les ouvrages de ce grand chemin, tracé on ne sait par qui ni à quelle occasion à travers la montagne, sa voûte haute de quarante pieds, ses parois taillées dans le roc, et ses larges pavés de lave ne fixent pas long-tems l'attention. Le retentissement continuel du roulement des voitures et des chariots fatigue l'oreille. L'air est épais, froid, humide, et tient suspendu à quelques pieds au-dessus du sol, un nuage de poussière immobile et fétide, qui s'insinue dans les organes, les pores et les vêtemens. A peine les réverbères renvoyent-ils quelque lueur à une faible distance. Les passans ne s'aperçoivent guère qu'au moment de se rencontrer; et quand les yeux commencent à s'accoutumer à l'obscurité que quelques courts intervalles de clarté rendent plus importune, la lumière qui pénètre par l'issue opposée blesse la vue, empêche de rien distinguer autour de soi, et fait désirer d'atteindre promptement le terme de ce trajet d'un tiers de mille. En été, on ne peut sans inconvénient, passer brusquement de la température extérieure à l'impression glaciale de ce profond souterrain. Aussi en le quittant, quel plaisir n'éprouve-t-on pas de respirer un air pur, de revoir le jour! Les poumons se dilatent; l'odorat recueille avidement les émanations de la campagne; les yeux s'arrêtent avec volupté sur la verdure des champs. D'immenses vergers se prolongent des deux côtés de la route. Aux arbres qui les ombragent, s'enlacent des guirlandes de vigne. La vendange vient de finir. Les grandes échelles doubles, semblables à celles que l'on emploie pour émonder les allées de nos parcs, et dont on se sert ici pour cueillir les raisins, sont encore dressées. On remarque, parmi les habitans, du mouvement, de l'activité. Leurs maisons annoncent quelque aisance. La fertilité du sol se manifeste par une apparence de bien-être et de bonheur, que n'ont pas les autres environs de Naples.

Bientôt une forte odeur de soufre indique les approches de Pouzzole, jadis *Dicæarchia*, du nom de son fondateur Dicéarque, qui y conduisit, dit-on, une colonie de Samiens, en la 231e année de Rome. Les débris d'un volcan, des ruines, un bourg bâti sur le penchant d'un coteau et s'étendant jusqu'au rivage, une anse favorable aux pêcheurs, quelques arches rompues qui s'avancent dans la mer, tel est l'aspect que présente maintenant cette ville antique. A en juger par son emplacement et par ses restes, elle fut populeuse, riche, puissante. Annibal, qui ne la croyait pas à l'abri d'un coup de main, l'assiégea vainement, et

se vengea de sa résistance, sur les campagnes qui l'environnent. Son séjour n'avait pas moins de charmes que celui de la côte de Pompéia. Les mêmes goûts y attiraient une affluence pareille. Elle était également citée pour ses temples somptueux, ses beaux édifices, et l'élégance de ses habitations particulières. Néron l'associa à l'empire romain. Elle se déclara pour Vespasien contre Vitellius. Son port était d'une grande étendue et très-fréquenté : Titus y débarqua à son retour de Judée. Combien se sont accomplis les oracles qui avaient promis, chanté, prophétisé sa destruction. « Le temps, dit Plu-
» tarque, les a depuis, comme debteur, ac-
» quittez et payez [1]. » Il parle, à ce sujet, « des
» éruptions de feu d'une montagne, des bouil-
» lonnements de la marine, des jettements de
» pierres ponces et de cendres par vents soub-
» terrains, qui causoient de telles dévastations,
» que le lendemain ceulx qui venoient dans les
» villes frappées de ces fléaux, ne recognois-
» soient plus où elles avoient esté situées et bas-
» ties, tant le païs estoit ruiné et confus [2]. »

[1] Plut., *Des oracles rendus en vers*, xxi.
[2] *Id.*   *id.*   *id.*

Ce qui avait échappé aux volcans, les barbares ne l'épargnèrent point. Dans la suite, les plus précieux débris furent employés à des constructions diverses; la place qu'ils occupaient reçut une destination différente; et aujourd'hui, quelques monumens mutilés remettent à peine les antiquaires sur la voie des anciens souvenirs.

Quelles sont ces trois colonnes de cipolin, dont les fûts tronqués s'élèvent à l'entour d'une enceinte circulaire? Leurs sculptures sont effacées; aucun emblème, aucune inscription ne désigne le lieu qu'elles ornaient. L'herbe croît dans les joints des larges dalles de marbre blanc dont le pavé se compose. L'eau de la pluie y séjourne, et les soulève inégalement. Un courant d'eau tiède coule à côté, et traverse quelques bains et des chambres lustrales. Ce fut un temple élevé dans le sixième siècle de Rome, à Jupiter Sérapis. Ce dieu tirait son origine d'Égypte. On le considérait comme un de ceux qui présidaient à la santé. Introduit dans la Grèce, les Romains l'adoptèrent et instituèrent des fêtes en son honneur. « Une multitude presque » innombrable fréquentait son temple. Des jeu- » nes gens y couraient en foule, pour obtenir

» de lui, comme une faveur signalée, qu'il leur
» fît trouver des personnes dociles à satisfaire
» leurs passions. Un nombre presque infini de
» malades et d'infirmes allaient lui demander
» leur guérison, ou plutôt se persuader qu'ils l'a-
» vaient reçue. Enfin, les discordes qu'occasiona
» le culte de Sérapis, obligèrent le sénat de l'a-
» bolir. On dit qu'à la porte des temples de ce
» dieu, il y avait une figure d'homme qui met-
» tait le doigt sur sa bouche, comme pour re-
» commander le secret [1]. »

A quelque distance, sur un point plus élevé, se dessine un amphithéâtre. Son arène est encombrée d'une épaisse couche de terre végétale. Entre les nombreux gradins qui en garnissaient le pourtour, trois rangs sont restés à découvert. Quelques murs à moitié écroulés indiquent ses anciennes proportions. Il pouvait contenir quarante mille spectateurs. Encore quelques siècles et il n'en restera plus aucune trace. Des blés croissent où se donnaient les combats, les jeux, les fêtes publiques. La charrue y passe. De grands arbres l'abritent de leur ombre; et de vieux ceps de vigne y déploient

---

[1] Noel, *Dict. de la Fable*, art. *Sérapis*.

leurs branches noueuses. C'est là que saint Janvier fut livré aux bêtes. En mémoire du miracle qui le sauva, une chapelle a été bâtie sur l'emplacement même de sa prison. Les ours qui devaient le dévorer, vinrent se prosterner à ses pieds et les lui lècher. Les habitans racontent ce prodige, comme l'événement le plus simple et le plus naturel.

Le plateau qui domine la contrée, se nommait jadis le Forum de Vulcain. Si le bruit des marteaux et des enclumes se faisait entendre, on se croirait auprès de ses fourneaux. Les environs sont déserts. Le sol est stérile, ardent. On ne peut dans certains endroits, y poser la main sans se brûler. Il est imprégné de substances inflammables. A travers des évents naturels, s'exhalent incessamment des vapeurs brûlantes dont on est suffoqué. Vous marchez sur une voûte élastique et sonore. Frappez-vous du pied? un bruit sourd retentit longuement. La pierre que vous lancez rebondit après sa chute. Des feux mal éteints circulent sous vos pas. Les fumées sulfureuses qui se dégagent de toutes parts, ont fait donner à ce lieu redoutable, le nom de Solfatara. Plusieurs ateliers y sont établis. Dans les uns on extrait le soufre dont cette terre volcanique est saturée ; dans les autres on en retire de l'alun, qui s'y trouve aussi en grande quantité. Les procédés de ces opérations chimiques sont simples. La matière première n'exige aucune préparation. Entassée dans des creusets qu'il suffit d'enterrer à peu de profondeur, pour la mettre en ébullition, elle ne tarde pas à se liquéfier; et le départ des parties hétérogènes s'effectue presque de lui-même. Murat avait fait de cette industrie une branche de revenu public. Plusieurs centaines d'ouvriers y travaillaient. Elle est à peu près abandonnée aujourd'hui, en faveur des fabriques semblables de la Sicile, dont les produits sont d'une moindre qualité et moins abondans, si l'on en croit les Pouzzoliens que cette préférence indispose contre leur souverain.

Quelques étuves s'élèvent aussi de distance en distance. Quatre murs, un toit grossier, une mauvaise clôture, sont les seules constructions de ces bains thermaux, assez fréquentés cependant. On n'y fait pas de grands apprêts pour recevoir ceux qui s'y rendent. Le luxe et la commodité même en sont bannis. L'atmosphère s'y maintient constamment à une haute température. Le malade entre seul, ferme la porte, s'assied sur une pierre brute, et demeure ainsi plus ou moins long-tems exposé aux évaporations naturelles qui arrivent par divers trous pratiqués à cet effet. Des tampons mobiles lui servent à modérer et augmenter le degré de chaleur auquel il veut ou doit se soumettre. On attribue à ces bains de vapeurs, des cures merveilleuses. Le rétablissement de l'équilibre des humeurs, la restitution de la souplesse des muscles, la réparation des forces, en sont les moindres prodiges. Ils passent pour avoir toutes les vertus de la fontaine de Jouvence.

L'aspect de cette terre jaunâtre et ardente, mélange d'élémens combustibles, et privée de tout symptôme de végétation, fit naître le désir d'en ouvrir la surface, et de connaître les causes d'un tel phénomène. Murat résolut de descendre dans ces enfers, comme les Titans tentèrent d'escalader le ciel. Dans un pays où les imaginations s'exaltent aussi facilement qu'elles s'apaisent, ce dessein hardi, aventureux, trouva des enthousiastes. Les travailleurs ne manquèrent point, et un vaste puits fut commencé, dont l'ouverture subsiste encore. Ils creusaient avec ardeur. Les obstacles leur paraissaient légers. Aucune idée de danger ne les préoccupait. Une avide curiosité, l'appât du gain, l'emportaient sur l'indolence native. Mais à peine parvinrent-ils à quelques toises de profondeur que l'air ne fut plus respirable. Les forces les abandonnèrent; et la nature garda son secret. Il existe un livre, dans lequel un érudit italien s'efforce de prouver que la Solfatara est une bouche de l'enfer où furent précipités les anges rebelles.

Sortons de ces lieux infects. Rapprochons-nous de Pouzzole. Chemin faisant nous rencontrerons une de ces admirables piscines, où d'anciens dépôts d'un sédiment indestructible annoncent le long séjour des eaux. Les voûtes profondes de celle-ci sont soutenues par trente-six piliers. Quel était l'usage de ces réservoirs? Avaient-ils été construits pour approvisionner d'eau douce, les flottes qui appareillaient sur ces parages? N'étaient-ce point aussi des citernes publiques pour abreuver les habitans, comme il y en avait une à Rome, auprès de la porte Capène? Sans doute elles avaient ce double objet, et suppléaient à la rareté des sources potables et salutaires. Quoi qu'il en soit, rien n'impose comme ces lacs fermés, dont les dimensions rappellent l'existence de cités florissantes, aux mêmes lieux qui maintenant sont presque abandonnés. Un noble Napolitain s'est approprié l'usage de celui de Pouzzole; il l'a fait réparer, et les eaux qui s'y réunissent lui servent à arroser ses jardins.

Quelques Pouzzoliens fouillent cette terre si souvent bouleversée. Rarement les découvertes qu'ils font compensent leurs frais. L'un d'eux cependant a été plus heureux; et, moyennant une faible rétribution, vous êtes admis à jouir du succès de son entreprise. Dans un petit champ qu'il défonçait pour planter de la vigne, la pioche heurta contre des tombeaux : il les a fait exhumer. Leur sculpture ne paraît pas remonter au-delà du moyen âge. Il y en avait quatre. L'un d'eux a été acheté par le roi de Naples, qui l'a réuni aux antiquités de son Musée. Les autres sont là gisans, et ne trouvent point d'amateurs. Cependant le propriétaire se proposait de continuer ses recherches. Un mur, devant lequel ses ouvriers se sont arrêtés, lui promettait de nouvelles richesses : la mort l'a surpris; et sa veuve, moins curieuse du passé que jalouse du présent, place ses jouissances, selon l'usage napolitain, dans des plaisirs qui la touchent de plus près.

Nous voici revenus au port. Autrefois il était fermé par une digue en maçonnerie, percée

d'arches à plein cintre également espacées. On avait adopté cette clôture à jour, parce qu'elle paraissait plus propre à prévenir les envasemens, et qu'offrant moins de résistance aux tempêtes, elle promettait de durer plus long-tems. Toujours est-il qu'après plus de vingt siècles, la portion de cette digue qui avoisine le rivage est encore entière; et, dans le lointain, des piles qu'on aperçoit à la surface des flots, marquent l'enceinte curviligne qu'elle renfermait. Elle survit aux nations dont les vaisseaux venaient chercher un abri derrière ses murs, et s'amarrer aux anneaux qui y étaient scellés. On la nomme le pont de Caligula, parce que cet empereur, dans ses folles prodigalités et poussé par une vanité stupide, appuya sur elle le pont dont il unit la côte de Baïes à celle de Pouzzole. « Il fit élever sur la mer, dit Sué-
» tone, entre Baïes et Pouzzole, dans l'espace
» de trois mille six cents pas, un pont formé
» d'un double rang de vaisseaux de transport
» attachés avec des ancres, et recouverts d'une
» chaussée qui imitait la voie Appienne. Il allait
» et venait sur ce pont pendant deux jours : le
» premier sur un cheval magnifiquement en-
» harnaché, une couronne de chêne sur la tête,

» armé d'une hache, d'un bouclier gaulois et
» d'une épée, et couvert d'une casaque dorée;
» le lendemain en habit de cocher, menant un
» char attelé de deux chevaux d'une beauté
» rare, et faisant marcher devant lui le jeune
» Darius que les Parthes lui avaient donné en
» ôtage, suivi de ses gardes prétoriennes et de
» ses amis montés sur des chariots. Je sais qu'on
» a cru que Caligula n'avait fait son pont que
» pour imiter Xerxès, qu'on avait admiré beau-
» coup, lorsqu'il traversa de la même manière
» le détroit de l'Hellespont moins large que
» celui de Baïes. D'autres ont pensé qu'il vou-
» lait effrayer, par quelque grande entreprise,
» les Germains et les Bretons qu'il menaçait
» de la guerre. Mais j'ai ouï dire à mon aïeul
» que la vraie cause de cette construction bi-
» zarre, s'il en faut croire les courtisans les plus
» intimes de Caligula, était une prédiction du
» devin Thrasylle, qui, voyant Tibère inquiet
» sur son successeur et penchant vers le jeune
» Tibère son neveu, lui avait assuré que Caïus
» ne serait pas plus empereur, qu'il n'irait à
» cheval sur le détroit de Baïes [1] ».

---

[1] Suét., *les douze Cés.*, *C. Caligula.*

N'existe-t-il donc aucune exception à la cupidité de ce peuple de la Campanie? Depuis ce matin, mon compagnon et moi sommes en proie à l'avidité d'un cicéroné, qui renchérit sur tous ses confrères. S'entend-il avec notre valet de place pour nous rançonner? la chose est fort probable : ou bien le Pouzzolien n'opère-t-il que pour son propre compte? je l'ignore. Dans les premiers momens, avec un air de désintéressement assez naturel, il n'a voulu se charger de faire pour nous aucune menue dépense; mais les gardiens, les portiers, se multiplient tellement, que je me suis décidé à l'établir dispensateur de nos générosités, sauf mon devoir et mon droit de surveillance. Bientôt cette inspection me fatigue et m'importune. L'abus est toujours consommé, quand je m'en aperçois. Il ne m'est pas encore arrivé une seule fois de le prévenir. Je n'en renouvelle pas moins mes inutiles observations. Alors c'est un flux de promesses, de regrets, de prières, auquel le cœur d'un avare ne résisterait pas, si tant est qu'un avare ait un cœur : et l'instant d'après nous recommençons, moi, mes plaintes avec les gestes d'une vive impatience; lui, ses excuses avec un accent irrésistible de bonne foi. Toute la journée s'écoulerait donc ainsi ! Il finira par me lasser, et son objet sera rempli. Pourrions-nous, en effet, nous laisser distraire à tous momens par ces fastidieuses discussions, du charme de cette excursion intéressante et favorisée par la plus belle journée? J'en veux à ce coquin d'Antonio (c'est le nom de notre domestique banal), qui nous a véritablement imposé celui qui pille notre bourse. Il fallait l'entendre dans son grossier langage et d'un ton rustre, nous vanter la probité de son complice, car il l'est certainement. « C'est un de mes meilleurs amis, Excellences, un honnête garçon. Il connaît tout. Avec lui vous ne manquerez de voir aucune curiosité. Il ne plaint pas sa peine. Il est brave; suivez-le en toute sûreté. Le pays ne vaut rien ; mais avec ce guide, vous ne courrez aucun risque. Il épargnera vos *carlini*, comme les siens propres. » Et à ce mot magique de *carlini*, sa figure s'épanouissait d'une façon qui, même ici, ne se rencontre pas communément. Que sais-je, ce qu'il eût ajouté pour m'inspirer une sécurité dont nous n'avions pas besoin, et une confiance que nous avons déjà bien des motifs de lui refuser?

Dans les principales villes d'Europe, et surtout dans celles d'Italie, il existe une corporation connue sous le nom de *Domestiques de place*, et composée de ceux qu'une inconstance naturelle, des défauts, et presque toujours des vices, éloignent de la domesticité ordinaire. Chargés d'enseigner aux voyageurs les êtres du pays, leur oisiveté s'accommode de la vie errante qu'ils sont obligés de mener. Étrangers au service de l'appartement, leur fidélité n'a point à craindre les tentations auxquelles ils seraient incapables de résister. S'ils surfont sur ce qu'ils achètent, s'ils aident à tromper dans les marchés auxquels ils assistent, s'ils ont leur part de toutes les rétributions prélevées aux portes des établissemens publics, des musées, des églises, ils gardent ce qu'ils prennent, comme un supplément du salaire de leurs peines et soins, comme les justes honoraires de leur science topographique. Dociles aux argumens d'une conscience souple, non-seulement ils ne s'accusent point de ces profits illégitimes; mais au besoin, ils ne manqueraient pas de raisons péremptoires pour s'en absoudre. Avant que les gouvernemens fussent moins soupçonneux, cette classe de serviteurs n'avait pas une grande importance, et n'était même pas nombreuse.

Il en est autrement, depuis que la crainte des révolutions a enfanté la police moderne, ou du moins donné à l'ancienne une éducation politique. Aux yeux de cet argus, tout est devenu suspect. Comment connaître un étranger qui arrive, qui passe, dont le silence dérobera les affaires et les desseins, et qui pourra renouer ailleurs les fils d'une trame dangereuse? Que faire? A tout événement, on l'arrêterait bien à la frontière, et on pourrait le forcer de rebrousser chemin; mais aussi on resterait dans une ignorance qui pourrait n'être pas moins funeste. Il vaut mieux, avant qu'il ait franchi le seuil de son hôtellerie, lui accoler un espion sous le nom de *guide*, de *cicerone*, de *domestique*. Ceux de ces officieux qui n'ont pas de condition sont là, dans le vestibule, nonchalamment couchés, attendant leurs victimes qu'ils parent sur-le-champ de tous les titres inventés par la plus obséquieuse servilité : et le mot *Excellence* cent fois répété dans les offres de service les plus insignifiantes, retentit incessamment à votre oreille. Le hasard vous donne un familier qui ne vous quitte plus : vous le choisiriez, qu'il ne vaudrait pas mieux ; tous sont pareils. Celui qui vous écheoit, vous inspire-t-il quelque éloignement par un extérieur qui trahit ses mauvais penchans? « C'est son tour d'être employé », vous dit le majordome avec un accent d'équité qui vous laisserait sans réponse, quand bien même il n'ajouterait pas avec une touchante compassion : « Son Excellence ne voudrait pas priver ce pauvre homme de gagner son pain. » Ensuite un long éloge achève de vaincre votre résistance.

C'est ainsi que nous étions tombés au pouvoir d'Antonio, et précisément dans les mêmes termes. Sa figure était repoussante. Il avait plus de soixante ans. Ses traits portaient l'empreinte d'une vie criminelle et corrompue. A l'empressement de ses premiers soins, succéda une répugnance invincible pour le moindre de ses devoirs; et le naturel de la brute reparut aussitôt. Il avait la voix rauque, la parole brusque, les manières rudes. Dans tous ses gestes, et ils étaient nombreux, sa main s'arrangeait toujours, comme s'il la tendait pour prendre ou pour recevoir. Restait-elle vide? les poils de ses sourcils se hérissaient, son front s'obscurcissait, une laide grimace contractait les muscles de son visage; si quelque pièce de monnaie tombait en sa possession, soit qu'elle fût soustraite ou loyalement gagnée, un sourire féroce écartait l'un des coins de sa bouche, et montrait une joie plus hideuse encore que son dépit. Il nous quittait peu, moi surtout qui sortais plus souvent, et ne réussissais guère à m'en débarrasser bien que son espionnage luttât sans cesse avec sa nonchalance. Quand il fut bien certain que je n'avais pas besoin d'être surveillé, son penchant le plus doux l'emporta. Lazzaroné dans l'ame, il s'arrangea pour se livrer à la paresse qu'il aimait avec délices. Je le vois encore assis, balançant ses jambes, la tête en arrière, appelant les douceurs d'un lourd sommeil, rêvant des profits en attendant qu'il en fît, et laissant ainsi s'écouler, trop lentement à son gré, la journée dont il réclamait le prix aussitôt qu'elle était finie. Mon compagnon de voyage à qui il sert d'interprète, s'indigne surtout de son excessive cupidité. Il m'en fait sans cesse des plaintes; et, quoiqu'il soit doué d'une bonté parfaite, la patience est souvent près de lui échapper. Je veux profiter de cette occasion pour vous faire connaître cet homme excellent, mon ami depuis longues années.

Il est d'une ancienne famille de Picardie, et se nomme le comte de M***. Son éducation fut d'abord fort soignée. On le destinait à la carrière des armes, et il ne tarda pas à diriger ses études vers ce but. Admis de bonne heure à l'école militaire, puis dans le régiment du Roi, il ne put s'affranchir des manières du siècle. Aux travaux sérieux succédèrent les arts d'agrément; et l'oisiveté des garnisons jointe à une humeur assez dissipée, nuisit au développement des fruits qu'auraient produits les premières leçons qu'il avait reçues. Il servait avec distinction, chéri de ses camarades et estimé de ses chefs, quand la révolution le déplaça. Rentré depuis dans les rangs de l'armée, il ne compte presque ses services que par des cartouches de réforme. Tout manquement aux lois de l'honneur, de la loyauté, de la probité, l'irrite au dernier point. Il pratique l'égalité. Les persécutions politiques n'ont laissé en lui aucun levain de haine. Il se contente d'un revenu médiocre. Obligeant, charitable, il croit à la reconnaissance, plaint les ingrats, et s'étonne qu'il y en ait. L'aspect du malheur le touche vivement : s'il ne peut le réparer, il cherche à l'adoucir par des consolations. Sa causerie a du charme, de la gaîté, de l'originalité. Les ridicules le frappent au premier abord; et, dans ses expressions et dans ses gestes, il les retrace d'une manière piquante.

Il aime passionnément les arts, et en cultive quelques-uns. Les nombreux voyages qu'il a faits ornent sa mémoire; mais il n'a pas eu le tems de mettre de l'ordre dans ses idées, dans ses observations, ni dans ses goûts. Tout se ressent autour de lui de cette confusion qui ne lui permet pas de s'occuper long-tems du même objet. Sa bibliothèque, son appartement, ses meubles, ses jardins, ses affaires, ont un genre de dérangement, au milieu duquel il trouve rarement ce qu'il désire : peut-être aussi lui convient-il de chercher. S'il n'était retenu par une économie raisonnable, il se ruinerait à accumuler des curiosités naturelles ou historiques. Un caillou remarquable par quelque singularité, une médaille où sa vue de lynx lui fasse découvrir quelque jambage indécis d'une inscription douteuse, le moindre débris d'un rocher, lui donnent des jouissances de tous les momens : sa chambre à coucher en est encombrée. Il les prend tour à tour, les tourne, les retourne, les examine, y pense un moment, quitte l'un pour l'autre, revient ensuite au premier, les pose de nouveau et rarement à la même place. C'est lui-même qui en a trouvé la plus grande partie. Il se rappelle le lieu, le moment, la première pensée qu'il eut en les apercevant, celles qui lui sont venues ensuite. Il était dans telle partie de la France, en Suisse, en Hollande, dans une plaine, au bord d'un ruisseau; il escaladait telle montagne, appuyé sur un jet, compagnon fidèle de ses courses pédestres; ou bien il parcourait le rivage de la mer et ramassait des coquilles. Alors regardant son bâton, il s'en saisit comme s'il allait partir, l'agite, et posant la main dessus : « C'est avec lui, se dit-il en lui-même, que je suis monté sur le pic de Shakespeare » : et le voilà tourné vers la gravure qui représente ce mont escarpé, car il s'est procuré des vues de la plupart des pays qu'il a visités. Les boiseries de son appartement ont disparu sous une multitude de dessins, de lithographies, d'aquarelles souvent bien choisies. Placé devant l'image de la falaise de Douvres, les souvenirs de l'Angleterre s'offrent à sa mémoire; il les repasse. Puis son regard distrait venant à se porter sur les glaciers de Chamouni, une nouvelle série d'idées se déroule, pour être suivie d'une autre qui naîtra du clocher de la cathédrale d'Anvers, ou des grottes de Staffa. Enfin, quand il a terminé ce voyage imaginaire, fait en pantoufles et en robe de chambre, il remet sa canne dans un coin, auprès d'une canardière couverte de rouille et de poussière, d'une dent de narwal, et de ses armes désormais oisives. Sans être las il s'assied, ouvre de préférence un livre d'histoire, ne tarde pas à le laisser, et va porter dans son parc et dans son potager, la même mobilité d'attention, ou plutôt une inconstance habituelle dont ses amitiés seules sont exemptes.

Atteint dans sa fortune par les lois de la révolution, contrarié dans les douceurs qu'il attendait du mariage, s'il en parle, il montre plus de regrets que d'amertume. Sa destinée lui semble réglée par une fatalité, à laquelle il sait donner un côté plaisant. « C'était fait pour moi », est une de ses phrases familières lorsqu'il lui survient quelque contrariété. Se suffisant à lui-même, il a le courage d'affronter la plus profonde solitude; et, quelque longue qu'elle soit, il n'en contracte aucune sauvagerie. Des mécomptes de sa vie il lui est resté une indifférence complète pour la défense de ses intérêts. La seule pensée d'être obligé d'y pourvoir, peut altérer l'égalité de son caractère. Je l'ai vu aussi dans les fréquens voyages que nous avons faits ensemble, se troubler quelquefois au ressentiment de la plus légère incommodité. Ses inquiétudes étaient telles qu'il me les communiquait ; et prenant, dans mon humeur naturellement irritable et mélancolique, une teinte plus sombre et plus durable, elles nuisaient, contre ma volonté, à l'agrément réciproque de notre société. Les moindres souffrances physiques l'importunent, par l'obstacle qu'elles mettent à sa façon de vivre qui n'est rien moins que sédentaire. Du reste, il n'est personne à qui l'absence de tout souci et de tout soin convienne mieux. Aussi n'en prend-il point de notre commun ménage. C'est moi qui règle tout. Dans ce moment, par exemple, il s'amuse, sur la place publique, à considérer les bas-reliefs d'un piédestal de marbre blanc trouvé en 1693. Il cherche à y démêler les signes allégoriques de plusieurs villes grecques, tandis que j'ai bien de la peine à terminer le marché de la barque et des rameurs qui doivent nous conduire à l'île d'Ischia, et celui de la voiture dans laquelle nous allons parcourir l'intérieur du promontoire de Misène.

Cependant le double traité est enfin conclu, sauf le danger des interprétations, ainsi qu'il arrive dans les offices diplomatiques. Nos matelots nous attendent au long de la côte de Baïes, et nous partons pour Cumes. Antonio, le paresseux Antonio, sait déjà qu'il ne nous suivra pas. Dans une hôtellerie de son choix, il n'aura que des vœux à faire pour notre heureux voyage, *felicissimo viaggio,* comme ils disent ; et même le superlatif semble rendre faiblement leurs souhaits, du succès desquels, au fond de leur ame, ils se soucient fort peu, et qu'ils ne tardent guère à oublier.

Notre cocher mène vivement. Ses chevaux ont de l'ardeur. Mais, au sortir de Pouzzole, nous rencontrons une montée assez rude, et notre marche se ralentit. Le chemin est tracé à mi-côte. Sur la droite était située une villa de Cicéron, où l'on veut qu'il ait écrit ses *Questions Académiques.* Dans ses *Lettres,* il ne laisse échapper aucune occasion d'en parler avec éloge. Ses jardins qui occupaient la partie supérieure de la colline, étaient abrités du nord par le mont Gaurus fertile en vins précieux. Vers le midi, la mer baignait les murs de ses terrasses, du haut desquelles il pouvait jeter des filets et des hameçons ; et au couchant la vue s'étendait sur de riantes campagnes.

Ce canton était renommé pour la chère exquise qu'on y faisait et pour son climat délicieux.

Hic ver assiduum atque alienis mensibus æstas [1].

« Nous avons ici une petite Rome », écrivait Cicéron à Atticus. En effet, tout ce que la reine du monde comptait de citoyens illustres, opulens, somptueux, se rassemblait sur ce rivage couvert de maisons de plaisance. L'une d'elles appartenait à Pompée. Les destins de la république y furent agités, lorsqu'ils se partagèrent entre César et lui; et quelquefois Cicéron se plaignait de ce voisinage, qui ne laissait pas à son indécision toute la latitude qu'il aurait souhaitée. Comment reconnaître aujourd'hui ces lieux justement célèbres? La mer s'en est éloignée : les flots ne viennent plus s'y briser. A travers quelques fondations qui s'écroulent, les terres se sont éboulées. Le tuf décharné se montre de distance en distance. Toute végétation utile a disparu. A peine quelque culture s'est emparée du fond des vallées. Frappé de stérilité, le mont Gaurus a changé son nom contre celui de *Monte Barbaro*. Vis-à-vis de lui, une

---

[1] Virg., *Géorg.*, liv. II.

Même au sein des hivers, l'été luit dans nos plaines.

(*Tr. de* Delille.)

montagne de trois milles de circonférence s'est élevée à la suite du tremblement de terre du 29 septembre 1538 : c'est celle que l'on nomme, à cause de son origine récente, *Monte Nuovo*, Mont Nouveau. Enfin, les habitations rares que l'on rencontre, ne sont que de misérables cabanes de bergers. Des troupeaux animent seuls le paysage. On voit des chèvres parcourir légèrement les pentes les plus rapides, bondir ou s'élancer sur des saillies menaçantes qu'elles font souvent rouler aux pieds des passans.

Mais voici qu'un arc à plusieurs étages barre le chemin. Il s'ouvre au milieu par une grande porte, et sur les côtés par deux guichets d'une petite proportion et de dimensions inégales. Des niches ou des fenêtres décorent sa partie supérieure dont le faîte est tombé. Entre les joints des pierres, croissent des arbustes et des plantes sauvages qui le couronnent de verdure. Son architecture a plus de lourdeur que de solidité. On le nomme *Arco Felice*, la Porte Heureuse : c'était l'entrée de Cumes, du côté de Pouzzole. Elle empruntait son nom de l'une des épithètes de cette ville antique. On disait en effet Cumes la fortunée, l'heureuse Cumes, soit à cause du nombre et de la richesse de ses habitans, soit pour sa voluptueuse exposition. Cette porte se lie encore à quelques murs d'enceinte qui sont, comme elle, en partie détruits. Rien, d'ailleurs, ne distingue les dehors et l'intérieur de la ville. On trouve au-delà comme en-deçà, la même culture pauvre, la même solitude, les mêmes champs abandonnés.

La fondation de Cumes date de la plus haute antiquité. Strabon l'attribue à une colonie grecque venue de l'Eubée et de l'Éolide. Les Éoliens qui avaient une ville de ce nom, le lui donnèrent. L'histoire en parle fréquemment dans ses annales. Tarquin y mourut en l'an de Rome 259. Soumise d'abord par les Campaniens, elle devint peu de tems après digne de la protection de Rome, et s'associa à ses destinées. Les Gracques la défendirent avec succès contre Annibal. Le sénat l'admit au nombre des villes municipales. Plus tard, la permission lui fut accordée de rédiger en latin ses actes publics, et d'énoncer de même les enchères dans les ventes à l'encan. Ainsi c'était un privilége, un honneur que de parler la langue des Romains; et la république se réservait le droit de le conférer à son gré. La ville de Cumes se joignait à la mer par un port considérable. Les eaux épanchées à l'entour ont pénétré le sol, et créé un marais dont les émanations sont fort malsaines. Le rivage prochain se nommait le rivage de Cumes. Au tems de Néron, une flotte partie de *Formiœ* y échoua. Soit que l'agriculture fleurît dans ses campagnes, soit que le commerce y eût acquis une grande extension, Rome fit souvent dans cette ville des approvisionnemens de blé. Les étrangers la fréquentaient beaucoup : bien portans, ils accouraient de toutes parts, pour goûter les plaisirs de ce séjour enchanteur; malades, ils y venaient chercher la santé. Ses bains, ses étuves avaient la réputation de ranimer les paralytiques, qui s'y faisaient mener pour combattre les premières atteintes de la mort.

Ce fut à Cumes que Pétrone termina ses jours. Le caractère de cet aimable libertin, l'indifférence avec laquelle il se joua de ses derniers momens, ont une analogie remarquable avec tout ce qu'on raconte des délices de ce climat. Il faut en puiser les détails dans les annales de Tacite :

« Pétrone donnait le jour au sommeil, la nuit
» aux devoirs de la société et aux plaisirs. Il se
» rendit célèbre par la paresse, comme d'au-
» tres à force de travail. Presque tous les dissi-

» pateurs laissent un renom de débauche ou de
» crapule; il passait pour un habile volup-
» tueux. Il n'y avait pas jusqu'à la dissolution
» de ses discours ou de ses actions, qui, an-
» nonçant je ne sais quel abandon de lui-même,
» l'aidait à plaire davantage par un air de fran-
» chise. Proconsul de Bythinie et consul, il
» montra de l'énergie et de la capacité pour
» les affaires. Puis se laissant retomber dans le
» vice, par penchant ou par politique, il fut
» admis dans la petite cour de Néron. Il était
» l'arbitre du bon goût : rien n'était délicat,
» élégant ou magnifique, si Pétrone ne l'ap-
» prouvait. La jalousie de Tigellin s'alluma. Un
» homme qui le surpassait dans l'art des volup-
» tés, lui parut un rival dangereux. Trop ins-
» truit que les capricieuses affections de Néron
» ne résistaient jamais à ses barbares défiances,
» il éveilla sa cruauté par tous les soupçons qu'il
» jetait sur les liaisons de Pétrone avec Scévinus.
» Il avait gagné à prix d'argent un de ses es-
» claves pour être son délateur; et il avait pré-
» cipité dans les prisons presque tous les autres,
» afin de lui ôter tous ses moyens de défense.

» Dans ce moment Néron était allé en Cam-
» panie. Pétrone, qui s'était avancé jusqu'à

» Cumes, eut défense de passer outre. Il ne
» voulut point porter plus loin ce poids de
» crainte et d'espérance, ni toutefois trancher
» brusquement sa vie. Il se coupa les veines,
» les referma, les rouvrit à volonté. Il entrete-
» nait ses amis, non sur l'immortalité de l'ame,
» non sur les opinions des philosophes, ne vou-
» lant rien de sérieux, rien qui annonçât des
» prétentions de courage. Il se faisait réciter des
» chansons agréables, de petits vers. Il récom-
» pensa quelques esclaves, en fit châtier d'au-
» tres. Il se promena; il dormit, afin que sa
» mort, quoique violente, eût l'air d'une mort
» naturelle : et dans son testament même, il ne
» mit point, comme tant d'autres, des adula-
» tions pour Néron, pour Tigellin, ni pour au-
» cune des puissances de ce tems. Il écrivit l'his-
» toire des débauches du prince, en détaillant
» les recherches de chaque prostitution, avec le
» nom des hommes et des femmes qui en étaient
» l'instrument. Il l'envoya cachetée à Néron, et
» brisa le cachet dont il s'était servi, de peur
» qu'on ne l'employât ensuite à perdre des in-
» nocens [1] »

[1] Tac., *Ann.*, liv. xvi, 18-19.

Les oracles contribuèrent à la célébrité de Cumes : elle eut sa vierge prophétique. On montre un amas de décombres qui furent le temple d'Apollon réparateur de la santé. La statue de ce dieu avait le don de répandre des larmes. Saint Augustin rapporte qu'elle protégeait particulièrement les Grecs, et qu'elle pleura pendant quatre jours durant la guerre des Romains contre les Achéens et le roi Aristonime. On descend dans l'antre de la sibylle par un escalier étroit dont les degrés sont disjoints. C'est par là qu'elle communiquait avec le dieu dont elle recevait les inspirations, et qu'elle venait dans le sanctuaire annoncer l'avenir à ceux qui désiraient le connaître.

.... Cumæa Sibylla
Horrendas canit ambages, antroque remugit,
Obscuris vera involvens : ea frena furenti
Concutit, et stimulos sub pectore vertit Apollo [1].

[1] Virg., *Én.*, liv. vi.

Ainsi de l'antre saint la prophétique ardeur,
Trouble sur son trépied la prêtresse en fureur;
Ainsi le dieu terrible aiguillonnant son ame,
La perce de ses traits, l'embrase de sa flamme,
Répand sur ses discours sa sainte obscurité,
Et même, en l'annonçant, voile la vérité.
(*Trad. de* Delille.)

Il y eut deux sibylles de Cumes. L'une, appartenait à la ville grecque de ce nom, et s'appelait Amalthée. Ce fut elle qui vendit à Tarquin les neuf cahiers d'oracles qu'elle avait recueillis, et qui devinrent chez les Romains un objet de culte. Leur garde était confiée à des prêtres qui en avaient le secret, et ne pouvaient le révéler sans encourir la peine de mort. On les consultait dans les calamités publiques, ou lorsque des prodiges sinistres alarmaient les esprits. Leur sens obscur et ambigu se prêtait à toutes les interprétations. Ils fixaient certaines époques pour des prières publiques. Horace les rappelle dans les premiers vers de son chant séculaire. C'est le pontife qui parle :

> Phœbe, sylvarumque potens Diana,
> Lucidum cœli decus, o colendi
> Semper et culti, date quæ precamur,
> Tempore sacro,
> Quo sibyllini monuere versus
> Virgines lectas, puerosque castos
> Dis quibus septem placuere colles
> Dicere carmen [1].

---

[1] Hor., chant séc., troisième partie.

> O blond Phébus, et vous, divinité des bois,
> Radieux ornement de la voûte azurée !

Au tems de Sylla, ces livres sacrés périrent dans l'incendie du Capitole. Rome en fit faire à grands frais une nouvelle collection qui n'obtint jamais la même foi.

Après son marché avec Tarquin, Amalthée adopta-t-elle la ville de Cumes en Italie? ou bien une autre sibylle y faisait-elle sa résidence? Il n'importe point. Toujours est-il que cette dernière jouissait d'un grand renom. Elle habitait une caverne profonde qui commençait au-dessous du temple d'Apollon, et se prolongeait jusqu'à la mer par des souterrains. Vous y pénétrez à la lueur des flambeaux dont les guides se munissent pour diriger vos pas dans l'obscurité, au milieu des blocs de pierre et des gravois dont le sol est embarrassé. Malgré les récits ampoulés, et la voix solennelle du cicéroné, vous n'éprouvez point la sainte horreur qu'il voudrait vous faire partager. Pour des esprits non préoc-

> O famille adorable et toujours adorée,
> Dans ce jour solennel écoutez notre voix!
> Obéissant aux vers des sibylles divines,
>   Les jeunes vierges de ces lieux
> Et les jeunes Romains vont célébrer les dieux,
>   Qui protègent les sept collines.
>
>   (*Trad. de* DARU.)

cupés, cet antre, que quelques habitans feignent encore de redouter, n'est qu'une carrière en désordre, dont les longues galeries sont encombrées, et en plusieurs endroits dangereuses à parcourir, soit parce que le sol est inégal, soit à cause de la vétusté des voûtes dont la plupart ont commencé à s'écrouler. On n'en sortirait qu'à une trop grande distance. Il faut auparavant revenir sur ses pas, pour achever l'exploration de l'emplacement de Cumes. Des lignes de débris que la culture n'a pu féconder, aident à retrouver la trace des murs de son enceinte, et dessinent le plan de son amphithéâtre. On reconnaît aux mêmes indices, la citadelle et ses fortifications, qui résistèrent dans le moyen âge à divers siéges, et ne purent toutefois préserver cette ville de la destruction totale qu'en firent les Napolitains au commencement du treizième siècle. Le reste, rempli de terre végétale, n'est plus qu'un champ bien ou mal cultivé.

Maintenant, venez vous placer sur la hauteur la plus élevée de ces ruines. Tournez vos regards vers la mer; promenez-les sur la plaine étroite qui vous en sépare. Le premier lac que vous voyez à votre gauche, est l'Averne; le Styx en était peu éloigné. Dans le lointain, vers le couchant, vous apercevez les marais de l'Achérusie; le fleuve qui s'en écoulait, se nommait l'Achéron. Tout auprès passait le Cocyte. L'espace intermédiaire ou environnant, comprenait les champs Élysées. Quant au Léthé, il était plus au midi, et tenait presque à la mer. Voilà toute la mythologie des morts : l'entrée des enfers, le fleuve qu'on ne passait pas deux fois, celui dont les eaux servaient à punir le parjure, celui qui n'était alimenté que par les larmes des méchans, la demeure des ombres heureuses, et la source paisible qui avait le don de faire oublier le passé. Alors, dans ces lieux, tout expliquait cette allégorie : une forêt épaisse couvrait l'Averne de son ombre. Les branches des arbres tombaient jusqu'à sa surface immobile. Son atmosphère était mortelle pour les oiseaux qui tentaient de la traverser. Les poissons ne pouvaient vivre dans ses eaux, à qui l'on supposait des vertus; car les prêtres s'en servaient dans les sacrifices, pour se rendre favorables les divinités infernales; et les magiciennes ne manquaient pas de les employer dans leurs sortiléges et leurs enchantemens.

At expedita Sagana per totam domum
Spargens avernales aquas [1].

L'Achéron sortait d'un marais infect. Son cours était rapide. Ni les plantes utiles ne pouvaient vivre sur ses bords, ni les animaux en approcher. Ils n'étaient donc accessibles que pour les morts. L'imagination se prêtait à son origine fabuleuse. C'était un fils du soleil et de la terre, qui fut changé en fleuve et précipité dans les enfers, pour avoir secondé la guerre des Titans contre le maître des dieux. On croyait le voir sous la figure d'un vieillard, enveloppé d'un manteau humide, s'appuyant sur une urne noire d'où s'épanchaient d'abondantes eaux.

Puis s'élevaient de belles futaies où le soleil pénétrait à travers le feuillage; des bosquets

---

[1] Hor., liv. v, od. 5.

> Sagane, le bras nu, la rage dans les yeux,
> Relevant sa robe sanglante
> . . . .
> De l'Averne épand l'eau fumante.
>
> (*Trad.* de Daru.)

où le zéphire se jouait entre les fleurs et la verdure. Ces lieux étaient l'asile du silence, du repos, du bonheur. Ils favorisaient les méditations solitaires, les doux entretiens, les innocentes voluptés des ames vertueuses. N'était-ce point l'image des champs élysiens, « où régnait
» un printems éternel, où l'haleine des vents
» ne se faisait sentir que pour répandre le par-
» fum des fleurs. Un nouveau soleil, des astres
» nouveaux n'y étaient jamais voilés de nuages.
» Des bocages embaumés, des bois de rosiers
» et de myrtes, couvraient de leurs ombrages
» frais les ombres fortunées. Le rossignol avait
» seul le droit d'y chanter ses amours, et il n'é-
» tait interrompu que par les voix touchantes
» des grands poètes et des musiciens célèbres.
» Le Léthé y coulait avec un doux murmure,
» et ses ondes y faisaient oublier les maux de
» la vie. Une terre toujours riante y renouvelait
» ses productions trois fois l'année, et présen-
» tait alternativement ou des fleurs ou des fruits.
» Plus de douleurs, plus de vieillesse. On con-
» servait éternellement l'âge où l'on avait été le
» plus heureux. Là on goûtait encore les plai-
» sirs qui avaient flatté durant la vie. L'ombre

» d'Achille faisait la guerre aux bêtes féroces,
» et Nestor contait ses exploits. De robustes
» athlètes s'exerçaient à la lutte ; des jeunes
» gens dans la vigueur des ans, s'élançaient dans
» la lice, et de joyeux vieillards s'invitaient ré-
» ciproquement à des banquets. Aux biens phy-
» siques se réunissait l'absence des maux de
» l'ame. L'ambition, la soif de l'or, l'envie, la
» haine, les viles passions qui agitent les hu-
» mains, n'altéraient plus la tranquillité des
» habitans de l'Élysée [1]. »

Un climat ravissant, un site agréable, des champs fertiles, répondaient à ces consolantes imaginations, réalisaient, pour ainsi dire, ces rêves séduisans des plaisirs d'une autre vie. Mais les bouleversemens naturels, des travaux de main d'homme, le tems, d'autres mœurs, d'autres croyances, d'autres goûts ont tout changé. L'Averne seul garde encore son nom antique. Au Styx a succédé le lac Lucrin renommé dès la plus haute antiquité, pour ses huîtres et l'abondance de ses excellens poissons. Jules César les joignit l'un et l'autre avec la

---

[1] Citation de Noël, dans son *Dictionnaire de la Fable*, article *Élysée*, 2.

mer, par un ouvrage admirable. Le port auquel aboutissaient les digues et les canaux qui formaient cette communication, se nommait le Port-Jules. Auguste purifia l'air des environs de l'Averne, en coupant la forêt qui avait corrompu les eaux de ce lac. Néron conçut une plus grande entreprise, qui peut paraître inexécutable en considérant les obstacles qui s'y opposaient. Elle tendait à unir l'Achéron et le Tibre, par un canal qui aurait traversé le mont Gaurus. Quelques tranchées furent ouvertes dans ce dessein à travers les hauteurs voisines : on les voyait du tems de Tacite. Depuis, toutes ces localités ont pris un autre aspect ; leurs dénominations même se sont perdues. On ne connaît les palus Achéroniennes, le Cocyte et le rivage de Cumes, que sous le nom de lac et de côte de Fusaro, parce qu'on y rouit une grande quantité de chanvre et de lin. L'Averne et le Lucrin se sont séparés de nouveau. Le Port-Jules n'existe plus. Celui de Cumes se trouve enfoncé dans les terres : c'est le lac Licola. Le roi de Naples a dans ce canton des chasses de terre et d'eau. Celle de Fusaro est la plus belle. Les oiseaux aquatiques de toute espèce y abondent. Sur le bord du lac, la maison d'un garde, de trompeuses enceintes, des canards et des chiens dressés, sont disposés pour les attirer et les prendre. Au milieu s'élève une fabrique circulaire, autour de laquelle sont pratiquées des cellules où se placent les tireurs. Des bateliers, dans de petites nacelles, traquent le gibier, le poussent devant eux; et le hasard le partage entre ceux qui l'attendent. Ainsi, dans la plaine qui descend de Cumes à la mer, voilà tout ce qui reste de ses dieux, de sa sibylle, des enfers, des ouvrages de César, de ceux d'Auguste et de ceux de Néron.

Un chemin tracé le long de la côte, ramène à Baies. Je passe auprès de l'Averne que parcourent, dans tous les sens, des milliers d'oiseaux des marais. Ils fuient à notre approche; et leur sillage émeut légèrement la surface des eaux. Se trouvent-ils surpris, parce que des touffes de roseaux ou quelque monticule nous dérobaient à leur vue inquiète? soudain ils s'envolent à grand bruit. L'air s'agite au battement de leurs ailes. Ils s'éloignent rapidement, et paraissent au loin, sous la forme d'un nuage épais dont l'ombre coule sur le lac et l'obscurcit. Aucun, du moins, ne tombe suffoqué par des exhalaisons mortelles. Ces lieux, jadis si redoutables, n'appartiennent plus à l'empire de la mort.

Non loin de ce rivage solitaire, au détour de la route, et à quelque distance de la mer, commence le territoire de Baies.

Nullus in orbe sinus Baiis prælucet amœnis [1].

Comme celui de Cumes, il fut le rendez-vous des citoyens et des maîtres de Rome. Marius, César, Pompée, Néron, Pison, y eurent des habitations où régnait la plus grande magnificence. Un peuple de riches voluptueux y venait user la vie, au sein de la mollesse et de l'oisiveté, ou bien en demander une nouvelle aux naïades salutaires de la contrée. La galanterie y déployait toutes ses grâces, et la débauche tous ses raffinemens. Dans les deuils publics, on se serait fait un scrupule d'y paraître. Cicéron s'excusa une fois d'y être allé. Sénèque nommait Baies, le réceptacle de tous les vices : *diversorium vitiorum*. Selon lui, l'air qu'on y respirait suffi-

---

Hor., épît. 1, liv. 1.

Il n'est pas sur la terre,
Au beau site de Baie un site qu'il préfère.
(*Trad. de* Daru.)

sait pour faire perdre à la vertu, tout moyen de réprimer les passions. Horace la trouvait propice aux méditations poétiques.

> Seu liquidæ placuere Baïæ [1],

dit-il, en remerciant les muses des jouissances que leurs faveurs lui procurent. Que sont devenus ces palais, ces maisons, ces jardins, cette foule avide de plaisirs? Où étaient les digues qui, refoulant les flots, augmentaient la surface de cette plage enchantée, et dont les dépenses excitaient l'indignation du poète d'Arpinum?

> Marisque Baiis obstrepentis urges
> Submovere littora
> Parum locuples continente ripâ [2].

Agrippa y fit construire un port en l'an de

---

[1] Hor., liv. III, od. 4.

Ou soit que je préfère le rivage de Baïes.

[2] Hor., liv. II, od. 18.

> Non content d'habiter le fortuné rivage
> Où l'on voit sur les rocs blanchir les flots amers,
> Vous pressez, vous comblez, vous resserrez les mers.
>
> (*Trad. de* Daru.)

Rome 717. Le tremblement de terre de 1538 bouleversa toute la contrée, comme celle de Pouzzole. Quelques murs de citadelle sur la dune la plus escarpée, dans le bas les temples de Diane Lucifère, de Vénus et de Mercure, résistent seuls encore aux ravages des siècles et des volcans. Ne dirait-on pas que les dieux de l'ancienne Rome se sont réfugiés sur cette plage, et ont voulu lui rester fidèles? Leurs autels sont renversés, leur culte est détruit, leurs fêtes ne sont plus solennisées; mais ils n'ont pu oublier la douceur de l'encens qu'ils respirèrent dans ces lieux. Du haut des murailles qui protégeaient les flottes de la république, Mars n'a plus rien à défendre, aucun combat à soutenir, aucun héros de la patrie à couronner : toutefois il semble veiller à la conservation de cette ruine d'une forteresse romaine. Sait-on quels motifs firent élever trois temples à une si petite distance l'un de l'autre? Quelles analogies unissaient le triple culte de Vénus, de Mercure et de Diane? Était-ce en mémoire de sa naissance, que la fille de la mer était adorée sur ce rivage? Le dieu des marchands y secondait-il leurs spéculations? La déesse de la nuit y était-elle invoquée par les matelots, afin que, dans leur navigation, ils

n'eussent pas à craindre que l'obscurité vînt augmenter l'horreur des tempêtes? Cherchons plutôt dans ce concours singulier, des allégories qui s'accordent mieux avec les charmes du séjour de Baïes. Mercure n'y était sans doute connu que comme le messager des plaisirs des dieux chargé de les pourvoir d'ambroisie, et de remplir leurs coupes dans les banquets célestes, où comme le protecteur des mariages et des amours. Dans son temple, Vénus présidait aux commerces de la galanterie. Les amans y venaient exprimer leurs vœux, déposer des offrandes, implorer son appui, solliciter le bonheur d'être aimé; et elle ne se montrait jamais que parée de sa ceinture, ornement mystérieux, tissu admirablement diversifié, « qui rassem-
» blait, suivant Homère, tous les charmes les
» plus séduisans, les attraits, l'amour, les dé-
» sirs, les amusemens, les entretiens secrets,
» les innocentes tromperies et le tendre badi-
» nage qui, insensiblement, surprend l'esprit
» et le cœur des plus sensés. » Enfin, l'on n'y pouvait demander à Diane que de belles nuits, comme l'indique son nom de Lucifère, et la prier de modérer l'éclat de son disque argenté, de n'éclairer les bosquets qu'à demi, ou de s'en-

velopper d'un nuage quand ses rayons alarmaient la pudeur.

La forme de chacun de ces temples était circulaire. Leur coupe a de l'élégance. La portion de voûte qui reste à celui de Mercure, est d'un développement gracieux, et conserve des échos que les voyageurs manquent rarement d'interroger. Le temple de Vénus est le moins ruiné des trois. J'ai pénétré dans son enceinte. Quelques hommes couchés sur le gazon jouaient aux cartes. L'un d'eux a quitté la partie, pour nous montrer la place de l'autel qui a cessé d'exister. Le tems n'est plus, où une foule empressée le parait de guirlandes de roses et de couronnes de fleurs : le lierre et sa verdure monotone et ses pâles bouquets, la morelle et ses baies noires y forment seuls des festons. On nous a introduits dans une galerie qu'on nomme les chambres ou les bains de Vénus. C'est là, dit-on, que se retiraient les prêtresses, avant et après les cérémonies du culte qui leur était confié. Les sculptures dont les plafonds sont ornés, confirment cette tradition. Dans chaque caisson, un bas-relief représente des scènes amoureuses d'une grande liberté, dont on distingue à peine les détails, à cause de la hauteur où ils se trouvent placés, et parce qu'on ne peut les voir qu'à la lueur des brandons enflammés qui les enfument chaque jour de plus en plus. Je m'en confesse, tout ce que la corruption peut exercer de séductions sur l'ame mercenaire d'un Pouzzolien, je l'ai épuisé sans succès pour me procurer une seule de ces sculptures antiques. L'intérêt a combattu long-tems en ma faveur; mais la crainte de la prison l'a emporté sur mes instances et sur l'offre de quelques pièces d'or.

Nous voici de nouveau ramenés au bord de la mer. Les expéditions nécessaires pour le voyage d'Ischia, ont été oubliées à Pouzzole. Le patron de notre barque a envoyé un matelot les chercher. Il nous engage à nous promener le long de la côte, où quelques autres ruines méritent d'être visitées. Nous abordons auprès des étuves de Néron. Là, sous un péristyle, un homme attend les curieux. Dès qu'il s'en présente, il offre de les conduire à la source des bains chauds dont il est gardien. En même tems il quitte ses vêtemens, ne conserve qu'un pantalon de toile, vous conseille de vous dépouiller de même; puis, après avoir mis deux œufs dans un petit seau dont il passe l'anse à son bras, il prend une torche allumée, et vous invite à le suivre. Accoutumé que l'on est aux exagérations nationales, on se défend de se mettre nu comme lui. Il vous précède dans un corridor souterrain et tellement étroit que, pour y passer, il faut souvent se tourner de côté. D'abord une douce température se fait ressentir. Peu à peu le degré de chaleur augmente. Bientôt la vapeur des sources thermales remplit l'espace; et l'on n'a pas fait trente pas que son ardeur devient insupportable. Je voulais aller jusqu'au bout; force m'a été de retourner promptement sur mes pas. J'étais mouillé et haletant. Pour lui, il a continué sa marche, feignant d'éprouver la plus vive inquiétude sur l'issue de son entreprise. A mesure qu'il s'enfonçait sous cette voûte obscure, la lumière de sa torche, diminuant par degrés, a fini par disparaître. Sa voix a cessé d'arriver jusqu'à nous. On eût dit qu'il était descendu dans l'empire des morts. Nous n'avons pas tardé à l'entendre revenir. Il poussait de longs gémissemens : les furies l'eussent poursuivi, qu'il n'aurait pas témoigné un plus grand effroi. La sueur ruisselait de ses pores, de ses cheveux; son pantalon en était traversé. L'eau dont il avait rempli son seau, bouillait; et les œufs qu'il avait emportés étaient durcis. Bien qu'il voulût recommencer à chaque instant cette expérience, il n'épargne rien pour s'attirer la compassion de ceux pour qui il l'a faite. Dès qu'il est payé, ses simagrées cessent. Il prend congé, entre dans une des chambres pratiquées autour du péristyle pour reposer et sécher les baigneurs, se couche sur le lit de pierre construit à cet effet, se rhabille, et attend impatiemment l'occasion de répéter son voyage.

Vers l'Averne, et à un mille de la mer, se trouvent les bains de la sibylle de Cumes. Ceux-ci sont froids. L'entrée en est difficile, et l'avenue également étroite. L'eau s'y maintient à dix pouces d'élévation : dans des parties plus creuses, elle est à une hauteur convenable pour que l'on puisse y plonger. Les flambeaux de résine enflammée dont on se munit en y entrant, dissipent à peine la nuit profonde qui y règne. Des matelots, qui nous accompagnaient, ont offert de nous porter dans l'intérieur ; et nous nous sommes laissés persuader. Leurs pieds heurtaient incessamment contre des pierres éparses et cachées. A chaque pas qu'ils faisaient, nous frappions de la tête les aspérités de la voûte ; de nos genoux, nous sillonnions chacun des murs latéraux qui le plus souvent n'étaient pas éloignés l'un de l'autre de plus de deux pieds. Je craignais à tout moment de me voir couché dans l'eau noire et bourbeuse que nous franchissions de cette étrange manière. Nous sommes à la fin entrés dans une salle assez vaste, taillée dans le roc, et inondée comme le chemin qui nous y avait conduits. Deux larges bancs de pierre, en forme de lit de camp, en occupent le fond. C'était là, selon la tradition, que la sibylle s'endormait, après s'être rafraîchie dans les sources de cette caverne. Elle en sortait aussi quelquefois pour respirer l'air de la mer. Ses courses mystérieuses, imprévues, la faisaient apparaître tout-à-coup dans des lieux différens et distans les uns des autres, sans que l'on pût connaître comment elle y était venue. Elles donnaient à son existence un caractère merveilleux qui favorisait la superstition, et entretenait la crédulité des peuples. L'un des habitués de cet antre aquatique a voulu nous montrer le chemin qu'elle prenait pour se rendre à Cumes. Il est allé se placer à l'extrémité d'une longue galerie ouverte devant nous, et que nous n'avions pu d'abord apercevoir. Ses bras étaient étendus ; il tenait de chaque main une torche allumée ; ses yeux en réfléchissaient la flamme, et paraissaient lancer des feux. Il appelait, parlait, s'écriait tour à tour : sa voix mâle et sauvage retentissait de toutes parts. Cette apparition avait quelque chose de magique et de surprenant; et quand il s'est élancé pour se rapprocher de nous, on eût dit un spectre échappé des enfers.

Les passe-ports maritimes que nous attendons n'arrivent toujours point. Notre embarcation nous ramène au couchant de Baïes, et nous côtoyons le rivage. Là était la maison de César où Marcellus fut empoisonné par Livie; ici, celle de Pison où Néron aurait été assassiné, si son hôte n'avait refusé d'ensanglanter sa table et ses dieux par le meurtre d'un prince. Le village de Bauli occupait le sommet d'un coteau peu éloigné. Aujourd'hui si restreint, il fut populeux, fréquenté. Son séjour n'avait pas moins de charmes que celui de Baïes ou de Pouzzole. Des édifices dignes de la grandeur romaine, s'élevaient tout à l'entour. Un immense réservoir, qui conserve le nom de *piscine admirable*, y fut construit par Lucullus : il est presque entier. De même que celui de Pouzzole, il pourvoyait d'eau les flottes romaines, et abreuvait le pays environnant. Mais comment parvenait-on à le remplir? On sait qu'aucune source potable ne l'alimentait. D'autres ruines, que l'on nomme *Cento Camerelle*, les Cent Cellules, ont exercé la sagacité des antiquaires dont la plupart croient que ce furent des prisons. En effet, quelques-unes donnent sur la mer. Elles s'ouvrent dans le roc à une grande hauteur; et l'on prétend qu'elles servirent à faire disparaître des criminels d'état, à assouvir des vengeances, à satisfaire des haines, à éteindre des jalousies.

De tous les souvenirs historiques que rappelle la côte de Bauli, ceux de la mort d'Agrippine sont les plus intéressans. Elle y avait un palais et des jardins où elle se trouvait heureuse de dérober à tous les yeux ses douleurs maternelles. Rarement s'y rendait-elle, lorsque Néron habitait Baïes. Une juste méfiance, qu'on aurait prise pour un pressentiment, la tenait éloignée de son fils : elle cherchait qu'il l'oubliât. Pour lui, méditant déjà ce parricide, qu'il envisageait sans remords, il hésitait, non sur le crime, mais sur la manière de le commettre. D'abord le poison lui sembla l'expédient le plus convenable. Il pensa ensuite qu'un antidote pouvait en détruire les effets. Employer le fer exposait à des indiscrétions; et, d'ailleurs, rien n'arrêterait-il le bras du meurtrier? N'aimerez-vous point à relire avec moi dans Tacite, les détails de cette scène tragique, aux lieux mêmes où elle se passa.

« L'affranchi Anicétus commandait la flotte de
» Misène; il avait élevé l'enfance de Néron, et
» haïssait Agrippine autant qu'il en était haï. Il
» proposa de construire un vaisseau dont une
» partie, se démontant par artifice en pleine mer,
» submergerait tout-à-coup Agrippine. Point de
» champ plus fécond en événemens que la mer.
» Périssant dans un naufrage, qui serait assez
» injuste pour imputer au crime le tort des
» vents et des flots?

» On goûta l'invention, que d'ailleurs les cir-
» constances favorisaient. L'empereur était alors
» à Baïes, où il célébrait les fêtes de Minerve. Il
» y attire Agrippine, à force de répéter qu'il
» fallait bien oublier ses ressentimens, et souf-
» frir quelque chose d'une mère, afin d'auto-
» riser le bruit d'une réconciliation qui ne man-
» querait pas de la séduire. Les femmes croient
» facilement ce qui les flatte. A son arrivée
» d'Antium, il va au-devant d'elle jusque sur
» le rivage. Il la prend par la main, la serre dans
» ses bras, et la conduit à Bauli. Le vaisseau

» fatal se faisait remarquer entre tous les autres
» par sa magnificence, ce qui avait l'air encore
» d'une distinction qu'il réservait pour sa mère,
» car elle était dans l'usage de se promener en
» trirème, et de se faire conduire par les ra-
» meurs de la flotte. De plus, on l'avait invitée
» à un grand souper, afin d'avoir la nuit pour
» mieux voiler le crime. On assure que le se-
» cret fut trahi, et qu'Agrippine, avertie du
» complot, ne sachant que penser, s'était rendue
» en litière à Baïes. Là, ses craintes furent dis-
» sipées par les caresses de son fils, qui l'acca-
» bla de prévenances, et la fit asseoir au-dessus
» de lui. Divers entretiens prolongèrent le festin
» bien avant dans la nuit. Néron parlait à sa
» mère, tantôt avec l'effusion d'un jeune cœur,
» tantôt avec cette réserve qu'on met à des con-
» fidences importantes. Il la reconduisit à son
» départ, pressant des plus tendres baisers les
» yeux et le sein d'Agrippine, soit qu'il voulût
» pousser jusqu'au bout la dissimulation, soit
» que les derniers regards d'une mère qui allait
» périr, attendrissent ce cœur, tout féroce qu'il
» était.

» Il semble que les dieux, pour la conviction
» du forfait, eussent ménagé à cette nuit tout

» l'éclat des feux célestes, et tout le calme
» d'une mer paisible. Le vaisseau n'avait pas
» fait beaucoup de chemin. Agrippine avait avec
» elle deux personnes de sa cour, Crépéréius
» Gallus et Acerronie. Crépéréius se tenait de-
» bout, non loin du gouvernail; Acerronie, ap-
» puyée sur les pieds du lit d'Agrippine qui
» était couchée, parlait avec transport du re-
» pentir de Néron et du retour de la faveur
» d'Agrippine. Tout-à-coup, au signal donné,
» le plancher de la chambre croule, sous des
» masses de plomb énormes dont on le charge.
» Crépéréius fut écrasé, et mourut sur-le-champ.
» Agrippine et Acerronie furent garanties par
» les saillies du dais qui se trouva assez fort
» pour résister à la chute; et le vaisseau ne s'en-
» tr'ouvrit pas, comme il le devait, à cause du
» trouble général, et parce que la plupart, n'é-
» tant point instruits, gênaient ceux qui l'é-
» taient. On ordonna aux rameurs de peser tous
» sur le même côté, pour submerger le navire;
» mais un ordre aussi subit fut exécuté sans
» concert, et d'autres, faisant le contrepoids,
» ménagèrent au vaisseau une chute plus douce.
» Cependant Acerronie, assez mal habile pour
» crier qu'elle était Agrippine et qu'on vînt

» sauver la mère du prince, est assommée à coups
» de crocs et de rames, avec les premiers in-
» strumens qui tombent sous la main. Agrip-
» pine gardant le silence, ce qui l'empêcha
» d'être reconnue, reçut pourtant une blessure à
» l'épaule. Ayant gagné à la nage, puis sur des
» barques qu'elle rencontra, le lac Lucrin, elle
» se fit porter à sa maison de campagne.

» Là, songeant pour quelle fin on lui avait écrit
» ces lettres perfides, et prodigué tant d'hon-
» neurs; que le vaisseau avait péri tout près du ri-
» vage, sans qu'il y eût le moindre vent, le moin-
» dre écueil, en croulant par le haut, comme une
» machine arrangée exprès; puis considérant le
» meurtre d'Acerronie, sa propre blessure, et
» jugeant que le seul moyen de se garantir était
» de paraître n'avoir rien pénétré, elle envoya
» l'affranchi Agérinus dire à Néron que la bonté
» des dieux et la fortune de l'empereur l'avaient
» sauvée d'un grand péril; que, malgré tout l'ef-
» froi que pouvait causer à un fils le danger
» d'une mère, elle le conjurait de différer sa
» visite; qu'elle avait besoin de repos pour le
» moment. Et cependant, affectant de la sé-
» curité, elle applique un appareil sur sa bles-
» sure et des fomentations sur tout son corps;

» elle fait rechercher le testament, et mettre le
» scellé sur les biens d'Acerronie : en cela seu-
» lement il n'y avait point de dissimulation.

» Au moment où Néron se flattait d'apprendre
» l'exécution du complot, on lui annonce qu'A-
» grippine s'était sauvée avec une légère bles-
» sure, après avoir couru assez de risque pour
» qu'il ne lui restât pas le moindre doute sur
» l'auteur du crime. A cette nouvelle, frappé de
» consternation, il croit à chaque instant la voir
» accourir, avide de vengeance, armant les es-
» claves, ou soulevant l'armée, ou bien invo-
» quant le peuple et le sénat, et leur deman-
» dant justice de son naufrage, de sa blessure,
» de ses amis assassinés. Et, dans ce danger,
» quelle ressource pour lui, à moins que Sé-
» nèque et Burrhus n'imaginassent quelque ex-
» pédient? Il les avait mandés sur l'heure : on
» ignore si auparavant ils étaient instruits. Tous
» deux restèrent long-tems dans le silence, sen-
» tant l'inutilité des représentations, ou peut-
» être croyaient-ils les choses au point que, si
» l'on ne prévenait Agrippine, la perte de Néron
» était inévitable. Enfin, Sénèque, toujours
» plus entreprenant, regarde Burrhus, et lui
» demande s'il fallait commander le meurtre

» aux soldats. Celui-ci répond que les préto-
» riens sont trop attachés à toute la famille des
» Césars et à la mémoire de Germanicus, pour
» se permettre aucun attentat contre sa famille;
» que c'était à Anicétus à achever son ouvrage.
» Anicétus accepte sans balancer. A ce mot,
» Néron s'écrie qu'il ne règne que de ce mo-
» ment, qu'il doit l'empire à un affranchi. Il
» lui commande d'aller au plus vite, et de
» prendre avec lui ce qu'il y avait de plus déter-
» miné. Le meurtrier ayant appris qu'Agérinus
» était venu de la part d'Agrippine, forme là-
» dessus un plan d'accusation. Tandis qu'Agéri-
» nus expose son message, il lui jette une épée
» entre les jambes; puis, comme si on l'eût sur-
» pris avec cette arme, il le fait arrêter, afin de
» pouvoir débiter ensuite qu'Agrippine avait
» projeté d'assassiner son fils, et que, dans le
» dépit de voir son crime découvert, elle s'était
» donné elle-même la mort.

» Cependant, au premier bruit du péril qu'elle
» avait couru, chacun l'attribuant au hasard,
» se précipite au rivage. Ceux-ci montent sur
» la digue, ceux-là dans des barques; les uns
» s'avancent dans la mer aussi loin qu'ils le peu-
» vent; d'autres tendent les mains. Tout le ri-

» vage retentit de regrets, de vœux, du bruit
» de mille demandes contraires ou de mille ré-
» ponses hasardées. Enfin, quand on sut Agrip-
» pine sauvée, tous se disposaient à la féliciter,
» lorsque la vue d'une troupe armée qui mar-
» chait d'un air menaçant les dispersa. Anicé-
» tus fait investir la maison; puis, ayant enfoncé
» la porte, il arrête tous les esclaves qu'il ren-
» contre, jusqu'à ce qu'il soit près de l'entrée de
» l'appartement. Il y était resté peu de monde;
» la peur les avait presque tous éloignés, et,
» dans l'appartement même, il n'y avait qu'une
» faible lumière et une seule esclave. Agérppine
» s'alarmait de plus en plus de ne voir personne
» de la part de son fils, pas même Agérinus. La
» face de ces lieux qui venait de changer pres-
» qu'entièrement, sa solitude, ce bruit soudain,
» tout semblait lui annoncer les plus grands mal-
» heurs. Enfin, sa dernière esclave la quittant :
« Eh quoi ! tu m'abandonnes aussi ! » lui dit-
» elle; et en même tems elle aperçoit Anicé-
» tus suivi du triérarque Herculéus et d'Oloa-
» ritus centurion de marine. « Si tu viens pour
» me voir, annonce à Néron mon rétablissement;
» si c'est pour le crime, j'en crois mon fils in-
» capable; non, mon fils n'a point ordonné un

» parricide. » Les meurtriers entourent son lit :
» le centurion tirant l'épée pour l'en frapper,
» elle présenta le ventre : « Frappe-là ! » cria-
» t-elle. Le triérarque, avec un bâton, lui donna
» le premier coup sur la tête, et on l'acheva de
» plusieurs autres.

» On s'accorde sur ces faits. Que Néron ait
» considéré sa mère morte, et qu'il ait loué la
» beauté de son corps, les uns l'assurent, les
» autres le nient. Ce corps fut brûlé dans la nuit
» même, sur un lit de festin, sans plus d'ap-
» prêt que pour une esclave; et à l'endroit où
» ses cendres furent déposées, on ne prit pas
» même la peine, tant que Néron vécut, de ras-
» sembler un peu de terre et de les garantir par
» une enceinte. Depuis, les gens de sa maison
» lui élevèrent un petit tombeau le long du
» chemin de Misène[1]. »

Je suis entré dans ce tombeau, ou du moins dans la ruine qui en porte le nom. Passait-il du tems de Tacite, pour un monument peu digne de la mère d'un empereur; ou bien, comme quelques-uns le croient, n'est-ce ici que l'avenue d'un théâtre ? On entre par une galerie

[1] TAC., *Ann.*, liv. xiv, 3-4-5-6-7-8-9.

demi-circulaire, le long de laquelle s'élèvent quelques gradins. Sur la corniche qui couronne l'entablement, s'appuie une voûte ornée de sculptures en stuc dont le travail est précieux. Au reste il est impossible de pénétrer bien avant. Des débris obstruent le passage, et empêchent qu'on ne puisse se faire une idée de l'ensemble de cette construction. Le Léthé en est peu éloigné. Sortir d'un tombeau pour aller visiter ce fleuve des morts, c'est suivre l'ordre naturel des idées, qui toutefois ne tarde pas à être interrompu par une nouvelle série de réflexions également mélancoliques. Les eaux du fleuve n'ont rien d'effrayant; aucune ombre ne se promène sur ses bords : mais les êtres vivans qui les fréquentent, sont des hommes à demi sauvages, des femmes hideuses, des enfans sales et déguenillés qui, tous, demandent l'aumône. A l'opulence a succédé la misère; les recherches de la sensualité sont remplacées par une vie purement animale, les palais par des cabanes, les jardins par des vergers ou des carrés potagers presque dépourvus de culture. Dans cette transformation complète, le Léthé lui-même a changé son nom contre celui de *Mare Morto*, Mer Morte. Son embouchure était au port de Misène.

Nous retournons au rivage. Notre barque nous attend. Les patentes de la marine sont enfin entre les mains du pilote. Nous nous embarquons. Le vent est contraire. Cinq rameurs vigoureux déploient leurs avirons, fendent les flots; et nous nous éloignons de cette plage solitaire où s'abritèrent, pendant un si long tems, les flottes destinées à protéger la république romaine, et à porter ses soldats et ses consuls chez les nations lointaines soumises à sa puissance et à ses lois.

A mesure que nous avançons vers l'extrémité de la côte, je cherche les jardins de Lucullus. L'histoire en a gardé le souvenir. Elle cite les collines à travers lesquelles il avait fait passer des routes pour éviter les pentes trop rapides, les canaux qu'il avait ouverts aux eaux de la mer, les viviers immenses qu'il entretenait à grands frais et qui étaient peuplés des poissons les plus rares, les édifices qu'il avait mêlés à ces travaux d'une magnificence et d'un luxe inouis. C'est dans cette belle campagne que Tibère mourut, âgé de soixante-dix-huit ans. Au rapport de Tacite, la vie l'abandonnait déjà depuis plusieurs années. Il perdait ses forces, mais non sa dissimulation. «Ses discours

» étaient aussi soutenus, son esprit et ses re-
» gards aussi attentifs; quelquefois même il
» cherchait l'enjouement, pour cacher un dé-
» périssement qui frappait tous les yeux. En-
» fin, après avoir souvent changé de séjour, il
» s'arrêta dans cette terre. Voici comment on
» sut que sa fin approchait. Il y avait un méde-
» cin habile, nommé Chariclès, qui, sans être
» en possession de le gouverner dans ses ma-
» ladies, lui donnait souvent des conseils. Cha-
» riclès, alléguant des affaires, se leva pour
» sortir, et prenant la main de l'empereur, sous
» prétexte de la baiser, il lui tâta le pouls adroi-
» tement. Son intention n'échappa point à Ti-
» bère; car sur-le-champ, soit aussi qu'étant
» piqué, il voulût par là mieux cacher son mé-
» contentement, il ordonna un nouveau festin,
» et resta à table plus long-tems qu'à l'ordi-
» naire, comme par honneur pour un ami qui
» allait le quitter. Cependant Chariclès assura
» Macron que les forces s'éteignaient, que le
» prince n'avait pas plus de deux jours à vivre.
» Dès ce moment on précipita les conférences
» à la cour, et les dépêches pour les généraux
» et les armées. Le 17 des calendes d'avril (16
» mars) de l'an 37 de J.-C., il tomba dans un

» évanouissement profond : on le crut mort.
» Déjà Caïus, au milieu des félicitations d'une
» cour nombreuse, sortait pour prendre pos-
» session de l'empire, lorsque tout-à-coup on
» vint dire que la connaissance, que la voix re-
» venaient à Tibère, et qu'il demandait de la
» nourriture pour réparer son épuisement. A
» cette nouvelle tous s'épouvantent; on se dis-
» perse de tous côtés : chacun revient prendre
» devant Tibère, l'air de l'affliction ou de l'igno-
» rance. Caïus, dans un silence morne, n'atten-
» dait plus, au lieu de l'empire, que le supplice.
» Macron, plus hardi, fait étouffer le vieillard
» sous un amas de couvertures, et commande
» qu'on se retire [1]. »

L'aspect des lieux témoins de ces faits historiques, semble les reproduire. On croit voir
Tibère ne lutter un moment contre la mort, que
pour ne pas la recevoir de la nature. Il est con-
solant de le trouver à ses derniers momens dans
un tel abandon, qu'un seul homme dispose de
sa vie, sans que personne songe à lui en demander compte. Cette justice tardive mais terrible dilate l'ame. Elle l'ouvre aux nouvelles

---

[1] Tac., *Ann.*, liv. vi, 50.

idées qui naissent aux approches du mont de Misène, célèbre par les funérailles du compagnon d'Hector, qui lui donna son nom.

> At pius Æneas ingenti mole sepulcrum
> Imposuit, suaque arma viro, remumque, tubamque,
> Monte sub aerio, qui nunc Misenus ab illo
> Dicitur, æternumque tenet per sæcula nomen [1].

Ce fut là que la mère des Gracques se retira après la mort de ses fils. Proscrits, assassinés par le peuple, ils en obtinrent ensuite des statues et des autels, au pied desquels les citoyens allèrent prier, et porter, comme aux temples des dieux, les premiers fruits et les premières fleurs de la saison. Mais malgré ces hommages mérités, « leur mere se teint presque tousjours à Misène, » et ne changea rien à sa maniere de vivre, car » elle avoit beaucoup d'amis : et pource qu'elle » estoit dame honorable, aimant à recevoir et » traitter les estrangers, elle tenoit ordinaire- » ment bonne table : au moyen dequoy elle » avoit tousjours autour d'elle compagnie de

---

[1] Virg., *Énéide*, liv. vi.

> Énée à cet honneur en joint un plus durable :
> Sur un mont il élève un trophée honorable,
> Y place de sa main la lance et le clairon ;
> Et ces bords, ô Misène ! ont conservé ton nom.
>
> (*Trad. de* Delille.)

» Grecs et de gens de lettres ; et n'y avoit roy qui
» ne receust d'elle et qui ne luy envoyast aussi
» des presens. Si prenoient grand plaisir, ceulx
» qui l'alloient visiter et la hantoient, à luy ouir
» compter les faicts et la maniere de vivre de son
» pere Scipion l'Africain ; mais encore s'esmer-
» veilloient ilz davantage de luy ouir reciter les
» actes et la mort de ses enfans, sans en jetter
» larme d'œil, et sans autrement en faire des re-
» grets ny en mener dueil, non plus que si elle
» eust racompté quelque anciene histoire à ceulx
» qui les luy demandoient : tellement qu'il y
» eut quelques uns qui escrivirent que la vieil-
» lesse ou bien la grandeur de ses malheurs,
» luy avoient troublé le sens, et hebeté le senti-
» ment de douleur ; mais eulx mesmes estoient
» insensez quand ilz disoient cela, n'entendans
» pas combien l'estre bien né et bien nourry
» sert aux hommes à constamment supporter
» une douleur, et que souvent la fortune est
» bien plus forte que la vertu, laquelle veult
» garder tous les poincts du devoir. Toutefois
» elle ne luy peult oster la constance de porter,
» en tumbant, patiemment son adversité [1] ».

---

[1] Plut., *Vies des Hom. illust.*, *Tib. et C. Gracch.*, 55.

Près de doubler le cap de Misène, nous passons auprès des ancres d'un vaisseau de ligne mouillé dans ses eaux. Il est armé de quatre-vingts canons. Son pavillon est anglais. Des soldats, un nombreux équipage couvrent le pont. C'est sans doute à lui qu'appartiennent des officiers et des enseignes, que nous avons trouvés chassant sur les bords du Styx. Que fait là cette citadelle flottante? Qui doit-elle protéger ou combattre? Que vient-elle observer? Grâce aux guinées et aux traîtres, la victoire a favorisé ses couleurs. Ici il n'y a point d'armemens à craindre. Le gouvernement napolitain ne serait pas inoffensif par son caractère et par sa position, que la reconnaissance, s'il en est pour les rois, ne lui permettrait pas une autre attitude, envers l'Angleterre surtout, dont Ferdinand connaît le joug et la puissance. Ce n'est probablement qu'une vedette placée là pour donner, au besoin, n'importe quelle alerte, pour chercher querelle peut-être, ou bien pour faire acte de possession de ce golfe, fermé si long-tems à tous les ennemis de la France par la fortune de Napoléon.

Ce vaisseau échappe bientôt à notre vue; nous dépassons le promontoire. Voici la pleine mer qui s'agite au souffle d'un vent frais. Par degrés le rivage s'abaisse : ses inégalités s'effacent et se confondent en une ligne sombre qui diminue de volume à chaque instant. Je commence à distinguer l'île de Procida, l'ancienne *Prochyta*. Ses habitans ont conservé quelques usages antiques auxquels on reconnaît son origine grecque. On dit que le costume des femmes qui l'habitent est gracieux et élégant ; mais notre destination est pour l'île d'Ischia qui se dessine à l'horizon sous la forme d'un nuage. Le jour vient de finir; et le crépuscule nous enveloppe de son ombre. Ensuite s'élevant au-dessus des monts, la lune se réfléchit en lames argentées sur le sommet des vagues. Notre chaloupe glisse rapidement à leur surface. Elles se la transmettent l'une à l'autre comme avec précaution. Le silence de la nuit n'est interrompu que par le mouvement régulier des rameurs, et par le bruit de l'eau qui s'ouvre pour nous donner passage. Que ce calme est délicieux! Non, rien n'égale la douceur des sensations que fait éprouver une heureuse traversée de mer. L'aspect de cette immensité, l'air vif, la commodité du voyage, tout porte à la rêverie et la favorise. Les pensées se succèdent, comme les flots le long des bordages; elles changent d'objet comme nous changeons de place, insensiblement et sans la moindre interruption. On goûte aussi un secret plaisir à ne sentir qu'une planche fragile entre soi et des abîmes. Les matelots vous distraient-ils par quelque bruyant entretien? Ils parlent d'arriver, de leur salaire, de l'usage qu'ils en feront. S'ils ont des enfans, une famille à qui ils le destinent, leur joie devance celle qui les attend au sein du ménage. Vous la partagez; et vous vous félicitez qu'ils vous en soient redevables.

Cependant le tems se passe. Il y a déjà plus de trois heures que nous avons quitté le rivage, et nous ne sommes encore qu'à la hauteur de Procida. A la distance qui nous sépare d'elle, il nous est impossible de nous en faire aucune idée : elle a déjà fui loin de nous. Nos marins redoublent d'efforts; ce sont les mêmes qui conduisirent Murat à Ischia, d'où il se proposait d'aborder à Naples, trop confiant dans l'amour de ses sujets de quelques jours. Ils prétendent que ce détour fut cause de sa perte. Plus de deux heures sont employées au récit de ces détails que je ne veux pas rapporter. Enfin, nous découvrons l'extrémité septentrionale de l'île d'Ischia.

Les maisons du petit port où nous devons débarquer, commencent à paraître comme des taches blanches, sur le penchant de la colline qui descend jusqu'au bord de la mer. La voix des habitans se fait entendre. Plusieurs accourent sur la plage, au-devant de notre embarcation. Des armes brillent. Quelques soldats devancent les curieux attirés par notre arrivée. Le chef de la troupe nous crie de ne point approcher; et d'un coup de croc nous regagnons le large. « D'où venez-vous ? depuis quand êtes-vous partis ? n'avez-vous été visités par aucun bâtiment suspect? n'avez-vous point la peste? » et les mots de loi sanitaire, de lazaret, de quarantaine, se mêlaient confusément à cet interrogatoire fort propre à nous inquiéter. Tout notre équipage a bientôt pris part aux réponses. Les soldats ne se sont pas non plus abstenus de la discussion qui s'était ouverte. Plus les explications se multipliaient, moins il devenait facile de se faire entendre. Aux premiers, les précautions paraissaient fort convenables. Les nôtres ne voyaient, comme de raison, aucun inconvénient à quelque condescendance. Le colloque était bruyant; et il n'eût tenu qu'à nous de le prendre pour une dispute qui s'échauffait, et dont l'issue pouvait nous condamner à passer le reste de la nuit en panne, dans notre bateau non ponté et dépourvu de tout abri. Les pourparlers ont enfin tourné en accommodement. Les jaloux insulaires ont consenti à nous admettre, et nous ont permis de descendre à terre. Oreste et Pylade jetés par la tempête dans le royaume de Thoas ; Télémaque et Mentor échappés au naufrage dans l'île de Calypso, n'excitèrent pas une plus grande curiosité. Du moins n'avions-nous pas heureusement à redouter le couteau d'Iphigénie, ni très-malheureusement les séductions amoureuses de la fille de Thétis, ou bien celles « de la foule des jeunes nymphes, » au-dessus desquelles elle s'élevait de toute la » tête, comme un grand chêne dans une forêt » élève ses branches épaisses au-dessus des ar- » bres qui l'environnent [1]. » On nous entoure, on s'empresse, on nous considère : c'est à qui nous offrira ses services. « Nous allons chez *Don Tomaso de Zeani*. » Il demeure sur le penchant du coteau prochain, et chacun veut nous y conduire. Un officieux (il n'en manque pas) s'empare de notre petit bagage, et marche aussitôt en avant.

---

[1] FÉNÉLON, *Avent. de Télémaque*, liv. 1.

Nous le suivons. Quelques complaisans se mettent du cortége. Le pays était encore ému d'un passage de bécasses qui avait eu lieu la veille. Tous en parlaient gaiement. L'île en avait été couverte; et cette bonne fortune était le sujet de tous les entretiens. Ischia est une station de ces oiseaux dans leurs migrations annuelles; mais ils ne s'y arrêtent jamais plus de vingt-quatre heures. L'un en avait tué cinquante, un autre quarante-trois. Les chasseurs ne sont point sobres du récit de leurs prouesses : chacun a le sien à faire, et veut le placer. Partout les mêmes passions ont les mêmes symptômes et produisent les mêmes effets. Un quart d'heure a passé comme une minute, au milieu de ces contes et de quelques autres propos, pendant que nous gravissions par un chemin fort doux une montée assez roide. Le conducteur de notre caravane s'arrête devant une petite porte verte, à côté d'une chapelle. Il frappe; une jeune fille vient ouvrir. « Est-ce ici la demeure de Don Tomaso? — Oui, messieurs; il n'y est pas. Ce matin il est parti pour Naples. — Voici une lettre pour lui. — On va la remettre à sa sœur; c'est un autre lui-même. » En disant cela elle nous engage à entrer dans la maison.

Une femme d'environ quarante ans s'avance vers nous. Elle a été jolie. Ses traits ont conservé de la beauté. Il y a dans son regard, une vivacité et une bonté inexprimables. Ses sourcils noirs comme l'ébène et fortement prononcés, ne font que rendre sa physionomie plus expressive et plus piquante. Sa voix est douce, son parler affectueux. Elle a beaucoup d'embonpoint. Il est possible que dans sa jeunesse, ses mouvemens aient été plus prompts : maintenant ils ont une lenteur à laquelle la grâce n'est point étrangère. Toutes les habitudes de sa personne ont contracté ce mélange de repos et de contentement, que donne d'ordinaire une ame belle, pure et sensible. Son costume, en apparence assez négligé, annonce quelque recherche. Un voile de mousseline, ployé carrément, est posé sur les tresses de ses cheveux que retiennent quelques épingles d'or. Son corset de velours noir dégage ses épaules et sa poitrine, sur lesquelles un fichu volant est jeté. Elle porte un jupon très-court de couleur écarlate. Ses bas sont blancs, fins; et elle est chaussée de petites sandales de bois, dont les talons la grandissent un peu. Je la prie de nous donner à loger. « Très-volontiers, dit-elle, on va vous mettre ici. Vous voulez deux chambres ? En voici une seconde. J'ai peu de chose à vous offrir pour souper : mais je ferai tous mes efforts pour vous recevoir le mieux possible. Je vais m'en occuper. » Tout cela se disait lentement, d'un air composé ; et elle s'est en allée avec une gravité, dont l'appétit que nous avions gagné à la mer, ne s'accommodait guère. Nous n'avons pourtant pas tardé à voir arriver des bougies. L'appartement que nous occupions était charmant, meublé avec une sorte de recherche, et d'une propreté extrême. Il y régnait beaucoup d'ordre, comme dans le reste de la maison, qui était distribuée convenablement, et, au-dehors, d'une blancheur éclatante. J'allais ; je venais ; j'examinais comme si j'eusse voulu acheter ce petit manoir. Il y avait dans l'antichambre une bibliothèque. Je m'amusais à la parcourir et ne voyais que des bréviaires, des livres de prières et de sermons. Comme la maîtresse du logis entrait et sortait fréquemment pour les apprêts du ménage, je lui ai demandé s'il y avait un prêtre dans la maison. « Oui bien : c'est mon frère Don Tomaso. Il regrettera beaucoup de ne vous avoir pas accueillis lui-même. Cherchez sur d'autres tablettes. Il y a un Métastase, un Dante, un Tasse, d'autres poètes qui vous aideront à prendre patience. » Un volume de Métastase est tombé sous ma main, et je l'ai ouvert. « Ah! voilà Didon! » ai-je dit tout haut. « Tant mieux, a-t-elle repris, c'est de l'amour; le tems passera plus vite. » En effet j'ai lu quelques-uns des vers charmans où la passion de la reine de Carthage s'exprime avec plus de mollesse encore que d'énergie; mais il m'a fallu renoncer à continuer cette lecture. Tout dans cette aimable retraite était selon mon goût, piquait ma curiosité. Je suis sorti. Devant la porte, un berceau de citronniers et d'orangers conduit à la cuisine, qui est séparée du corps de logis principal par un petit jardin. Des limons, des cédrats, des oranges pendent à travers le treillage. Un escalier extérieur, facile et pittoresque, est adossé à la maison : les degrés et le pallier sont ornés de vases dans lesquels croissent des aloès, des agavés et des yuccas. C'est par là que l'on monte sur une terrasse qui sert de toiture. Le tems était magnifique. Malgré l'heure avancée, il ne faisait point froid. La lune et les étoiles brillant à l'envi, éclairaient un ciel sans nuages. Je distinguais les îles prochaines, la mer, le continent, Caprée dans le lointain, et la lave ardente du Vésuve se dessinant à l'horizon comme l'éclair qui précède la foudre. Ce spectacle enchanteur est encore présent à mes yeux. Je ne cessais de le contempler. Passant d'un objet à un autre, je revenais successivement à chacun d'eux avec un nouveau plaisir. La nuit, le silence, le murmure de la vague qui mourait sur le rivage, la suavité de l'atmosphère me ravissaient. J'admirais un si beau climat, où l'air que l'on respire et qui vous caresse, est lui seul une volupté. Aucun triste souvenir, aucune réflexion chagrine, ne s'offraient à ma mémoire, à ma pensée. Tout entier à ce que je voyais, je n'y mêlais que des idées de bonheur.

On avait servi : le linge était blanc, souple ; le souper abondant, délicat. Sans nécessité, l'on s'excusait de n'avoir rien de mieux à offrir. L'île n'est qu'un vignoble. L'industrie des habitans s'applique à fabriquer avec les mêmes raisins, les vins de tous les pays et surtout ceux de France. Notre Hébé a apporté tour à tour du Bordeaux, du Bourgogne, du Champagne. De ce dernier, il en est venu de mousseux, vif, sucré, pétillant. Comment se l'épargner à cette heure avancée ? Encouragés par notre hôtesse, égayés par sa jeune fille, nous n'avons pas craint de faire une petite trêve à notre sobriété accoutumée. Au milieu de ce banquet, on nous a appris que nous étions dans une maison bourgeoise, dont les étrangers louaient les appartemens pendant la saison des eaux thermales qui abondent dans l'île. Nous n'en avons pris qu'un peu plus de cette agréable liberté que donne une hospitalité désintéressée. Mais malgré la mousse du Champagne d'Ischia, et peut-être à cause de ses fumées, quittons le verre, et la table, et ses gais propos. La veille a été longue et joyeuse. Les lits sont bons. Un parfum de propreté s'élève des draps qu'on y a mis. Je m'y livre avec confiance. Un doux sommeil, je le sens, ne tardera pas à fermer mes paupières. Puissent d'agréables songes s'y mêler, et ceuxlà principalement, qui sont, comme dit Montaigne, « les loyaulx interpretes de nos inclina- » tions ! »

L'ÎLE D'ISCHIA.
FORIA. — FONTANA. — LE MONT ÉPOMÉO. — LES ERMITES. LA VILLE D'ISCHIA. — DÉPART. — POUZZOLE. LE TEMPLE D'AUGUSTE.

Naples, 2 décembre 1819.

Dès avant le jour, toute la maison était sur pied, pour faire les apprêts de notre excursion dans l'île, et pour assister à notre départ. Chacun de nous devenait l'objet de prévenances empressées. On nous prodiguait les plus petits soins; la maîtresse et les domestiques y mettaient une affectueuse politesse. Enfin, le moment de payer le gîte étant arrivé, au lieu de cette note quelquefois si laconique, souvent si minutieuse et toujours si exagérée, à laquelle il était convenable de nous attendre, la jeune hôtesse, dont la mine à demi ingénue m'avait intéressé, s'est avancée d'un air aimable et familier. « Nous n'avons rien à vous demander, messieurs : sans la crainte de vous offenser, nous n'accepterions rien ; vous donnerez ce qu'il vous plaira. Cette maison n'est pas une auberge : c'est ici la campagne ; notre usage n'est pas de mettre à prix une nuit d'hospitalité. » L'embarras que nous éprouvions a paru l'amuser. Elle souriait de notre surprise, et se doutait bien que nous avions fait peu de couchées semblables. Celle-ci, comme on le pense, ne nous a pas coûté moins cher ; mais du moins, au lieu de défendre notre bourse, nous n'avons eu à combattre que notre générosité. La dame Zéani était heureuse de nos remercîmens ; elle se félicitait du souvenir que nous laisserait son accueil amical. Une franche cordialité a présidé aux adieux. Des ânes, seules montures du pays, nous attendaient à la porte avec leurs guides, et notre caravane s'est mise en marche.

L'île d'Ischia, jadis *Pithecusa*, a six lieues de tour : sa forme est celle d'un cône irrégulier, obliquement incliné du nord au midi. A-t-elle été séparée du continent par quelque commotion volcanique ? tenait-elle autrefois à l'île de Procida, et les tempêtes l'en ont-elles détachée ? Les savans prononceront, s'ils le peuvent, sur ces probabilités géologiques. Acheminons-nous vers son sommet dont l'abord semble inaccessible. Tout favorise notre projet. Quoiqu'il ait gelé à glace cette nuit, l'air est tiède; on dirait une belle matinée du mois de mai. Le chant des coqs, le ramage des oiseaux devancent l'aurore. Leur voix n'est ni triste, ni plaintive, comme dans nos hivers. Ils prolongent et varient leurs accens; on y reconnaît le prélude de leurs amours. Ils ne boursoufflent point leurs plumes pour se préserver des frimas; une douce température les pénètre, les échauffe; le printems est plus près d'eux; ils cèdent à son influence. Les habitans ne sont pas non plus retenus par une saison rigoureuse, dans l'intérieur de leurs habitations : ils viennent de s'éveiller, et peuplent la campagne. Les uns se rendent à leurs travaux ; les autres, armés de fusils de chasse, vont chercher les restes du gibier qui était hier si abondant. Les chemins, dans lesquels nous nous croisons avec eux à chaque instant, ont si peu de largeur, que nous nous rangeons pour nous donner réciproquement passage. Ils nous saluent, nous parlent familièrement, et paraissent aimer à rencontrer des étrangers. Des murailles de pierres brutes, sans aucun ciment, entourent leurs héritages : elles servent aussi à soutenir les terrasses nombreuses dont le sol est coupé. La richesse du pays consiste presque uniquement dans la récolte des vignobles dont il est planté. Quelques vergers de figuiers et d'orangers interrompent seuls la monotonie de cette culture. Les caroubiers y mêlent par intervalles leur feuillage toujours vert. On en emploie le bois, veiné d'un beau rouge, à faire des caisses, pour renfermer les figues sèches et les oranges destinées à l'exportation : petit commerce qui, avec celui de leurs diverses espèces de vins, compose toute l'industrie de ces insulaires.

Il y a près de trois heures que nous marchons. Le soleil va se lever. Tour à tour nous faisons usage de nos montures ou nous allons à pied. Souvent la route borde des ravins profonds, creusés par la chute des torrens qui descendent du sommet de la montagne. Les terres déchirées par leur impétuosité ne laissent voir aucune roche, mais seulement un sable compacte, dans lequel sont pratiqués des celliers où l'on abrite le vin pendant les ardeurs de l'été. Sans cette précaution, il serait impossible de le conserver. Plusieurs hameaux ont déjà passé sous nos yeux. De la hauteur sur laquelle nous venons de nous trouver, nous dominions un bourg assez considérable qui se nomme Foria.

Ses maisons sont propres à l'extérieur. Enfin, voici le village de Fontana; c'est le dernier avant d'atteindre l'ermitage situé sur le sommet du mont Époméo qui est le point culminant de l'île. Pendant que la caravane fait une halte, parcourons les terrasses du voisinage, et promenons nos regards sur les champs des environs, qui semblent sous-divisés à l'infini. Point de haies; partout des murs secs, construits avec des pierres non taillées, et dont la dureté paraît devoir être rebelle à toutes sortes d'outils. Outre que ce genre de clôture attriste le paysage, il accuse la probité des habitans, ou du moins il suppose leur méfiance réciproque. Combien de telles précautions ressemblent peu à ces bornes, le plus souvent cachées, qui, en France, limitent la plupart des propriétés, et qu'on voit si rarement franchir! Une pauvre chapelle est ouverte : c'est l'église du lieu. Des paysannes assistaient à la messe qui vient de finir; elles retournent à leur ménage. Le prêtre ne tarde pas à sortir. Quelques villageois s'approchent de lui. Il est né dans l'île, et ne l'a jamais quittée. C'est là qu'il a fait ses études : Dieu sait lesquelles! Il a l'air stupide. Ne lui adressez aucune question sur les détails même les plus insignifians du pays qu'il habite. Vêtu d'une soutane râpée, et plié dans un mauvais manteau, il écoute ce qu'on lui dit, paraît ne rien entendre, et ne répond pas. Cependant, j'ai su faire vibrer la corde sensible, en l'interrogeant sur les revenus de sa cure. « Il ne se fera plus de prêtres, prononce-t-il d'un ton menaçant; le gouvernement a restreint nos profits et diminué notre salaire. Nous n'avons plus de quoi vivre. J'ai froid; je vais me chauffer. » Sa révérence est sortie ainsi du cercle qui s'était formé autour d'elle, sans que personne lui ait témoigné ni intérêt, ni considération.

Désormais, la montée est rude, escarpée. La chaleur commence à se faire sentir. Devenus plus étroits, les sentiers sont tellement encombrés de pierres anguleuses et roulantes, que les ânes eux-mêmes ont peine à se tenir sur leurs pieds, et ne savent où les poser. Enfin, non sans peine, nous atteignons le pic de la montagne. On a donné le nom d'Ermitage à quelques fentes pratiquées dans le roc. Deux bandits vivent dans cette caverne, sous l'égide et le patronage de Saint-Nicolas. L'un, affublé d'une robe de capucin, fait le maître; sous le costume laïque, l'autre joue le rôle de frère-lai de leur communauté. Le premier parle peu ; composé dans sa contenance, il ne paraît occupé que de son salut. S'il passe près de vous, à peine lève-t-il les yeux. Les mains croisées sur sa poitrine, en signe d'humilité et de pénitence, il s'incline respectueusement ; s'il ne tenait qu'à lui, vous le considéreriez en odeur de sainteté. Il sert, en quelque sorte, d'enseigne à ce misérable repaire. Son hypocrisie n'a d'autre but que d'exciter la pitié pour une vie en apparence si dévote, et d'arracher des aumônes sous le prétexte de donner part aux prières qu'il est censé faire. Quant au domestique, il feint d'être purifié par sa cohabitation avec l'ermite prétendu. S'il prononce son nom, c'est avec une vénération singulière. Il se hâte de montrer les rigueurs de leur domicile souterrain. L'eau s'y infiltre en effet de toutes parts. Ils couchent sur une paille humide. Leur pain est cuit sous la cendre, et dans un trou. Ils prient, disent-ils, devant une croix vermoulue, plantée sur une pointe de rocher. Leur devoir est de donner l'hospitalité aux voyageurs qui les visitent. Ils n'ont point d'abri à leur offrir ; et toutes leurs provisions se réduisent à des galettes de son et à du vin trouble. Hors la porte de leur antre, est une petite saillie de quelques pieds carrés. De cette sommité, presque perpendiculaire à la mer, la vue, dans un jour serein, doit être magnifique. Une brume épaisse la dérobe aujourd'hui. Privé de cette distraction, dans ce lieu solitaire, en présence de ces hôtes d'un genre nouveau, la pensée qui s'offre naturellement à votre esprit, est qu'ils pourraient facilement vous dépouiller, et vous lancer impunément dans le précipice ouvert devant vous. Le prétexte des vertiges les absoudrait. Aussi, se hâte-t-on de les quitter, pour que la tentation, à laquelle ils semblent peu susceptibles de résister, ne leur en vienne pas. Tant de misère, et une si complète oisiveté ne sauraient donner de bons conseils.

Plus rapide, le revers méridional de la montagne est aussi plus difficile à parcourir que le versant septentrional. A peine le sentier est-il frayé; une seule personne l'occupe tout entier. Il est inégal, glissant, et se prolonge ainsi jusqu'aux deux tiers de la descente. Là, il commence à devenir plus praticable, en même tems que le paysage s'embellit. Sa largeur augmente; il s'aplanit; les accidens du sol lui donnent de la variété. Tantôt il franchit, à l'aide d'un pont léger, les profondeurs ouvertes par les torrens; plus loin, il suit la ligne de l'aqueduc qui conduit à la ville d'Ischia, l'eau d'une source éloignée. De belles plantations ombragent la campagne. On y rencontre de jolies petites maisons blanches, couvertes de plates-formes où l'on monte par un escalier extérieur, orné de vases de fleurs et de guirlandes de verdure.

Après six heures de marche, nous entrons enfin dans Ischia, capitale de l'île. Ce n'est qu'un gros bourg, situé sur le rivage. La majeure partie de sa population ne comprend que des pêcheurs. On y compte beaucoup de magasins de comestibles, et de boutiques où l'on vend des vêtemens tout faits, propres pour les matelots. Il y règne la même activité qui se fait remarquer dans tous les ports de mer. Le départ et l'arrivée des bateaux lui donnent de la vie et du mouvement. A votre insu, des commissionnaires vous rendent des services fort chers. Il faut, en outre, gratifier le corps-de-garde de la douane, qui demande pour boire, lors même que l'on n'embarquerait que de l'eau, et celui de la troupe à qui l'on paie les vexations dont il veut bien s'abstenir.

Cependant, après avoir satisfait à toutes ces

exigences, nous voici de nouveau en mer. Les courans qui nous portent vers Pouzzole secondent nos rameurs. Le vent, d'abord contraire, devient-il par moment favorable? Aussitôt, le mât est dressé, la vergue est hissée, la voile déployée, et nous fendons la vague houleuse. Si le calme revient, tout ce gréement disparaît en quelques secondes, et les matelots reprennent leurs avirons. Avec le secours de ces diverses manœuvres, quatre heures suffisent pour atteindre Pouzzole, où nous abordons, après avoir longé les murs de l'antique enceinte de sa baie. Les colonnes d'un temple élevé en l'honneur d'Auguste, et qui décorent maintenant la façade de l'église de Saint-Procule, une belle statue, une vaste piscine nommée le labyrinthe de Dédale et qui sert de cellier à de pauvres paysans, nous arrêteront peu. Allons nous reposer de cette longue promenade, et chercher à nous en rappeler les plaisirs.

LES APPRÊTS DU DÉPART POUR ROME.
UN ENTERREMENT.—LE LAC D'AGNANO.—LA GROTTE DU CHIEN.
CAPO DI MONTE. — LA VILLA-RÉALE.
LE THÉATRE DES FLORENTINS.

Naples, 3 *décembre* 1819.

Je m'occupe, avec peine, de mon retour en France. A Rome j'en hâterais volontiers le moment ; ce soin me plairait. Il m'importune à Naples : ma curiosité n'est pas satisfaite. Je sens que j'emporterai des regrets; je voudrais voir ici une autre saison. Vainement je cherche à me représenter les coteaux qui bordent ce rivage, ornés de la parure du printems : mon imagination ne me suffit pas. Les jours s'écoulent avec une rapidité sans égale. Je commence à partager avec les nationaux, l'attrait qu'ils trouvent à se laisser aller au courant de la vie. Il y a dans cette manière d'exister une mollesse, une volupté qui s'empare de tous les sens, les charme, et dispose l'ame aux plus douces émotions. Cependant, ce n'est pas la France ! Il faudra s'éloigner ! Pour éviter les tracasseries des agens de police, dans les divers états qui nous séparent de la patrie, il convient de ne négliger aucune précaution, et notre ambassadeur veut bien nous les indiquer. Pourvus gratuitement, dans ses bureaux, d'un passe-port français, nous n'obtiendrions aucune protection dans les états napolitains, si la police des Deux-Siciles ne nous accréditait par des pancartes fort coûteuses. Ces papiers doivent en outre, et pour de l'argent, être approuvés par les ministres des souverains dont nous aurons à traverser les possessions, et qui se montrent d'autant plus scrupuleux et exigeans, qu'ils ont moins d'importance. En est-il autrement ailleurs? Chacun se hausse soi-même pour paraître grand : libre aux autres de le trouver tel ou non ; et il est rare qu'un semblable effort ne tourne pas contre celui qui le fait, sans que ce mécompte réussisse à corriger personne.

En revenant de l'hôtel de l'ambassade française, nous rencontrons un enterrement. Des prêtres et des pénitens, précédés de croix et de bannières, ouvrent la marche. Le mort la termine. Il est renfermé dans un sarcophage drapé en velours blanc, brodé d'or de couleurs différentes, et élevé sur une estrade portative que recouvre un immense tapis de velours cerise, enrichi de broderies, de crépines d'or, et dont les pointes tombent jusqu'à terre. Des hommes de la dernière classe du peuple portent, sur leurs épaules, cette espèce de catafalque qui n'a rien de lugubre. Leur saleté, leur nudité paraissent encore plus repoussantes, sous cette brillante draperie commune à tous les rangs, à toutes les conditions, à toutes les fortunes. Quelle que soit la misère du mort, l'or et la pourpre servent à son convoi, comme à la pompe funèbre du citoyen le plus riche et le plus éminent, dernier signe d'une égalité méconnue jusque là. On cite, à ce sujet, un axiome napolitain destiné à consoler les pauvres de la rigueur de leur sort, et dont le sens est qu'après avoir vécu sous des haillons, ils étalent, quand ils sont morts, tout le luxe de l'opulence. Le cortége marche silencieusement et vite. Arrivés à l'église, la plupart des pénitens ôtent rapidement le capuchon sous lequel ils ont de la peine à respirer. Les prières commencent; on se dépêche de les dire : les assistans les répètent d'un air distrait, les uns encore masqués, les autres à visage découvert. Plusieurs causent tout haut de leurs affaires ou de leurs plaisirs : il y en a qui rient. Quelques-uns inclinent complaisamment leurs cierges allumés, et s'amusent à voir la cire qui s'écoule, tomber goutte à goutte dans la main des enfans en haillons qui se pressent autour d'eux, et courent vendre aussitôt, ce qu'ils en ont pu recueillir. L'orgue joue des airs gais. Le moment de l'absoute arrivé, un prêtre s'avance pour la prononcer. Le clerc, qui le précède, plaisante avec ceux qui se trouvent sur son passage. Sont-ce là de funèbres adieux ? Je ne vois personne à qui il en coûte de les faire. Ni la couleur des bannières, ni le drap des morts, ni la contenance des assistans, ni les chants, ni leur accompagnement, n'expriment la douleur : au contraire, tout respire la joie, ou ne marque tout au moins que de l'indifférence. Enfin, viennent de se faire entendre les vœux formés pour le repos éternel de celui à qui on rend les derniers devoirs. Aussitôt les porteurs s'approchent du coffre doré, ôtent le couvercle, retirent avec dextérité et promptitude le cercueil ouvert dans lequel est le mort enveloppé d'un linceul, la tête et les pieds nus : hideuse conclusion d'une cérémonie dépourvue de décence et de recueillement ! Ils vont déposer ce triste fardeau dans un caveau, d'où il sera enlevé pendant la nuit, pour être transporté au cimetière. En effet, je n'ai pas eu occasion de remarquer que l'on continuât d'enterrer dans les églises, comme cela se pratiquait autrefois.

J'allais faire une promenade dans la campagne, lorsque cette rencontre m'a arrêté. Reprenant mon premier dessein, je suis sorti par la grotte de Pausilippe; et, à peu de distance du hameau le plus prochain, vers la droite, je me suis trouvé sur les bords du lac Agnano. De hautes collines l'environnent de toutes parts. Des champs cultivés, des bois, des prairies, quelques habitations rustiques, varient l'aspect du pays. Sur la cime la plus élevée, on aperçoit un couvent de camaldules, dont l'isolement et les sauvages alentours rappellent la règle sévère de cette institution monastique. On croirait que des lieux si pittoresques, cette belle verdure, ce lac, et les oiseaux aquatiques qui se promènent sur le rivage ou volent d'un bord à l'autre, dussent composer un paysage animé, agréable : il n'en est rien. Les eaux sont noires, immobiles, mortes; le ciel le plus pur, en s'y réfléchissant, prend une teinte sombre, semblable à celle des orages. L'herbe, le feuillage se développent à regret sur cette terre mêlée de substances volcaniques. Partout s'exhalent des vapeurs sulfureuses, qui font, par momens, bouillonner la surface du lac. L'atmosphère est épaisse, et comme privée de l'air qui donne la vie. Apercevez-vous quelques-uns des rares habitans de cette cuve profonde? ils sont livides, mornes, valétudinaires, bouffis, et se plaignent de la destinée qui les condamne à végéter péniblement dans cette solitude morbifique. Mais leur enfance et leur jeunesse se sont écoulées sur ce triste rivage. L'habitude de compter sur une vie fort courte, ne leur laisse aucun désir de la prolonger en cherchant une résidence plus salubre. Ils vivent des poissons du lac, qui ont un goût désagréable, et passent pour être une nourriture malsaine. Leur unique industrie consiste à guider les promeneurs, et à leur indiquer les étuves construites dans les endroits où les émanations de la terre ont le plus haut degré de chaleur. Entre ces étuves, il en est où le thermomètre de Réaumur monte à quarante degrés. Dans d'autres, le gaz qui sort des évents s'enflamme par la seule présence d'un morceau d'amadou allumé. L'incommodité de ces bains de vapeurs est extrême. Les malades qui les prennent, sont obligés de s'exposer à la température extérieure, sans précaution comme sans intermédiaire. On n'y trouve point, comme dans les thermes antiques, des chambres tièdes où les organes puissent se remettre par degrés, des effets d'une trop forte transpiration. La douceur du climat ôte probablement à ces transitions, le danger qu'elles auraient ailleurs, et porte en soi le remède aux accidens qu'elles pourraient causer.

L'un des ménages établis dans ce canton, est détenteur de la clef d'un souterrain pratiqué au pied de la colline, et qui se nomme la Grotte du Chien, parce que les chiens servent à y faire des expériences sur une couche d'acide carbonique épaisse de huit ou dix pouces, qui se maintient constamment à la surface du sol. Cette évaporation est si rapide et si abondante, qu'on prétend qu'en s'inclinant vers la terre on l'aperçoit distinctement à l'œil nu. Elle ne m'a point paru sensible, quoique ses effets ne laissent aucun doute sur son existence. On pourrait n'y soumettre que des substances inanimées, et la démonstration aurait les mêmes résultats. Cependant, la propriété d'asphixier les animaux, est celle dont on a choisi l'épreuve. Elle agit avec la promptitude de la foudre. Le spectacle qu'elle offre, excitant la pitié, est plus propre à solliciter la générosité des voyageurs, et suffit pour expliquer la préférence qu'elle obtient. Un homme et sa femme sortent de leur hutte, avec des torches et une lanterne dans laquelle une chandelle brûle. Quatre chiens hâves et décharnés les suivent. Trois sont en liberté. Ils sautent sans gaieté autour de vous et vous caressent timidement : heureux que votre curiosité ne soit pas, pour eux, le motif d'une mort bien douloureuse quoique passagère. Le quatrième est mené en laisse. C'est son tour de semaine pour le service de la grotte. A mesure qu'il en approche, il résiste et se fait traîner : s'il n'était pas attaché, il s'échapperait. Vous avancez, avec cet étrange cortège, vers le lieu redoutable. Près d'y arriver, le chien tente de venir vers vous. Quelques légers mouvemens de sa queue témoignent le peu d'espérance qu'il garde d'éviter son sort. Tandis que la clef tourne dans la serrure, ses yeux cherchent, dans les vôtres, appui, protection. La porte s'ouvre; et il ne jette plus qu'un regard de méfiance sur son maître, sur sa maîtresse, habitué qu'il est à leur inflexibilité. On l'assommerait plutôt que de le faire entrer de son plein gré dans la grotte fatale. Il se roidit sur sa corde, la tire, veut fuir, le tout en vain. L'homme le saisit par les jambes, le couche, et n'a déjà plus besoin de lui faire violence, car il vient de s'évanouir. Quelques convulsions l'agitent encore; bientôt ses yeux se ferment; il ne vit plus. « Assez, assez, criais-je à ce barbare; nous voyons de reste; c'est affreux! » Il aurait craint de compromettre la renommée de son métier, s'il nous eût épargné aucun des symptômes et des accidens de cette agonie. Cédant enfin à nos instances, il a retiré son chien, et l'a jeté sur le gazon. Plusieurs minutes se sont écoulées sans qu'aucun signe de vie se manifestât dans ce pauvre animal. Peu à peu ses flancs ont commencé à battre; ses yeux se sont rouverts; ses lèvres ont repris quelque couleur; il s'est remis debout; et après avoir frotté vivement sur l'herbe son nez, son front, ses oreilles, il a fini par exprimer la joie que lui donnait cette résurrection. Quel sentiment retient ces chiens, les attache à leur cruelle destinée? Quelle constance d'aimer ont-ils, pour ne pas chercher d'autres maîtres, pour rester près de cette femme surtout, qui voit toutes leurs angoisses avec une impassibilité odieuse; pour la suivre dans tous ses mouvemens, quand elle peut les conduire au lieu de leur supplice, qu'ils l'ont éprouvé, qu'ils le savent, qu'ils s'en souviennent, et qu'ils font de si violens efforts pour se soustraire à cette douloureuse expérience! La plupart meurent dans l'année, et quelquefois il n'est pas aisé de les remplacer.

Au retour d'Agnano, j'ai traversé Naples, et suis allé visiter Capo di Monté. Ce village qui touche presque à la ville, est, pour ainsi dire, un de ses faubourgs. Il occupe l'un des sites les plus élevés vers le nord. On y arrive par une pente douce. La route est tellement bien prise, qu'on s'aperçoit à peine qu'elle monte. Joseph l'avait commencée; elle a été finie par Murat, et maintenant on l'entretient avec assez de soin, parce que Ferdinand y passe fréquemment. Capo di Monté est la résidence qu'il préfère, sans cependant y faire jamais un long séjour; mais il y respire un air plus pur; il s'y porte mieux; et, pour lui, le bien être du moment est en même tems une jouissance et un préservatif qu'il recherche avec une sorte de superstition. L'exercice auquel il se livre, n'est pas seulement un régime, un principe d'hygiène, c'est encore une combinaison, un calcul, une ruse pour tromper la mort. Il se persuade qu'elle sera moins habile à l'atteindre, s'il change souvent de place. Rarement il couche deux nuits de suite dans le même lieu. Sa faiblesse n'est ignorée de personne; et ceux qui sont chargés de l'accompagner s'en moqueraient, s'ils ne tenaient à honneur de partager ses continuelles allées et venues.

Le palais de Capo di Monté ne répond point à la réputation dont il jouit. Son aspect est triste. Les grands carrés de gazon dont on a prétendu embellir ses approches, sont mal tenus et dépourvus d'ombrage. Le portique matériel qui décore le rez-de-chaussée, annonce plutôt une prison ou une caserne, qu'un château de plaisance. L'intérieur n'a ni l'élégance, ni la richesse qu'exigerait une maison royale. Quelques tableaux modernes, peu remarquables, garnissent les appartemens; et ce n'est pas sans surprise qu'on voit relégués dans la première antichambre, les portraits du père et de la mère du roi régnant. Tous les deux sont représentés à cheval. Le costume mal ajusté de Charles III, sa figure hétéroclite et son chapeau pointu, lui donnent un air grotesque qui tient de la caricature. La reine, en habit d'homme, avec des bottes à chaudron, est posée à califourchon; et comme son attitude aurait fait ressortir ses hanches et son dos d'une façon moins décente qu'il ne convenait à la majesté royale, le peintre a dissimulé tout cet embonpoint à l'aide d'un manteau qui le grossit encore davantage. Quelque ridicules que soient ces deux peintures, il y a peu de respect filial à les éloigner ainsi des regards de la famille, et à les exposer à la risée des valets et des passans.

Les jardins de la *Villa Reale* séparent de la mer, le faubourg de *Chiaja* et ses nombreux palais. De deux à cinq heures après midi, l'on s'y rend de tous les quartiers de la ville; l'affluence est considérable. Les étrangers viennent s'y chercher, les nationaux y jouir des charmes du climat, tous prendre de l'exercice et parler du Vésuve, de la *prima donna*, d'un sermon, ou de la fête patronale du jour. Peu de femmes se promènent à pied; mais du haut de leurs calèches emportées sur la chaussée par de charmans petits chevaux, d'un geste amical elles saluent les piétons, dispensent des signes d'intelligence, jettent quelques regards expressifs qui vont toujours à leur adresse, indiquent ou promettent le rendez-vous de la soirée; car ici il n'y a point de tems perdu : une réunion familière, un spectacle, une *conversazione*, une promenade à la mer, au Vésuve, à la villa de Pollion, se succèdent et occupent tous les momens, sans compter les doux entretiens, les rencontres heureuses, les tête-à-tête pour lesquels les dames napolitaines n'ont, selon la renommée, que fort peu d'éloignement. Cette activité d'une population avide de tous les plaisirs, est un spectacle divertissant. Pour peu qu'un habitué vous instruisît, de combien de romans n'auriez-vous pas à suivre les événemens, à apprendre l'interruption, à prévoir ou connaître le dénouement, qui quelquefois traîne un peu en longueur, comme si sa promptitude avait besoin d'excuse, ou qu'il en fallût moins quand il est plus différé? bienséance singulière dont personne n'est dupe! On dirait vraiment d'une place où l'on est convenu d'honorer le commandant, selon que sa reddition éprouve de plus longs retards et n'a lieu qu'à la dernière extrémité, avec cette différence toutefois, que celui-ci combat pour résister et l'autre pour se rendre.

Revenons à la *Villa Reale*. Voyez quelle belle terrasse s'offre devant vous, longue d'un demi-quart de lieue ! A gauche, elle donne sur la mer ; à droite, une grille de fer lui sert de clôture. Des allées la partagent dans toute son étendue, les unes droites, les autres sinueuses. Elles sont bordées d'acacias qui n'ont pas encore perdu leurs feuilles, d'yeuses, de saules pleureurs, d'orangers, d'arbustes variés. Quelques massifs, des plate-bandes garnies de fleurs, sont dispersés çà et là. Des sculptures éparses appellent l'attention des connaisseurs. Un vaste portique sert d'abri dans les momens d'orage. Au centre d'un petit temple grec en marbre blanc, de forme circulaire, et enrichi de tous les ornemens de l'architecture, on vient de placer le buste du Tasse. La pureté des traits, l'élan poétique du regard, une suavité exquise dans l'expression générale de cette tête, rappellent le génie du chantre de Godefroi, d'Herminie et d'Armide. La foule se presse à l'entour. Il est l'objet d'une sorte de culte ; et cette consécration a quelque chose des usages antiques, qu'un voyageur aime à retrouver dans l'ancienne Parthénope. Entre les divers monumens qui ornent cette promenade, le plus imposant et le plus précieux, est le groupe du Taureau Farnèse [1], adapté à une fontaine construite au milieu de l'allée principale. On l'attribue à Apollonius et à Tauriscus, sculpteurs grecs. Il fut trouvé dans les thermes de Caracalla sous le pontificat de Paul III, placé d'abord dans le palais Farnèse, puis transporté à Naples. Bien qu'elle ait des proportions de grande nature, cette composition est sortie d'un seul bloc de marbre. — Antiope avait été maltraitée par Dircé, seconde femme de Lycus roi de Thèbes. Pour la venger, ses fils Amphion et Zéthus, ont lié sa rivale par les cheveux, aux cornes d'un taureau prêt à s'élancer au milieu d'un amas de rochers. L'impatience de l'animal furieux est telle, qu'ils peuvent à peine le contenir. S'il échappe, l'infortunée sera foulée à ses pieds, brisée, dispersée en lambeaux. Mais Antiope s'est laissé fléchir; elle vient de pardonner, et Dircé ne doit plus subir une mort affreuse. Cependant le danger est imminent : on craint que ceux qui retiennent le taureau ne puissent pas parvenir à détacher la victime ; on voudrait les aider. Le moment est si bien choisi, si bien rendu, que la terreur et

---

[1] Ce groupe est maintenant au musée Bourbon.

la pitié agitent encore le spectateur, long-tems après qu'il s'est éloigné de ce chef-d'œuvre.

Enfin, à l'extrémité de cette promenade, une jetée demi-circulaire s'avance dans le golfe. Les flots baignent le pied des murs qui la soutiennent : des bancs en garnissent le pourtour. C'est là qu'on vient s'asseoir pour causer, respirer un air frais, entendre le bruit des vagues, voir au loin passer quelques vaisseaux, suivre le mouvement des barques de pêcheurs, et se livrer aux méditations qu'inspire un horizon immense où le ciel et la mer se confondent. Mais ces réunions ont dans la belle saison, un attrait plus piquant; elles offrent des plaisirs plus variés, plus vifs. Quand les premières heures du soir ont attiédi la température, que la brise s'est élevée, qu'on est revenu des courses champêtres, à la sortie des théâtres, vers le milieu de la nuit, chacun se rend sur cette plage délicieuse. Des réverbères allumés y répandent une lumière incertaine. Les allées se peuplent de promeneurs; quelques-uns se retirent dans les bosquets. Les cafés se remplissent. On prend des glaces excellentes, des rafraîchissemens exquis, parfumés. Une musique harmonieuse se fait entendre; les airs favoris sont répétés à l'envi; et le lever de l'aurore interrompt seul le cours de ces charmantes veillées, où l'amour perd rarement ses droits.

Au théâtre des Florentins on ne joue que la comédie. La salle est petite et sa décoration mesquine. Quelques acteurs sont doués d'un talent naturel; mais ils font des gestes si multipliés, ils en surchargent si minutieusement chacune de leurs paroles, que leur mouvement continuel nuit à la scène, et devient fatigant pour le spectateur. Le sujet de la pièce qu'on représentait aujourd'hui, est une satire que l'auteur a voulu faire de la noblesse. Il a mis en scène un duc infatué de son titre, une duchesse dont l'insolence est fort comique, leur fils d'une sottise et d'une vanité stupide. Par une intrigue commune, ce ménage se trouve mêlé avec des bourgeois qui l'abreuvent d'humiliations et de moqueries. On y dit que la naissance n'est rien, si une bonne éducation, une ame élevée et des sentimens distingués ne l'accompagnent pas; que le talent, l'honneur, la probité, donnent dans la société le premier rang. C'est, en quelque manière, un cours de civilisation à l'usage des gens qualifiés et des courtisans. La salle était pleine. A chaque épigramme, les applaudissemens, les rires éclataient de toutes parts. On faisait répéter les mots les plus piquans, les allusions les plus malignes. Le parterre rappelait les acteurs, les accueillait avec enthousiasme. Il n'y a ici ni charte, ni constitution; les mots *liberté*, *égalité*, n'y sont pas moins électriques. L'entraînement est général. Les gouvernemens ne feraient que d'inutiles efforts pour s'y opposer : il faut désormais le suivre ou y succomber.

M. G***. — SES OPINIONS SUR LA RUINE DE POMPÉIA.
LA FONTAINE VÉSUVIENNE.
SOUVENIRS DE CHARLES IV D'ESPAGNE.

Naples, 4 décembre 1819.

M. G......, créateur de la fontaine vésuvienne, est venu aujourd'hui renouveler avec moi, la connaissance que nous avons faite l'un de l'autre en Allemagne. Il n'a point cessé d'être en faveur auprès du roi de Bavière, qui lui porte de l'amitié. Son zèle géologique ne s'est point ralenti. Pour faciliter les explorations scientifiques auxquelles il se livre, son souverain adoptif lui a donné une sorte d'attache à l'ambassade bavaroise. Ce brevet sans fonctions lui ouvre toutes les portes, lui assure la protection de toutes les autorités, et l'a même fait admettre à la cour. Mais son goût pour l'étude de la formation des montagnes le domine. Il vit errant et presque seul. Peu de semaines s'écoulent, sans qu'il visite le Vésuve, et qu'il y passe plusieurs jours.

Tous les chemins qui y conduisent lui sont devenus familiers. Il n'y rencontre pas un caillou dont il ne cherche à connaître l'origine, pas un rocher qu'il n'ouvre avec son marteau pour en pénétrer la substance, pas une pointe de lave qu'il ne casse pour s'assurer qu'elles sont toutes composées d'une manière uniforme. Ses observations, faites avec une persévérance sans égale et non quelquefois sans danger, l'ont persuadé que la ruine des villes enfouies sous ce sol volcanique, est due à d'autres causes que l'éruption du volcan. Ne pouvant concilier les faits qu'il a recueillis avec les traditions contemporaines, il n'hésite pas à abandonner les certitudes de l'histoire, pour adopter les systèmes de la science. Selon lui, dans les commotions et les bouleversemens des contrées qui avoisinent le Vésuve, la nature ne s'est écartée d'aucune de ses règles, n'a jamais enfreint ses lois. Il pense que l'ordre général s'est maintenu, durant ces convulsions terribles où les élémens se confondent, où le feu les mêle et en fait des corps compactes et nouveaux. Ses argumens sont ingénieux, spécieux. Toutefois il ne nie point l'envahissement d'Herculanum par une lave fluide, puisqu'elle existe, qu'elle a rempli tous les vides qui se trouvaient sur son passage, qu'elle a pris leurs formes, que des poutres en ont été calcinées, qu'elles tombent en charbons, et que l'on en manie les fragmens; mais il lui suppose une autre époque que celle de l'encombrement de Pompéia et de Stabia, qu'il explique par l'analyse du limon qui engloutit ces dernières villes.

Du moins ne peut-on contester le résultat de ses expériences sur la condensation des fumées du Vésuve. Deux appareils, établis à deux places différentes, ont produit chacun une source limpide, qui, à une toise du récipient, tombe goutte à goutte; à dix pieds, coule par intervalles; et à quinze pieds, n'éprouve plus d'intermittence. La première de ces sources factices donne une eau potable, et semblable en tout à celle des fontaines. Les réactifs chimiques influent sur l'eau de la seconde qui est chargée d'acide muriatique. Les dépôts adhérens aux parois des tubes, se présentent sous la forme de gélatine. Elle est homogène avec celle que M. G...... a obtenue de la vapeur des eaux thermales par le même procédé, ou qu'il a trouvée sur les murs des réservoirs dans lesquels elles séjournent. De là, combien de conjectures que je ne saurais apprécier et dont je me méfie, mais qu'il faut l'entendre débiter avec la verve d'un inventeur, avec l'accent passionné d'un amant de la nature! Il se croit de très-bonne foi, initié aux mystères de la création. Les causes et les effets des sources d'eau chaude ne lui sont plus cachées. S'il entre dans leur composition des élémens analogues à la matière animale, le secret de leur influence sur les corps humains est près de se révéler. Quels progrès peuvent s'ensuivre dans l'art de guérir! L'application d'un faible alambic à des vapeurs jusque là soustraites, selon lui, à l'examen des savans, rendra peut-être un éminent service à l'humanité; et la postérité ne prononcera son nom qu'avec reconnaissance et respect. Tels sont les rêves de son imagination, exaltée par une philantropie d'ailleurs fort recommandable. Quelque rapide que soit son élocution (et elle l'est beaucoup), à peine lui suffit-elle pour les raconter. Sa renommée lui est présente; il en jouit; il est heureux. Elle le console de ses chagrins politiques et de la perte de ses biens. Puisse-t-elle n'être pas aussi fragile que sa fontaine de canne, qui déjà plusieurs fois a été brisée par la chute des pierres que lance le Vésuve! Il prit soin d'abord de la réparer lui-même. Les guides qu'elle désaltère, et à qui elle offre une occasion nouvelle de discourir, l'ont rétablie ensuite. Il s'indigne que le gouvernement ne cherche pas à la protéger contre les accidens fréquens qui la renversent ou la menacent. Ce ne serait pas une dépense considérable ; et M. G...... accueillerait fort mal celui qui croirait, même à grands frais, payer trop cher son eau claire. Je l'entends d'ici crier à l'obscurantisme, à la barbarie ; et les accès de sa colère ne sont guère moins plaisans que les élans de son enthousiasme. En attendant il a mis à profit les scrupules religieux des habitans, pour conserver son laboratoire en plein air. Des croix, des chapelles, des moines, préservent d'une ruine complète les restes des monumens anciens. Pour entretenir quelque propreté dans les rues, la police des villes fait peindre sur les murs vacans, des christs, des madones, des calvaires que les passans ne respectent pas toujours. Il a imaginé de recourir de même à la superstition publique : « Un miracle s'est opéré sur votre montagne, a-t-il dit aux ermites de *San-Salvatore*. Dieu a voulu récompenser ainsi les pélerins qui viennent faire leurs dévotions à votre chapelle. Qu'ils boivent l'eau qu'il a daigné leur accorder sur cette terre de feu. Celle que Moïse fit jaillir du rocher dans le désert, n'était pas plus salutaire. Qui sait si quelque vertu ne lui est pas attribuée? » A ces mots il est facile de reconnaître un Espagnol qui s'adresse à des Napolitains.

Peu de tems après survint la fête de l'ermitage. Les habitans des environs s'y rendirent selon la coutume. Quelque bruit s'était répandu touchant la fontaine miraculeuse. Ce n'est pas ici qu'un semblable secret aurait été gardé, ou qu'on l'eût accueilli avec confiance. La foule n'avait jamais été si grande. Interrogés sur la vérité du prodige, les ermites n'hésitèrent pas à le confirmer. En dépit de la crédulité commune, quelques-uns doutèrent, d'autres voulurent voir. Un essaim de curieux partit pour le sommet de la montagne. Ils avaient attendu la fin de leurs prières, et des orgies dont ces dévotions sont le prétexte. La plupart étaient gorgés de leur grossière nourriture et de leur vin épais. Arrivés à l'une des fontaines, après des exclamations nombreuses d'admiration et de surprise, ils voulurent boire de son eau. Par hasard ils s'étaient adressés à celle qui renfermait du sel marin. Peut-être aussi n'en prirent-ils pas modérément. Quoi qu'il en soit, de vives coliques suivirent cette épreuve. Nul n'en fut exempt; mais chacun s'accusa de n'avoir pas apporté à cette ablution des dispositions convenables. On ne s'en prit qu'à soi-même de ce malencontre. L'alambic fut respecté. La fontaine n'en eut que plus de renom; et celui à qui on la devait s'instruisit par-là, d'un effet de sa découverte qu'il ne connaissait pas encore.

M. G...... n'est-il vraiment qu'un physicien, un géologue, un chimiste? Pour lui la politique n'a, en apparence du moins, qu'un intérêt fort secondaire. Il semble plutôt en craindre les discussions, que chercher à les éloigner de ses entretiens. De tems en tems quelques souvenirs du passé, quelques réflexions sur le présent, de timides prévoyances traversent ses discours scientifiques. Au nom de Charles IV, ses yeux brillent, son cœur s'émeut, des regrets lui échappent. « Celui-là est mon roi, dit-il avec effusion, mon souverain. Son fils est un usurpateur. Si la légitimité ne m'eût pas donné Charles IV pour maître, je l'aurais choisi. Il était doué d'une sensibilité exquise. A la fougue, à l'irascibilité de sa jeunesse, avaient succédé un sens droit et un calme que rien ne pouvait troubler. Sa femme, son fils, Godoï ont flétri, déshonoré son règne. Il comptait sur eux; ils l'ont trompé. Par une indolence trop commune aux Bourbons d'Espagne, il donnait peu de soins aux intérêts de sa couronne. Il ne connaissait pas les hommes; et il a ignoré les affaires. Laissant aux mains de Marie-Louise et de son favori, les rênes de son royaume, il passait sa vie dans les forêts, à la chasse pour laquelle il était passionné. A peine en sortait-il pour prendre ses repas. Pourrait-on dire si les lieux sauvages dans lesquels il aimait à s'enfoncer, ne reçurent jamais la confidence de ses ennuis; si jamais, en secret, il ne se reprocha de n'avoir pas assez de force de caractère pour reprendre l'exercice de ses droits? Afin de rétablir la bonne harmonie dans l'intérieur de sa maison, il consentit à descendre du trône, heureux de conserver, au prix de ce sacrifice, les objets les plus chers à son cœur. Bientôt après son fils lui ayant été rendu suspect, il craignit d'avoir donné dans un piége que son aveuglement lui avait caché; et son abdication fut révoquée. Il remit enfin à Napoléon les destinées de sa couronne, sans jamais s'apercevoir qu'il n'agissait que sous l'influence de volontés étrangères à la sienne : et depuis, sa vie ne fut qu'une longue suite d'humiliations, de vœux impuissans et de chagrins. »

Le respect, l'amour de M. G...... pour son roi, lui ont dès long-tems fait quitter l'Espagne. Il s'en est exilé volontairement, ne voulant pas sanctionner, par sa présence, un avénement qui lui parut illégitime. Le séjour qu'il a fait en Angleterre, en France et dans la partie constitutionnelle de l'Allemagne, son esprit naturel, ses connaissances variées, son enthousiasme pour l'antiquité, ne l'ont pas façonné au régime des gouvernemens absolus. Il se renferme dans ses études, dans ses travaux. L'air des montagnes, qui est aussi celui de la liberté, lui est devenu nécessaire. Toutefois la patrie revient de tems en tems à sa mémoire. Il déplore les événemens qui la menacent. Le caractère de Ferdinand VII lui fait pressentir des malheurs inévitables, et le ramène incessamment à parler de la mort de Charles IV, dont il connaît les circonstances douloureuses, et à laquelle il ne cesse de donner des regrets et des larmes : rare exemple d'une fidélité fort vantée de nos jours, et imitée certes avec moins de désintéressement !

Charles IV avait obtenu un asile à Rome : il

habitait le palais Barbérini. L'âge, les infirmités, le malheur, avaient dompté la force physique dont il était pourvu. Les privations que lui imposait l'inexécution des traités destinés à lui assurer une existence honorable, n'aigrissaient point son caractère. Religieux, les soins qui lui étaient rendus par le pape, et les consolations qu'il en recevait, adoucissaient ses peines. Sa femme et son favori réunissaient toutes ses affections. Leur présence lui suffisait; et il ne se confiait qu'à eux seuls. Quand il ne pouvait plus contenir ses douleurs royales et paternelles, c'est dans leur sein qu'il se plaisait à les épancher. Il les aimait et s'en croyait aimé : leurs entretiens étaient sa plus grande joie, comme son unique ressource. Ainsi, seul en Espagne, seul en Europe, il avait ignoré les secrets de sa propre maison, les intrigues coupables qui, deux fois, l'avaient forcé de quitter le sceptre. Il n'avait pas même soupçonné comment don Manuel Godoï s'était introduit dans son intimité. Tout s'était passé inaperçu de sa part, dans son propre palais et sous ses yeux. Pieux comme il l'était, pouvait-il douter que la Providence, en les unissant tous les trois, n'eût voulu, par une prédilection spéciale, pourvoir au bonheur de sa vie? Se serait-il désabusé, lorsqu'au terme de sa carrière il les retrouvait liés à son sort, partageant son exil et toutes ses infortunes? Loin de lui tout soupçon qui pût affaiblir cette persuasion. Faisait-il sur ses grandeurs passées quelque pénible retour? c'était pour se plaindre à lui-même que la reine n'en jouît plus, et qu'il n'eût plus rien à donner à son ami.

Cependant il ne pouvait quelquefois s'accoutumer à l'obscurité dans laquelle il vivait. Les habitudes de la royauté revenaient à sa pensée. Pour n'être plus sur le trône, fallait-il donc perdre les honneurs dus à son rang et à sa naissance? Dans ces courts momens, il s'adressait à son fils: « Vous régnez, lui disait-il; votre propre dignité vous commande de me faire témoigner quelques égards. La couronne qui ceint votre front ne vous appartenait qu'à ma mort: je vis, et vous la possédez. Me laisserez-vous terminer mes jours sur une terre étrangère, dans la condition la plus commune, vivant d'emprunts, et n'ayant plus pour me distinguer, moi qui fus si long-tems au nombre des têtes couronnées, que ma disgrâce et la pitié qu'elle inspire? »

Ces plaintes étaient devenues plus fréquentes. Le principe de la légitimité avait repris toute sa vigueur. L'avénement de Ferdinand pouvait être contesté. Qu'eût-ce été si les rigueurs de l'exil de son père, fussent venues à la connaissance de ceux qui réglaient le sort des empires ? Mieux valait étouffer sa voix importune, en le reléguant dans une province éloignée. Ne se pouvait-il pas aussi que Godoï et Marie-Louise, lui conseillassent quelques tentatives pour ressaisir sa puissance ? L'esprit d'intrigue et l'accord qu'ils avaient montrés jusqu'alors, pouvaient triompher enfin de la proscription qui les enveloppait dans celle de Charles. Il fallait donc les séparer de lui. Des négociations s'ouvrirent. On les conduisit avec chaleur. Rien ne fut épargné. On représenta à la cour de Rome, le palais Barbérini comme un foyer de conspiration contre la tranquillité de l'Espagne. Les doléances du roi détrôné passèrent pour des attaques contre la majesté royale de Ferdinand. Quelques confidences hasardées et sans doute calomnieuses, au sujet des liens qui unissaient le roi, la reine et leur favori, consommèrent l'entreprise. Le pape se fit un devoir d'intervenir dans ces débats, où la morale, la religion, le respect des couronnes lui paraissaient compromis. La mauvaise santé de Charles IV servit de prétexte. Pie VII lui insinua que l'air de Rome aggravait ses maux, et lui conseilla celui de Pésaro. Persuadé que ses amis le suivraient encore, Charles se défendit pour eux d'un déplacement qui ne leur était nullement nécessaire : mais on se hâta de lui donner à entendre que cette absence ne serait pas de longue durée ; que seul, il ferait le voyage à moins de frais, et que l'économie était indispensable. Vainement insistait-il pour que la seule consolation qui lui restait, ne lui fût pas ravie : il vit bien que toute résistance serait inutile. La persécution qui ne respectait pas même sa vieillesse, ne lui était pas tellement dissimulée, qu'il ne pût la reconnaître à travers les voiles dont on l'enveloppait. L'amour de la paix auquel il avait déjà fait tant de sacrifices, prévalut. Il se résigna.

Sa nouvelle résidence ne tarda pas à lui devenir intolérable. Les larmes qu'il avait répandues au moment du départ, ne tarissaient pas. Les derniers adieux de cette séparation, lui étaient sans cesse présens, et retentissaient encore au fond de son cœur. Ne sachant où porter ses chagrins, il les concentrait en lui-même ; et la mesure en augmentait chaque jour. Enfin il ne put y résister plus long-tems. Ce fut à Pie VII qu'il s'adressa. Il lui écrivit les lettres les plus touchantes. Elles retraçaient les angoisses d'un vieillard délaissé, solitaire, privé des soins de sa famille, de ceux de l'amitié, et livré à des mains mercenaires. Aucun murmure sur le passé ne s'y mêlait. Elles se réduisaient à solliciter la permission de rentrer à Rome, pour y finir des jours qui touchaient à leur terme. Le pape ne put résister à de telles instances. Il connaissait ce qu'on souffre dans un âge avancé, à sortir violemment de son pays, à changer toutes les habitudes de sa vie. Ce que Charles demandait fut accordé; et il vint aussitôt se réunir à ses compagnons d'infortune.

Les desseins qu'on avait eus n'étaient pas accomplis. En insistant on s'exposait à des reproches légitimes, sur lesquels il ne convenait pas d'entrer en discussion. Au lieu de la violence qui eût été sans succès, on employa la ruse. Charles s'était plaint d'être tombé dans une condition trop humble : on abonda dans son sens. Des émissaires disaient autour de lui qu'il convenait enfin de le traiter plus honorablement. A Rome, rien n'était possible; mais son frère régnait à Naples. Là il pouvait retrouver dans les hommages qui lui seraient rendus, quelques traces de sa grandeur passée. L'éclat de la couronne des Deux-Siciles rejaillirait sur lui. Il serait logé dans le palais du roi. Des gardes veilleraient à sa porte. Quelques courtisans le comprendraient dans leurs assiduités. Aux banquets royaux il occuperait une des premières places. Tous les droits honorifiques de la royauté seraient, en quelque sorte, partagés avec lui. C'était un piége où l'âge mûr aurait pu échapper; la vieillesse devait s'y prendre. Des lettres de Naples confirmèrent ces espérances. Le roi lui-même y joignit une invitation expresse. Tout ce que l'amitié fraternelle peut exercer d'empire, fut mis en usage. A cette voix connue dès l'enfance, d'anciennes affections se réveillèrent dans le cœur de Charles. Les autres se turent un moment. Le malaise physique et moral qu'il éprouvait à Rome, allait être soulagé : il semble en effet que la présence des mêmes objets rende les chagrins plus cuisans. Le voyage, de nouveaux lieux, une existence nouvelle amèneraient des distractions, s'ils ne procuraient pas un soulagement réel et durable. « Je reviendrai dans peu, » se disait-il peut-être :

et il trompait ainsi ses sentimens et ses regrets. Il partit. Son arrivée fut l'occasion d'une fête de famille. Tout ce qu'il attendait parut se réaliser. On lui prodigua les soins, les prévenances, les égards. Il ne tenait qu'à lui de se croire encore sur le trône, tant on se prêtait à le bercer de cette douce erreur. Comment eût-il suffi à son fils de l'avoir éloigné de la reine et du Prince de la Paix? Tout rapprochement entre eux aurait pu lui devenir fatal, et l'avait souvent importuné : il fallait à tout prix l'éviter.

Quand la présence de l'ancien roi d'Espagne à la cour de Naples eut perdu cette fleur de nouveauté qui inspire encore plus de curiosité que d'intérêt, ses appartemens furent peu à peu désertés : les courtisans du malheur se lassent facilement. A peine Charles se vit-il ainsi abandonné, que ses regards se reportèrent sur Rome, et sur les amis qu'il croyait y avoir laissés. Le moment approchait où il sentait qu'il ne pourrait plus vivre loin d'eux. Des affidés de Ferdinand VII étaient restés près de lui pour épier ses démarches, recueillir ses discours, le détourner des projets que l'on redoutait. Un jour qu'il semblait avoir pris sa résolution positive de retourner à Rome, celui qui s'était mis le plus avant dans sa confiance, feignit d'abord de l'approuver. En même tems il lui montra quelque crainte que de si fréquens voyages n'altérassent sa santé ; que son frère ne fût affligé de ne plus le voir ; que cette versatilité ne nuisît à la réputation qu'il s'était faite, de montrer dans l'adversité une fermeté digne de son nom. Charles connaissait ses forces. L'amitié de son frère qui le négligeait, ne le touchait plus. Qu'avait-il besoin de l'opinion publique dont il ne retirait aucun avantage ? Il eût suivi son dessein. Le dernier coup lui fut porté. L'assidu qui, jusque là, le lui avait épargné, dissipa les apparences de bonheur domestique et d'amitié fidèle, qui le consolaient presque de n'avoir plus ni états, ni sceptre, ni couronne.

Peu de mots suffirent pour éclairer le malheureux vieillard. Des faits qu'il avait méconnus, des avis qu'il avait dédaignés, des circonstances auxquelles il ne s'était pas arrêté, se retracèrent dans sa mémoire : et sa conviction fut aussi complète, qu'elle avait eu auparavant peu d'accès dans son esprit. Il ne se livra point aux accens d'une douleur inutile. Ses yeux ne trouvèrent point de larmes. Dès-lors ils commencèrent, pour ainsi dire, à se fermer. En perdant les llusions qui faisaient le bonheur de sa vie, il se sentit blessé à mort. Une sombre mélancolie s'empara de lui. Il gardait le plus profond silence. A peine osait-il lever ses regards sur ceux qui l'approchaient, craignant de lire dans les leurs, le reproche de son incroyable faiblesse. Les honneurs qu'il recevait lui semblaient une dérision. Durant le jour il recherchait la solitude. La nuit, de longues insomnies le laissaient en proie aux réflexions les plus tristes. Ses forces diminuaient par degrés. Il les retrouva pour soigner son frère qui était tombé dangereusement malade. On le voyait sans cesse lui prodiguer les plus tendres soins. Sur ces entrefaites, il apprit la mort de la reine. Marie-Louise n'eût pas été induite à tremper dans leur abaissement commun, qu'il ne lui aurait pas donné plus de regrets. Cependant ses maux étaient près de finir. A la maladie de langueur qui le minait, se mêla une hydropisie de poitrine, qui fit les progrès les plus rapides. Des symptômes sinistres se manifestèrent aussitôt; mais il était destiné à subir toutes les ingratitudes. Dans un moment où il n'y avait plus aucun espoir de le sauver, on envoya précipitamment chercher le roi de Naples. Ferdinand chassait à Persano, et ne devait revenir que quelques jours plus tard. Rien ne fut changé à ses plaisirs : quand il rentra dans son palais, son frère venait d'expirer. Marie-Louise avait cessé de vivre le 2 janvier 1819. Charles IV mourut le 10 du même mois, huit jours après. Leurs restes mortels se rencontrèrent à Ostie, et firent voile ensemble pour l'Espagne, où ils ont pris rang dans la sépulture royale.

QUELQUES OBSERVATIONS
SUR LE ROYAUME DE NAPLES ET SON GOUVERNEMENT.
BUT DE CET ITINÉRAIRE.

Naples, 5 décembre 1819.

Les détails politiques, civils et statistiques, tiennent une grande place dans les récits de la plupart des voyageurs. Pour en donner de positifs sur un pays quelconque, le plus long séjour me semble insuffisant. Je ne voudrais pas garantir ceux qui ont obtenu le plus de célébrité. Combien n'ont pas été démentis, ou tellement modifiés par d'autres qui leur ont succédé, qu'ils ont perdu tout caractère d'authenticité! En Angleterre même où la publicité est regardée comme un des élémens de l'organisation sociale, sur quels points importans ne lisons-nous pas des contradictions également probables? Partout il y a des secrets nécessaires, que les nationaux ignorent, que les étrangers ne pénètrent jamais. Qui pourrait dire la véritable situation de la France, entre la faiblesse du règne de Louis XVI, les crimes et les miracles de la révolution, la sagesse du consulat, la gloire de l'empire et l'habileté de Louis XVIII? Comment démêler l'esprit public de ces différentes époques, assigner au peuple et à la noblesse le degré de leur influence dans l'état, déterminer la mesure de la puissance des lois, l'étendue et les bornes de l'autorité? On aurait dit Louis XVI adoré; il a péri sur l'échafaud: la révolution exécrée; et chacun la bénit pour la portion de liberté et d'égalité qu'elle lui a donnée : le consulat basé sur le républicanisme qui s'était développé; et il ne s'est trouvé parmi les Brutus que la république avait fait éclore, que de serviles adulateurs de celui qui la détruisit. La nation française a passé pour être toute militaire, avide de la vie des camps, insatiable de gloire, de lauriers; le plus obscur laboureur du plus petit hameau, revendiquait pour son fils les hautes dignités de l'armée : toute cette ambition s'est évanouie avec celui qui en distribuait les palmes; et dans le nombre de ceux-là même qui les avaient obtenues, il s'en est trouvé qui ont déserté sa cause plus promptement qu'on n'avait droit de l'attendre. Les rangs de la société semblaient confondus à jamais, les mésalliances effacées, les titres sans honneurs et sans priviléges oubliés; aujourd'hui c'est à qui évoquera ces vieilleries et s'en fera une inutile distinction. Enfin la loi paraissait régler toutes les actions, dominer toutes les opinions et toutes les consciences ; tandis que nous voyons ceux-là même qui sont chargés de la faire respecter, l'enfreindre ou la méconnaître, ou la torturer au gré des passions qui les animent. Tout n'est-il pas encore bouleversé, comme les élémens après une tempête? Quel Français connaît tous ses devoirs? Auquel est demeuré le libre exercice de ses droits? Depuis trente ans toutes les fortunes n'ont-elles pas été déplacées plusieurs fois, toutes les propriétés dénaturées? Quelque stabilité leur est-elle assurée désormais? Que de branches d'industrie, de genres de métiers se sont succédé, qui ont tour à tour ruiné ou enrichi leurs inventeurs ! Où s'arrêtera l'activité financière qui fermente dans toutes les têtes, égare toutes les imaginations, affile les aiguillons de la cupidité? C'est mieux peut-être que tout ce qui a précédé, et le monde n'en est pas plus près de sa fin; mais je veux dire seulement qu'un voyageur, de quelque talent d'observation qu'il soit doué, réussirait difficilement à débrouiller ce chaos. Toutes les espérances ont été trompées, tous les calculs renversés. Les hypothèses les plus opposées se sont réalisées, comme les plus inattendues. Ce qui est ne sera peut-être plus demain; et le passé ne profitera pas davantage au présent. Pour moi, en parcourant si rapidement la belle Italie, je n'ai ni la volonté, ni le tems, ni sans doute la faculté d'apprécier ses mœurs, ses usages, les ressorts de ses divers gouvernemens, leurs richesses, celles des citoyens, les ressources de l'agriculture et de l'industrie, et la quotité de leurs produits. Quelques généralités qui me frappent, des faits peut-être superficiels, sont tout ce que j'ose noter, sans craindre de commettre trop d'erreurs.

Au premier aperçu, il semble que pour s'instruire ce n'est guère au midi qu'il faut aller. On en sait plus quand on vient de l'occident. Si quelques connaissances politiques ont pénétré au-delà des Alpes, elles sont échues en partage à un petit nombre de lettrés, qui les placent à côté des sciences qu'ils cultivent pour leur satisfaction personnelle : ce sont comme des études de luxe. Ceux qui s'y livrent se garderaient d'en faire aucune application. Quant aux peuples, c'est par instinct qu'ils répugnent aux lois qui les régissent. Notre conquête, notre occupation militaire et civile, les ont disposés à changer d'état, sans les éclairer sur celui qui leur conviendrait le mieux. En attendant les anciens erremens se suivent, le tems se passe, les générations s'écoulent ; et l'ignorance, l'oisiveté, la barbarie qui ont leur progrès, comme les lumières, l'amour du travail et l'esprit public, se propagent, se maintiennent, s'enracinent au détriment des intérêts généraux et particuliers de la société : voyez plutôt la Turquie, l'Espagne, la Russie, et sous bien des rapports la stationnaire Autriche.

C'est dans cette dernière catégorie que l'on peut classer le royaume de Naples. Il vit sous les débris d'un absolutisme vermoulu. Le roi Ferdinand IV n'est ni d'âge ni de force à restituer à son gouvernement, ce qui lui manque d'énergie et d'efficacité. On le connaît moins pour un souverain chargé du bien-être de ses sujets et capable d'y pourvoir, que pour le directeur officieux d'une factorerie anglaise, dont les états entreront dans la première répartition européenne que fera la Sainte-Alliance, si le tems en respecte les pieux liens, et que des revers commerciaux n'émoussent pas les pointes du trident de la Grande-Bretagne. Entre ses fils, les opinions se partagent. On préfère l'aîné, François-Janvier-Joseph duc de Calabre, prince héréditaire. Il cultive les sciences. Il a du goût pour les arts, et passe pour être instruit. Sa résidence ordinaire est en Sicile. Toutes les espérances se fixent sur son règne; et tous les vœux l'appellent. Le second, Léopold-Joseph-Michel prince de Salerne, est gendre de l'empereur d'Autriche. Il vit à Vienne, et se nourrit à cette école des exemples d'une immobilité politique, fondée sur une soumission aveugle. Ce système lui convient parce qu'il n'a reçu lui-même qu'une éducation médiocre dont il a peu profité, et qu'aucune grande qualité ne rachète. Le clergé n'a plus d'empire sur les grands. Les moines sont méprisés. La superstition s'est réfugiée dans la populace, qui en demeure seule entachée. Les nobles voudraient avoir part au gouvernement. Ils sont secondés indirectement par le chevalier Médici, principal ministre, que l'on considère comme un véritable homme d'état. L'Europe elle-même lui accorde cette réputation. Retiré en Angleterre pendant le règne précédent, il s'y est fait remarquer par ses lumières, et par quelques dispositions analogues à la marche du siècle. Ce n'était pas sur la terre classique de la liberté qu'il aurait pu les perdre. Loin de là, il paraît qu'elles s'y fortifièrent. Devenu ministre après la restauration, il a conduit avec adresse les négociations relatives au dernier concordat. La jeune noblesse a obtenu de lui, la permission de former des sociétés à la fois politiques et littéraires, pour s'instruire et s'initier aux affaires des peuples et des gouvernemens. Une seule opinion domine dans ces clubs. Les papiers publics libéraux y viennent d'Amérique, d'Angleterre, de France, de Hollande et des états constitutionnels de l'Allemagne. La *Minerve* française y est lue avidement. D'autre part une humeur belliqueuse peu compatible avec les habitudes nationales, s'est emparée des militaires ; mais, hélas! l'armée active ne se compose que de vingt mille hommes environ. Toutefois les officiers commencent à raisonner; et les soldats leur envient le droit d'avancement. Il y a gêne dans les mouvemens du corps social, impatience d'agir, absence d'accord, si ce n'est dans le besoin de fronder auquel rien n'échappe, et que chacun satisfait avec une franchise digne des pays les plus libres. Les actes appuieraient-ils convenablement les paroles? Il est permis d'en douter. Pour former un corps de nation avec des Napolitains, pour leur inspirer l'esprit public créateur des régénérations sociales, il faudrait leur ravir ce soleil enivrant qui rend le travail si peu nécessaire et l'oisiveté si voluptueuse; les priver de ces délicieuses nuits qui les énervent; éloigner d'eux cette mer qui les nourrit sans qu'ils aient aucun effort à faire, aucun danger à courir; leur rendre moins fertile, cette terre inépuisable, qui leur prodigue d'elle-même ses dons les plus précieux, et vaincre enfin le penchant qui les entraîne vers une vie toute sensuelle [1].

---

[1] Lorsque je faisais ces remarques sur la situation du royaume des Deux-Siciles, j'étais loin de penser qu'une révolution fût si prochaine. Elle éclata six mois après à Nola et à Avellino, le 1er juillet 1820. Dès le 7, elle avait gagné Naples. Le roi, se désistant de ses fonctions royales, nomma aussitôt le duc de Calabre son vicaire-général, et il prêta serment à la constitution le 13 du même mois. Vers la fin de décembre, il s'embarqua sur le vaisseau anglais *le Vengeur*, laissant à son fils le titre de régent. Sa suite l'accompagna sur la frégate *la Duchesse de Berry*. Rendu à Livourne, il prit la route de Vienne par Laybach. Sa présence à la cour d'Autriche détermina l'envoi d'une armée,

Les finances ne sont pas dans une position avantageuse, quoique les revenus aient triplé par le seul effet du mode de perception que nous avons introduit. On assigne diverses causes à cette détresse : la disproportion des dépenses avec les recettes, l'avidité des agens du fisc, et l'indolence native qui abandonne aux subalternes la direction des affaires, et les laisse ainsi se détériorer. A quoi il convient d'ajouter les charges imposées par les vainqueurs de la France, pour prix de la restauration napolitaine, comme contingent dans les frais de la guerre contre Napoléon, et à titre d'indemnité en faveur du prince Eugène Beauharnais, afin d'assurer d'autant à l'empereur d'Autriche la possession de la Lombardie qui lui a été rendue. La dette an-

---

qui, après quelques combats insignifians, s'empara de Naples le 23 mars 1821. Ferdinand IV laissa à ces soldats étrangers, le tems d'intimider le pays et de châtier les turbulens. Puis revenu dans ses états, le 16 mai suivant, il fit, dans sa capitale, une entrée solennelle qui fut l'occasion des plus grandes réjouissances. Le pays retourna à ses anciennes habitudes, et se soumit à ses anciennes lois. Ainsi s'évanouit cette bouffée révolutionnaire, qui n'avait pas duré neuf mois entiers.

cienne eût trop augmenté ces embarras, si on ne l'avait mise à l'arriéré. Les exigences actuelles sont les seules que l'on cherche à satisfaire. Cependant le numéraire s'écoule par toutes les issues. Naples, qui achète à peu près tout, n'a presque rien à fournir en échange. Le crédit serait d'un grand secours dans ces circonstances difficiles. Il donnerait le tems d'exploiter les ressources d'une économie bien entendue. Mais le chevalier Médici, chargé spécialement du département des finances, vaincra-t-il la résistance d'inertie, inhérente aux peuples dont il dirige le gouvernement, et les obstacles qui naissent de la situation présente des choses et de l'opinion? Divers projets lui ont été soumis. Il a entrepris d'en exécuter quelques-uns, que bientôt il s'est vu contraint d'abandonner. Probablement il en viendra au système des emprunts, dont la mode a fait tant de progrès depuis la paix. Or, le royaume des Deux-Siciles offre-t-il dans son organisation, l'ordre de ses finances et sa richesse réelle, des garanties suffisantes pour l'accréditer envers les prêteurs? En ce genre, les innovations même les plus profitables ne sont accueillies et ne se maintiennent, que par la confiance, et par un concours de volontés à peu près impossible, dans les pays où le bien-être personnel est facile et tend à isoler les individus.

L'administration ne semble pas reposer sur des bases plus solides. Il y a lieu de croire que, sous les noms anciens, la hiérarchie des autorités provinciales et municipales du règne napoléonien se sera conservée. Qu'est-il besoin, d'ailleurs, d'analyser les rouages d'une constitution politique? C'est par ses résultats qu'elle doit s'évaluer. Les nations ont, comme les individus, des signes diagnostiques qui caractérisent leur état de vigueur ou de faiblesse, de maladie ou de santé, de prospérité ou de misère, d'accroissement ou de décadence. Ainsi, quand je vois des villages rares, des habitans en haillons, des terres fécondes sans labour ou mal cultivées, aucune ou presque aucune fabrique, des étoffes grossières, des mendians, des moines, des fourches patibulaires chargées de lambeaux de voleurs et d'assassins, et de vains efforts pour réprimer le brigandage, je sais bien ce qu'il me faut penser des principes et de l'action, ou plutôt des erreurs et de l'impuissance d'un gouvernement. Les formes les mieux combinées régleraient sa marche, qu'il n'en serait pas moins vicieux [1].

Le coton était cultivé avec succès ; quelques cantons produisaient la canne à sucre. De ces cultures, l'une diminue de jour en jour ; les essais de l'autre sont abandonnés. Dans les villes, sur le bord des rivières, ne cherchez point ces usines, où l'homme n'est que l'agent intellectuel, destiné à animer des mécaniques qu'on dirait douées d'une sorte d'instinct. Vous n'apercevrez aucune de ces machines que l'eau, réduite en vapeur, fait respirer, se mouvoir et agir avec une force soumise à des calculs rigoureux. Le commerce anglais règne en despote dans ce beau pays. Nul n'est tenté de lui disputer son empire. Ses manufactures approvisionnent exclusivement les habitans, de la plupart des objets nécessaires à leur consommation. Une insouciance invincible repousse tout ce qui tendrait à les affranchir de ce tribut : elle se révèle jusque dans les travaux les plus usuels. Une fabrique de pâtes d'Italie m'en a fourni l'exemple. Quelque pénibles qu'en fussent les diverses manipu-

---

[1] De grandes améliorations se sont opérées, dit-on, depuis le règne de François. Ainsi les espérances qu'on avait conçues de cet héritier du trône, se seront réalisées en partie.

lations, des hommes y étaient uniquement employés, soit pour la préparation des ingrédiens, soit pour les mêler ou les pétrir. Mais la manière de couper la pâte mérite une mention particulière, tant elle est proche de l'enfance des arts! On l'entasse dans un cylindre, fermé à l'une de ses extrémités par une feuille de métal percée symétriquement. Au moyen d'un piston qui la presse, elle sort à travers les trous disposés pour lui donner passage; et il faut, à mesure qu'elle se montre, la diviser en morceaux d'une épaisseur égale : leur régularité, la netteté de leur dessin, sont autant de qualités favorables au débit. Cette opération se fait avec un couteau muni d'une manivelle, et qui se meut circulairement autour d'un axe auquel il est attaché. L'ouvrier est debout sur un échafaud, de manière que le centre de ses forces corresponde au diamètre du cylindre. Son action doit être rapide, uniforme, continue. Les efforts qu'exige de lui la rotation de la manivelle, tiennent son corps dans un mouvement continuel. Pour la suivre dans son ascension, il s'élance après elle : il étend ses bras pour l'éloigner horizontalement; les incline, quand elle descend; les replie, quand il la ramène vers lui; et tout cela s'accomplit avec une telle vitesse, que des convulsions nerveuses ne seraient ni plus fatigantes pour celui qui les éprouverait, ni plus pénibles pour les spectateurs. Le malheureux occupé à cet ouvrage ne peut y résister plus d'un quart d'heure de suite. Il travaille en plein air. Pour tout vêtement, il n'a qu'un simple caleçon de toile, et la sueur ruisselle de toutes les parties de son corps. Même, durant les courts momens de repos qu'il est obligé de prendre, ses yeux étincellent, ses muscles frémissent ; une inquiétude, une mobilité involontaire agitent toutes ses articulations. Il ne peut tenir en place, et se hâte de retourner à son atelier, afin d'échapper à l'activité dont il conserve le besoin, et qui se change, dès qu'il s'arrête, en un sentiment de douleur.

Si la marine avait quelque importance, on s'en apercevrait sur ces plages nombreuses peu fécondes en tempêtes, dans ces ports bien abrités, et si convenablement situés pour le commerce du Levant, qu'il semblerait devoir exclusivement leur appartenir. Des vaisseaux seraient en construction dans les chantiers ; les armemens se succéderaient, appelleraient les capitaux, multiplieraient les industries nécessaires aux expéditions maritimes. Loin de là, les ports sont vides, les cales nues, les quais en ruines, les côtes désertes. La marine royale ne compte que deux vaisseaux de ligne. Quelques petits bâtimens de cabotage mouillent seuls dans la baie. L'apparition d'une voile déployée est un événement inusité; et les seules faveurs qu'un peuple vigoureux demande à la mer, les seuls avantages qu'il cherche à retirer de son voisinage, sont le spectacle de l'azur de ses flots, ses poissons et sa brise rafraîchissante.

Comment ne pas confondre ensemble la police et la justice? Toutes deux manquent également d'efficacité, pour découvrir et poursuivre les auteurs des crimes qui se commettent journellement. L'une est détournée de sa surveillance civile, par la préoccupation politique, qui, dans toute l'Europe, s'est emparée de cette institution. L'autre n'est pas, sans raison, alarmée de la sévérité qui devrait la caractériser. Les vengeances sont sûres, en ce que le nombre de ceux qui ont à les exercer, est toujours fort considérable, et que les moyens ne leur coûtent rien. Il faut, pour ne pas craindre de s'y exposer, des vertus peu communes, dans un pays surtout où la vie a tant de douceurs. Ne l'a-t-on pas vu, dans les troubles qui ont agité ces contrées? le parti dominant n'y connut jamais la modération. Les vainqueurs ont toujours veillé à ce qu'aucun vaincu n'échappât; et ce que les armes épargnaient dans la mêlée, était irrévocablement dévolu aux bourreaux. N'est-il pas raisonnable d'induire de caractères si passionnés, et de faits si nuisibles à la sûreté publique, peu d'énergie dans l'exercice de l'autorité? Les considérations, des lumières peu étendues, la crainte des inimitiés personnelles, ne peuvent manquer de rendre les lois flexibles, et de nuire à l'indépendance des magistrats auxquels leur exécution est confiée.

Au reste, ce genre d'examen ne m'a pas amené en Italie. Les souvenirs de l'antiquité, ceux de l'histoire, les ruines, les monumens anciens et modernes, le Vésuve, quelques traits relatifs aux usages et aux mœurs, voilà tout ce que je cherche à apercevoir, à approfondir, à recueillir, selon la portée de mon esprit, selon mes goûts et l'occasion. Assez d'autres ont fait ou feront des ouvrages plus instructifs que le mien. Je n'ai la prétention de rien enseigner à personne. Ce sont des études pour moi-même. L'image des lieux où j'ai passé, les rencontres que j'ai faites, les discours dont j'ai été frappé, les anecdotes qui m'ont intéressé, m'aideront à ressaisir à ma façon, l'ensemble et la physionomie des peuples au milieu desquels je me suis trouvé successivement. Je n'en veux pas davantage; cette illusion, que je me fais à moi-même, me suffit. Chacune des pages que j'écris, me la reproduit fidèlement; et j'aime à me persuader qu'en les lisant, vous la partagerez quelquefois. Il m'eût été facile de mettre dans leur enchaînement plus d'ordre et de méthode; mais elles n'auraient plus eu, avec mon itinéraire qui n'est réglé que par le livre de poste et le caprice de ma curiosité, le degré de ressemblance, qui ne peut nuire au caractère de franchise et de vérité que j'ai voulu leur imprimer.

MADDALONI ET SON AQUEDUC.
CASERTE. — SES JARDINS. — SON PALAIS.
LE THÉATRE NEUF.

Naples, 6 décembre 1819.

Caserte est à seize milles de Naples, et Maddaloni à dix-huit milles. On comprend cette double excursion dans la même journée. Le village de Maddaloni doit sa célébrité à un aqueduc qui traverse la vallée au fond de laquelle il est bâti; et la petite ville de Caserte, à un château royal auquel elle a donné son nom. Cet aqueduc et ce château datent du règne de Charles III. Ils furent construits sur les dessins et sous la direction de Louis Vanvitelli, architecte romain, et coûtèrent des sommes considérables. Ni la beauté du paysage, ni les convenances locales ne justifiaient une telle prodigalité, qui n'eut jamais aucun but d'utilité réelle : c'est le pendant du Versailles de Louis XIV, et des eaux de Marly. Les seuls motifs qu'on allègue de la préférence donnée au sol ingrat dans lequel tant de richesses se trouvent enfouies, sont la commodité et la promptitude des communications avec la capitale, un pays favorable aux plaisirs de la chasse, et le voisinage de la moderne Capoue, ville forte qui offrirait, en cas de danger, un refuge à peu près assuré. En serait-ce donc assez pour absoudre d'un si futile emploi des revenus de l'état? l'économie de quelques frais de voyage, un vain amusement qui dégénère en vice, quand il distrait, celui qui le prend, des travaux que son rang lui commande, s'achètent-ils si chèrement? doit-il entrer dans les combinaisons royales, de fuir avec sécurité lorsque des troubles, qu'on n'a su ni prévoir ni réprimer, viennent à éclater? Il y a des périls nécessaires qui suivent en tous lieux ceux que leur naissance ou leur profession y expose, et contre lesquels la prudence humaine et le courage même sont impuissans. Mais je ne suis ici qu'un simple voyageur. Ces monumens ne m'ont rien coûté. Tant pis pour ceux aux dépens desquels ils ont été élevés; tant pis encore pour le prince qui a cru trouver de la gloire à y attacher son nom : ce n'est pas celle-là qui donne des droits à l'immortalité et à la reconnaissance des peuples.

La vallée de Maddaloni, quoique resserrée entre deux chaînes de montagnes, n'est nullement pittoresque. La route plate et monotone qui parcourt ses sinuosités, est tout-à-coup barrée par l'aqueduc de Caserte, vaste construction à trois rangs, qu'on désigne aussi sous le nom d'Arcs de Maddaloni, et dont la masse, la hardiesse et la régularité architecturale ont un caractère grandiose. Le rez-de-chaussée compte dix-neuf arches; l'étage supérieur, vingt-sept; et le dernier, quarante-trois; toutes, hautes de quarante pieds, espacées également, et soutenues par un massif continu de maçonnerie, épais de vingt-six pieds. La façade ressemble à un immense triangle renversé, dont le sommet s'enfonce dans la terre. Deux côtés suivent le penchant des montagnes opposées. Sur le troisième qui les unit l'une à l'autre, est tracé un grand chemin, propre pour les voitures : c'est celui que le roi prend quand la chasse l'amène dans ce canton, parce qu'il est moins long et moins fatigant que la voie publique. Deux murs, à hauteur d'appui, en garnissent les bords. Des conduits, pratiqués dans l'intérieur de ces gardes-fous, donnent passage aux eaux d'Airola, qui vont abreuver Caserte et arroser ses jardins. En ligne directe, les sources de ces eaux ne seraient qu'à douze milles de Caserte. Pour les niveler avec l'aqueduc, il a fallu leur faire faire un circuit plus que double en longueur. Des obstacles sans nombre se sont présentés. Tous ont été surmontés. On a percé des montagnes épaisses de plus de trois mille toises. La terre, la pierre, le roc, le marbre, n'ont pu arrêter le cours des travaux. Le roi seul passe en voiture sur l'aqueduc : il est permis au public d'y passer à pied.

C'est par là que je me suis rendu de Maddaloni à Caserte. De cette plate-forme, la vue s'étend au loin. Vers le couchant, elle embrasse la plaine de la Campanie, qu'une culture assez soignée divise en petits compartimens : le Vésuve se dessine à l'horizon. Au levant, les yeux s'arrêtent sur des pics souvent cachés dans les nuages, et sur des monts arides, grisâtres, parsemés de quelques bouquets d'oliviers qui ne les ombragent ni ne les égaient. Le palais de Caserte, situé dans la plaine, a la forme d'un carré long. L'étendue de ses dimensions, le dénuement d'ornemens extérieurs, son élévation trop peu considérable par rapport à sa masse, lui donnent un aspect triste et lourd. Malgré sa destination royale, on voudrait qu'il eût un genre de majesté moins imposant. Il n'y a point de si haut rang, de dignité si éminente, qui ne doive perdre de son importance à la campagne. En se rapprochant de la nature, les hommes comme leurs demeures, les nobles comme leurs châteaux, les rois comme leurs Louvres, s'effacent devant l'égalité de la condition humaine et la conformité de son origine et de sa fin, qui y sont en effet plus sensibles. Tout invite à s'y renfermer dans les bornes d'une médiocrité qui n'excite aucune envie, et n'insulte pas à la pauvreté.

L'intérieur du palais est partagé par deux lignes de batimens qui se croisent, et forment une cour à chacun de ses angles. Dans le centre, est un péristyle ouvert. Il conduit à un escalier de marbres indigènes, assortis avec goût. La plupart des logemens sont mesquins. De nombreux ouvriers travaillent aux décorations d'un appartement d'apparat, que l'on dispose pour le roi. A en juger par les travaux qui sont commencés, on y fera de grands frais de dorure; et l'élégance y aura moins de part que la somptuosité. Il est distribué en salles des gardes, de service, d'attente, du trône, de réception, de gala. Une chapelle et un théâtre en seront les accessoires. Tant de dépenses ne s'accordent guère avec les revenus publics et privés de la couronne. Les gens sages les déplorent ; les courtisans y applaudissent ; et le peuple les regarde avec indifférence.

Les jardins de Caserte n'ont rien d'agréable ni de curieux. L'art n'y a secondé, ni corrigé la nature. On n'y voit que des arbres communs ; les points de vue sont insignifians, les promenades mal entretenues, les sentiers en désordre et à peine indiqués. Le parc a la réputation d'être giboyeux. Bien que je l'aie parcouru dans tous les sens, je n'y ai rencontré que quelques gazelles et une autruche, renfermées dans l'enceinte d'une ménagerie. Les eaux seules prêtent quelque charme à ce paysage factice. Du haut de l'aqueduc de Maddaloni, après avoir prolongé leur cours sur le plateau de la montagne, elles descendent dans la plaine, en face du palais, par des cascades plus ou moins heureusement ménagées. Leur bruit, leur mouvement, la lumière qui brille à leur surface, les accidens de leur course tantôt lente tantôt rapide, attirent sur leurs bords les promeneurs. Quelquefois elles s'arrêtent dans des bassins de marbre, puis s'élancent de nouveau pour aller alimenter de nouvelles chutes. Réunies enfin dans un vivier environné de bosquets, elles offrent au roi des promenades en bateau, et une pêche abondante dont il se donne fréquemment le plaisir. De là, sous la forme d'une petite rivière, elles parcourent la ville, et meuvent, en passant, les rouages de quelques machines, moins pour favoriser aucune industrie dont les produits soient estimés, que pour justifier, en apparence, une partie de ce qu'elles coûtent. L'aqueduc qui les porte, et la maison royale dont elles arrosent les jardins, ont été commencés en 1752, et terminés en 1759, sept ans après. Il y a peu d'exemples d'entreprises de ce genre consommées en si peu de tems. Nous sommes loin en France d'être aussi expéditifs, surtout maintenant.

En rentrant à Naples, j'ai assisté à une représentation du *Teatro Nuovo*. Les dernières classes du peuple y affluent. Il se ressent beaucoup de cette fréquentation, par la malpropreté excessive des loges, les émanations qui l'infectent, et le genre grossier de son répertoire. Les pièces qu'on y joue, sont des opéras plus voisins de la farce que de la bouffonnerie. Les chanteurs ont de la voix sans méthode, de l'ensemble sans aucun effet, autre que celui d'une harmonie presque mécanique. Les sales équivoques, et des gestes analogues, bien trop expressifs, y sont prodigués à satiété. De gros rires éclatent aux passages les plus obscènes. Chacun commente, interprète ou répète bruyamment tout ce qui se fait et se dit sur le théâtre. C'est un tumulte où les acteurs et le public cherchent à se faire entendre en même tems. Ce spectacle, qu'on ne choisirait point par goût, mérite d'être observé. Ses habitués s'y montrent tels qu'ils sont, sans aucun respect humain, avec leur avidité pour le plaisir, leur imagination licencieuse, et ce besoin de crier, de gesticuler, de s'avertir réciproquement de leurs sensations, et de se les communiquer brutalement par des éclats, des explosions, et un tapage qu'on prendrait plutôt pour une rixe violente, que pour un divertissement passager. On dit que certains jours sont affectés à une troupe décente, et à des ouvrages dramatiques d'un meilleur choix.

LE DUC D'A...—M. DE R......—M. G.......
VOYAGE DE LL. MM. II. AU VÉSUVE.—ORDONNANCE DE VOIRIE.
THÉATRE DES FLORENTINS

Naples, 7 décembre 1819.

Mon entrevue avec la camériste de la duchesse d'A..., n'avait eu aucun résultat. Le mystère et les précautions qui y avaient présidé, excluaient de ma part toute nouvelle démarche. Quelque désir que j'eusse de donner suite à une introduction si singulière, je ne le pouvais pas sans y être autorisé par cette fille, par sa maîtresse ou par le duc d'A.... Hier, le duc est venu, lui-même, remettre une carte de visite à la porte de mon hôtel; et dès ce matin, je me suis empressé d'aller le remercier de cette marque de souvenir. J'ai trouvé un jeune homme, sec, pâle, maigre, timide dans son abord, et d'une aménité parfaite. Sa femme est en couches depuis dix jours. Dans les derniers tems de sa grossesse, elle ne jouissait pas d'une bonne santé. Il a été retenu près d'elle par les soins qu'il n'a cessé de lui donner. A peine recevait-elle sa famille. Comment aurait-elle pu faire les honneurs de sa maison à un étranger? Elle regrette de n'avoir point accueilli à son gré, un ami de M. le comte Stanislas de Girardin. Tout le ménage conserve pour lui beaucoup d'amitié. Si je n'avais dû partir si précipitamment, on aurait cherché à me rendre le séjour de Naples plus agréable. De si bonnes excuses, faites avec une effusion toute cordiale, ont facilement effacé en moi, la trace d'un oubli dont je ne m'étais guère formalisé. J'ai expliqué à mon tour comment la crainte d'être importun m'avait rendu discret; que je me contenterais de remporter une réponse de Mme la duchesse à mon ami : et je crois bien que je ne cachais guère le désappointement que j'éprouvais, de ne pas recevoir d'elle-même cette commission. On s'est hâté de me rassurer. Chaque jour avance les progrès de sa convalescence. Samedi elle pourra m'admettre dans son appartement. Il ne faut pas manquer de m'y présenter. Elle me croirait fâché, si je ne l'assurais du contraire. Je n'ai pas eu de peine à me rendre à une invitation faite de si bonne grâce; et peu à peu la conversation a changé d'objet. Elle est tombée sur les règnes de Joseph et de Murat; sur l'impression qu'ont produite et laissée à Naples les institutions de leur gouvernement; et sur la promptitude avec laquelle les Français avaient adopté les mœurs napolitaines, qui sont, à celles de France, comme les passions aux sentimens, comme la volupté est au plaisir. Touchant ce dernier article, j'ai pris soin d'éviter les détails. Avec un mari italien, eût-il été convenable d'insister, lorsque ailleurs, et à Paris par exemple, on ne pourrait peut-être pas toujours le faire innocemment? Quelques précédens me commandaient aussi de la réserve : mon entretien avec la camériste m'avait donné lieu de soupçonner que cette maison avait ses secrets, comme on en voit dans presque toutes. Au reste le duc a prévenu mon embarras, en me parlant, sans affectation, sur des sujets d'intérêt général, auxquels il prétend qu'aucun membre de sa caste ne croit plus devoir être étranger. Il a successivement passé en revue les affaires publiques, la cour, le clergé.

Telle est ici l'unanimité des opinions, que chacun n'est, pour ainsi dire, que l'écho des autres. Le gouvernement, vous dira-t-on, compte le peuple pour rien ou pour peu de chose. Ceux qui s'intéressent au bien général, n'ont aucun crédit. Leurs plans sont écartés, ou bien ils s'évanouissent en présence des obstacles que leur oppose une apathique indifférence. Le soin des affaires, comme celui des plaisirs, est abandonné à des protégés. Rien n'est admis qui n'arrive par l'intermédiaire de la flatterie, ou qui ne soit accompagné de services quelquefois peu honorables. Ferdinand IV a un ministère, une noblesse, des partisans qui l'ont défendu et qui le soutiennent; mais le seul homme qui ait sur lui une influence réelle, est un sieur B....., chef des jeux. Après l'incendie du théâtre de Saint-Charles, ce favori obtint l'entreprise de sa réédification. Dès-lors, une sorte de département ministériel se forma sous ses ordres. Quand le théâtre fut rebâti, il obtint la dispensation arbitraire des carrières de pierre et de marbre qui lui avaient fourni des matériaux. A l'aide de ce privilége, il les ouvre ou les ferme à son gré. Aucun édifice considérable n'est construit que par son entremise. Pour être exécutés, les dessins doivent être revêtus de son suffrage et de son approbation. Ce qu'il propose est accepté sans examen; ce qu'il refuse, rejeté. Salles de spectacle, églises, maisons particulières, tout lui est soumis. C'est aussi lui qui traite avec les chanteurs, les danseurs, les peintres, les machinistes des théâtres. Ces dépenses sont énormes. Toutes ne sont pas acquittées; les dettes s'accumulent; on se plaint; nul n'est écouté. Ministre non avoué des jeux et des beaux arts, on prétend qu'il ne se borne point à cette double attribution, et qu'il abuse en d'autres matières, de son empire sur l'esprit de son maître qui lui accorde une confiance sans bornes.

Ce ne sont pas seulement les Napolitains qui se permettent de telles censures. Les étrangers eux-mêmes ne les épargnent pas, pour peu qu'ils aient séjourné à Naples. Il y a ici un consul-général, ancien émigré, qui s'exprime à cet égard avec peu de ménagement. Soit qu'on ait parlé librement devant lui, ou que ses propres observations l'aient éclairé sur ce qui se passe, sa conversation ne tarit point sur les prodigalités publiques. Il reproche au roi de méconnaître les idées qui ont germé dans tous les esprits. Tant d'aveuglement lui semble inexplicable. « Concevez-vous, me disait-il, qu'il ne soit pas mieux conseillé par son intérêt? La rumeur publique le poursuit jusque dans l'intérieur de son propre palais, et il n'en est point frappé. Le commerce languit, la mer est sans vaisseaux, l'état sans défense, l'industrie sans honneur et sans appui. Il ne voit rien, n'entend rien. Des chasses dispendieuses, quelques plaisirs de famille, les longs repos que lui commande sa vieillesse, absorbent tous ses momens. Il ne rend qu'en frivolités, à ses peuples, une partie des tributs qu'ils lui paient. Pour peu qu'il en employât à encourager les arts utiles, à favoriser des manufactures qui ne demandent qu'à naître, on le bénirait; son royaume serait florissant. Mais il calque son règne sur des modèles surannés. Parce qu'il s'en tient aux vieux exemples, il se figure que les nouveaux demeurent inaperçus ou bien sont oubliés. Lui seul est dupe de son illusion. Puisse la vérité ne pas luire à ses yeux au milieu des éclairs et de la foudre! Les Français ont changé les mœurs de ce pays. Le travail serait facilement mis en honneur. Les lazzaroni sont moins nombreux. Ici comme ailleurs, nous avons introduit dans les arts industriels, une émulation qui prendrait l'essor le plus rapide. »

Qui croirait que celui qui s'exprime ainsi sur le roi de Naples, sur l'ignorance qu'il lui trouve dans l'art de régner, sur ses dangers et ses bévues, partage, dès qu'il s'agit de la France, les mêmes préjugés et les mêmes erreurs qu'il vient de blâmer? Ce qu'il conseille à l'étranger, il le condamne dans sa patrie. En même tems qu'il tire vanité de nos innovations, il voudrait qu'on les anéantît parmi nous. Un civisme raisonnable lui paraît devoir être conseillé à Naples ; tandis qu'il le regarde à Paris, comme une insubordination criminelle. Les lumières qu'il répandrait sans ménagement au sein d'une populace corrompue et superstitieuse, il les éteindrait, s'il était en son pouvoir, chez ses compatriotes où elles sont désormais généralement répandues. Inquiet qu'il en est pour la France, il est fier qu'ailleurs nous en ayons déposé le germe, et se plaint qu'il ne soit pas fécondé. Au-dehors, involontairement il se glorifie des trophées de la grande nation, que dans ses foyers il s'efforce de méconnaître ou de déprécier. Mélange bizarre de contradictions! confusion d'idées qui peut toutefois s'expliquer! M. de B..... est un de ces émigrés infatués de quelque descendance noble, et qui, après des démonstrations guerroyantes sous les drapeaux royalistes, traînèrent en Europe une vie pauvre et désœuvrée. L'humilité de la condition à laquelle il s'est vu long-tems réduit, l'a aigri. Les blessures que son amour-propre avait reçues ne se sont pas cicatrisées. Loin de chercher, comme tant d'autres, dans le travail, des consolations et des secours, en s'y livrant il aurait peut-être craint de déroger : de là son horreur profonde pour la cause des malheurs qu'il n'a pas su honorer, une haine invétérée pour ceux à qui il les attribue et entre lesquels il n'admet aucune distinction, des vœux enfin sans cesse renaissans pour en tirer vengeance. Dans de semblables crises, au jour du triomphe, rien ne trouve grâce devant le vainqueur. Même en condamnant tout, il craint que quelque chose n'échappe. La liberté est comprise dans la proscription de la licence : les mœurs nouvelles sont méconnues, les usages froissés, les lois dédaignées, les services oubliés. En Angleterre il n'en fut pas autrement, jusqu'au moment où le système moderne prévalut sans retour.

Tel est M. de B...... Il aurait des opinions modérées, si sa rancune contre la révolution ne le jetait dans une exagération ridicule. Libéral quand il parle des étrangers, l'idée fixe de l'ancien régime le préoccupe dès qu'il reprend sa qualité de Français. Pendant qu'il m'entretenait ainsi, nous nous promenions ensemble dans les jardins de la *Villa Reale*. Sans méfiance touchant mes opinions, il me disait naïvement : « Les agens français sont dans l'attente d'une nouvelle importante. La contre-révolution est sur le point d'éclater à Paris. M. Decazes seul l'arrête peut-être encore. Il sera la première victime immolée au retour de la monarchie de Louis XIV. Le courrier de France manque. La saison n'est pas assez rigoureuse pour le retenir. Son retard ne provient sûrement que de l'embarras momentané, produit dans le gouvernement par une commotion passagère. M. le marquis de Rivière retourne à Constantinople. Il a dû s'embarquer à Marseille. Le vent est favorable. Nous apprendrons par cet ambassadeur, le véritable état des choses. S'il n'a pas vu l'événement, il saura du moins nous en indiquer l'époque, qui ne peut pas être maintenant fort éloignée. Une voile qui a paru à l'horizon ce matin, est signalée pour appartenir à notre marine royale. » En même tems il me montrait une frégate qui marchait bon frais, et n'était pas beaucoup au-delà d'Ischia : elle entrait dans le golfe. A mesure qu'elle avançait, les espérances de mon interlocuteur se changeaient presque en certitudes. Elle n'a pas tardé à passer en pleine vue. Elle était étrangère ; elle ne portait point l'ambassadeur français ; elle a poursuivi sa route : mais quoique elle s'éloignât, et qu'elle ait bientôt disparu derrière l'île de Caprée, les conjectures de mon zélateur contre-révolutionnaire ne se sont point dissipées. Pour ne se point réaliser dans ce moment, elles n'ont rien perdu, dans son esprit, de leur probabilité. Le courrier vient d'arriver aussi. Quelques neiges l'avaient arrêté. Le favori de Louis XVIII n'est point disgracié. Aucun mouvement politique ne s'est fait ressentir en France. L'ordre n'a pas été troublé un moment.

>J'en sais beaucoup de par le monde
>A qui ceci conviendrait bien :
>De loin c'est quelque chose, et de près ce n'est rien [1].

Voici un autre monomane : c'est mon géologue espagnol. Il vient pour nous engager à visiter Pestum. Il s'offre à nous y servir de cicéroné ; et nous

---

[1] La Font., liv. iv, fab. 10.

irons demain. Occupé des carrières, des montagnes, des volcans, des entrailles de la terre, c'est toujours sur le Vésuve qu'il ramène la conversation, ou plutôt ses propres discours; car dans la plus longue visite, il laisse peu de place à ceux d'autrui. On le connaît pour un familier du cratère. Chacun va s'informer auprès de lui, des sentiers les moins difficiles pour y arriver, des approches les moins dangereuses, et des heures les plus favorables à cette visite. Il se trouvait à Naples en même tems que l'empereur d'Autriche. Une grande discussion s'éleva sur la question de savoir si S. M. I. entreprendrait ou non le voyage du Vésuve. Il fut tenu une sorte de conseil à ce sujet. L'impératrice y assista. Les courtisans qui le composaient, entraînés par les désirs de l'empereur, retenus par les terreurs de l'impératrice, n'osaient donner leur avis. Ils ne voulaient contrarier aucun des deux illustres époux. Des éloges remplissaient toutes les séances. Chacun louait tour à tour la courageuse ardeur de voir qui portait l'un à braver les fatigues d'une course pénible, la tendresse conjugale qui sollicitait l'autre d'éloigner de son mari, jusqu'à l'ombre d'un danger. De ce concert de phrases banales, de complimens de cour, il ne résultait aucune détermination. L'empereur décida de s'en remettre aux avis de l'expérimenté M. G....... On l'appelle. Il ne lui aurait pas été demandé de s'expliquer avec franchise, qu'il l'eût fait sans hésiter. A sa voix les obstacles s'aplanissent, les craintes se dissipent, la curiosité s'excite, le voyage est résolu ; et l'impératrice elle-même se propose d'en être. Le jour et l'heure sont fixés : ce sera le lendemain. Qui voudrait maintenant différer l'exécution d'un projet, qui ne promet plus qu'une partie de plaisir? On partira à onze heures du soir, afin de voir, pendant la nuit, les effets des feux du volcan, et d'assister au lever du soleil, dont les premiers rayons éclairent d'une façon si pittoresque, les montagnes de l'Apennin, la mer, Naples et ses belles campagnes.

Le départ eut lieu, comme il avait été convenu. A Résina, le marché des ânes et des âniers amusa un moment les voyageurs, qui, pourvus enfin d'une monture, se mirent en marche pour gravir la montagne. Des torches nombreuses les précédaient ; des gardes veillaient à leur sûreté. Ce mélange de feux, d'armes, de chevaux, d'ânes, de guides vêtus de leur cape, de militaires en uniforme, formait un tableau curieux.

D'abord la conversation fut bruyante et presque générale : chacun y prenait part avec familiarité. On entendait à la fois parler napolitain, allemand, et surtout le français qui est devenu la langue adoptive de toute l'Europe. Tant que la montée n'offrit aucun embarras, l'ordre se maintint dans les rangs : mais la voie ne fut bientôt plus si spacieuse ; le cortége n'observa plus la même régularité ; on n'y voyait pas partout aussi distinctement ; les scories devenues plus grosses et plus mobiles, roulaient sous les pieds des hommes et des animaux. Les habitans et les soldats, familiers avec ces obstacles, s'en amusaient ; les autres, occupés d'éviter les accidens, gardaient un profond silence. Quelques chutes, qui ne pouvaient avoir aucune suite fâcheuse, appelaient d'abord l'intérêt des voisins qui finissaient par en rire avec ceux qui les avaient faites. Enfin la première station, celle de l'ermitage, approche. Le dernier sentier qui reste à parcourir n'est praticable qu'à pied, et la caravane arrive sur le plateau des ermites. Quelques officiers avaient pris les devans. Ils sont introduits dans la seule chambre habitable. L'empereur les suivait de près. Il aidait l'impératrice à monter les degrés qui y mènent, heureux l'un et l'autre de trouver un abri et du feu, car la nuit était froide, et la rosée avait trempé leurs vêtemens. Au moment d'entrer, une dispute, qui s'était élevée au-dedans, les arrête. Quelques juremens énergiques se font entendre, et une voix mâle s'écrie avec un accent facile à reconnaître: « Je suis Anglais. Je suis colonel. Mes amis et moi sommes ici dans une auberge. Nous sommes arrivés les premiers. La place est à nous. Nous ne la céderons à personne. » En effet, en descendant du Vésuve, des Anglais s'étaient arrêtés à l'ermitage. Ils y avaient dîné; et quelques fumées de l'épais Lacryma-Christi, troublaient un peu leur raison, et les avaient mis en humeur. « Il est inutile, dit l'empereur à sa compagne, de nous commettre avec des gens ivres : retirons-nous. Promenons-nous à la belle étoile. Ce que disent ces messieurs est dans les usages de leur pays. Ils ne se conduiraient pas autrement avec leur propre souverain. Retirons-nous encore une fois. Ils m'ont bien dit, à moi-même, au milieu de mon armée, que je n'étais pas chez moi. Marchons pour tâcher de rappeler un peu de chaleur. » En même tems, ils redescendaient l'escalier, et sortirent sur la pelouse avec quelques personnes qui ne les quittaient pas, et qui témoignaient hautement le mécontentement d'une contrariété si peu attendue.

Cependant un négociateur était resté, et continuait à parlementer avec les Anglais. Il s'efforçait d'émouvoir leur sensibilité en faveur d'un homme valétudinaire, et d'une femme qui avait toute la faiblesse de son sexe : mais aucun ne voulait renoncer à ses droits de premier occupant. Mutuellement ils s'excitaient à cette résistance, dont leur dignité nationale leur semblait dépendre. Une transaction vint enfin terminer ces débats. Il n'y en a point de si grave, dont la conclusion n'amène des sacrifices réciproques. Les hautes parties contractantes, à savoir les citoyens libres, ou soi-disant tels, de la vieille Angleterre, d'une part et en personne; et de l'autre, les possesseurs mâle et femelle de la couronne des Césars, par l'intermédiaire de leur maréchal-des-logis, convinrent de partager le seul abri qu'offrît la demeure des ermites, contre les intempéries de la nuit. Dans toute convention, quand on est d'accord sur l'objet principal, les accessoires éprouvent peu de discussion. Il arrive même que chacun des contendans cherche à racheter par là, le ridicule de l'opiniâtreté qu'il a montrée. Ce fut ainsi que les détenteurs du logis se laissèrent persuader d'aller eux-mêmes au-devant des MM. II., faire les honneurs de la concession à laquelle ils avaient daigné se résoudre. Ils les trouvèrent à l'extrémité du plateau, se tenant amicalement par-dessous le bras, et marchant à grands pas pour chercher à se réchauffer, en attendant que les apprêts du départ pour le cratère fussent faits. Le colonel était en tête ; On voyait bien à sa contenance et à travers le ton de son langage embarrassé par les libations réitérées de la soirée, que son amour-propre était satisfait. On l'accueillit avec les témoignages de la plus vive reconnaissance, car les souverains eux-mêmes ne boudent pas longtems contre l'impérieuse nécessité. A la porte de la maison, l'empereur et l'impératrice furent invités à passer les premiers. A peine étaient-ils entrés, que les soldats préposés à leur garde et qu'on avait placés en-dehors, serrèrent les rangs et laissèrent les Anglais sur la pelouse. Jurer, maugréer, maudire, se plaindre, se fâcher même, rien ne fut épargné. Mais que servait-il? la ruse était secondée par la force. Les principes invoqués par les premiers, devenaient, avec quelques variantes, les argumens des derniers. L'heure avançait. Le parti le plus sage eut peine à prévaloir, comme il arrive toujours. Les vaincus effectuèrent sur Naples, leur retraite qui promettait des moqueries de plus d'une espèce, et peut-être de justes représailles pour l'incivilité qu'ils s'étaient permise.

Après quelques momens de repos, et quand chacun se fut chauffé et séché, on se disposa à achever le voyage. Des brancards étaient prêts; et des porteurs placés de distance en distance, le long de l'échelle de lave qui conduit au sommet du Vésuve, devaient se relayer. C'est de toutes les façons d'y monter la plus dangereuse et la moins commode. La force, l'habitude, l'adresse, peuvent rencontrer des obstacles où elles deviennent inutiles. Dans ces escalades, ce qu'il y a de plus raisonnable, est de ne se confier qu'à soi-même, sauf à accepter quelques secours dans les passages les plus difficiles; mais se faire porter, assis sur quelques ais susceptibles de se disjoindre et embarrassé d'un manteau qui ne laisse aucune liberté dans les mouvemens, sur le plan presque perpendiculaire d'un cône hérissé de pointes aiguës qui coupent comme du verre, est sans doute la précaution la plus hasardeuse que l'on puisse prendre. Quoi qu'il en soit, aucun accident n'arriva, et les voyageurs s'arrêtèrent à une petite distance du cratère.

Le duc Della Torré, ami des sciences naturelles, contemplateur assidu des éruptions du Vésuve, renommé pour le tact exquis, les soins et les prévenances qui distinguent les hommes du monde et de la cour, avait précédé de beaucoup la caravane impériale. Par ses soins, une collation était préparée : elle se composait de viandes froides, de fruits, de punch dont la flamme bleue égayait et réchauffait d'avance les convives. On s'assit autour de ce banquet nocturne. Les rangs s'y confondirent ; les mêmes besoins les avaient rapprochés. Chacun prit sa part des mets et des boissons. On s'entretint du phénomène qu'on était venu admirer, ou plutôt on écouta discourir le duc Della Torré et le géologue espagnol. La fontaine artificielle ne fut point oubliée. L'empereur voulait l'aller voir et boire de son eau. Comme pour l'atteindre il y avait quelques pas à faire sur des cendres mobiles, inclinées en sens divers, et quelquefois vers l'ouverture même du volcan, l'impératrice, profitant d'un moment où on ne l'observait pas, s'approcha de M. G......, le prit sous le bras et l'emmena à l'écart, avec les démonstrations d'une confiance qui datait de plusieurs années. Elle l'avait connu à Munich. Elle se souvenait que, consulté par son père le roi de Bavière, sur la demande en mariage que faisait d'elle Ferdinand VII, il s'était expliqué si clairement sur le caractère de ce prétendu, que la négociation avait été rompue. Cette conduite loyale avait empêché un mariage qui lui répugnait. Elle en conservait de la reconnaissance, témoignait à M. G...... de la familiarité ; et lui exprimant naïvement la frayeur que lui causait le dessein de son mari, elle le supplia de s'y opposer. La complaisance du naturaliste devenu un moment courtisan, l'emporta sur son amour-propre d'inventeur, de créateur. Ils se rapprochèrent du groupe principal. On reparla d'aller à la fontaine. M. G...... se chargea d'en rapporter de l'eau, si S. M. I. persistait à vouloir en goûter. Aussitôt il partit, revint peu d'instans après, et en présenta un verre à l'empereur qui la but sans hésiter, et assura l'avoir trouvée pure, fraîche et légère.

Le plus souvent on ne se voyait qu'à la lueur des flambeaux de poix ardente, plantés de tous côtés dans la cendre, ou agités par la main des guides. Par moment des gerbes de feu s'élançaient du Vésuve. Elles éclairaient de leur lumière immense, le plateau, ses inégalités, les spectateurs dispersés çà et là. Quelques clartés pénétraient seules au-dessous, et finissaient par se perdre dans l'obscurité qui ne couvrait que des précipices. Ces éclairs brillans, chargés de poussière et de pierres étincelantes, accompagnés d'un bruit sourd semblable à celui de l'orage dans le lointain, et la nuit profonde et silencieuse qui les suivait, donnaient à chacun des émotions de crainte et d'admiration qui se prolongèrent jusqu'au lever de l'aurore. D'autres sensations succédèrent alors. Les flammes du volcan pâlirent. Les approches du cratère apparurent dans toute leur stérilité, dans toute leur horreur. Quelques étoiles qui brillaient encore au firmament, cessèrent de lancer leurs feux. Enfin, des flots de lumière remplirent l'Orient, et montrèrent un horizon magnifique. Nul ne pouvait se rassasier de ce ravissant spectacle. Cependant le matin conseilla le retour. Au signal donné, chacun prit la voie qui lui parut la plus courte ou la plus sûre. Les uns s'élançant sur la cendre, se laissèrent glisser;

d'autres, plus prudens, descendirent lentement et à reculons, l'échelle de lave. Les Majestés assises sur leurs espèces de palanquins, se confièrent de nouveau à des porteurs; et tous se réunirent à *San-Salvatore,* dont le logement cette fois ne fut pas disputé. Au contraire, le roi de Naples, informé des malencontres de la veille, avait réparé sa négligence, d'autant plus étrange que le prince Léopold était du voyage et n'avait pourvu à rien. Mal passé n'est que songe, dit-on vulgairement. Il ne tint à aucun des assistans de s'en convaincre, en présence d'un excellent déjeuner, et d'un foyer ardent. Toutes les contrariétés furent oubliées. L'entretien roula sur les souvenirs de la nuit; et l'on se félicita d'avoir terminé si heureusement cette visite au Vésuve.

La belle résistance du colonel anglais fit quelque bruit. La surprise qui avait suivi sa capitulation, ne resta point secrète. L'empereur en parla avec ironie et aigreur. Le blâme devint presque général. Le public n'aurait pas pris parti pour le chef de l'empire germanique, qu'il eût embrassé la défense de l'impératrice. Sa qualité de femme commandait des égards auxquels on avait manqué. La colonie de voyageurs anglais présente à Naples, en jugea ainsi elle-même. Une députation s'empressa de porter à Ferdinand, des excuses qui furent reçues froidement. Le corps diplomatique intervint. Ses démarches conciliatrices n'eurent aucun résultat : il est des choses que l'on gâte à vouloir les réparer, parce que ce soin les rappelle, et que le mieux est d'en laisser perdre le souvenir.

En même tems, le roi prenait des mesures pour venger sur tous, la faute de quelques-uns, sorte de punition à peine permise lorsque les coupables sont inconnus. La côte de Castel-a-Mare offre un but charmant de promenade; la campagne y est riche de culture, d'arbres et de végétaux. On y rencontre des sites délicieux. Les bois, les collines, les jardins, les habitations champêtres, sont autant de lieux de rendez-vous généralement fréquentés. Dans la partie la plus agréable de cette contrée, le roi a des possessions que les Anglais surtout aimaient à parcourir. A l'improviste, il en fit fermer tous les accès, et défendit qu'aucun étranger pût, à l'avenir, y pénétrer. Cette mesure, ignorée dans le principe, occasionna des scènes et des mécomptes fort désagréables. Le désir d'en être affranchi s'augmenta par l'impossibilité de le satisfaire. Les supplications les plus respectueuses, la faveur la plus puissante, n'obtinrent aucune exception. Ce n'est pas tout : un réglement distingua les routes qui resteraient publiques, de celles qui seraient désormais réservées. Les premières furent ouvertes à tout venant; les dernières, exclusivement destinées au service du roi, de ses chasses, de ses plaisirs, et de ceux à qui il aurait permis expressément d'y passer. Des cartes indiquaient les unes et les autres. Il fallut étudier cette topographie nouvelle, et s'attendre à avoir une querelle à chaque bout de chemin, selon que les gardes consentiraient ou non, à se maintenir dans la limite de leurs droits. Ainsi, des ordres d'une exécution difficile, minutieuse, arbitraire, furent donnés, pour remédier à un défaut de prévoyance que le chef de l'état ne devait imputer qu'à lui-même.

En sa qualité d'explorateur perpétuel des environs, M. G...... devait être un des premiers à réclamer, et cela ne manqua pas. Il parcourait, avec un Anglais appliqué, comme lui, à l'étude de la géologie, des chemins à peine frayés dans les montagnes. Un garde prétend les surprendre en contravention, et les arrête. D'abord, il cherche à justifier son droit par des raisons plus ou moins spécieuses. Puis, ne pouvant méconnaître leur insuffisance, il ne tarde pas à y joindre l'insulte et la menace. Enfin, il feint de croire qu'on s'est trompé, et offre de se désister de ses poursuites, moyennant une modique amende. Sûr de ses connaissances locales, muni de toutes pièces, M. G...... se défend avec chaleur, invoque la loi, prouve qu'elle lui est favorable, annonce qu'il se plaindra, parle de punition, intimide l'agresseur, et parvient à continuer sa route. La discussion avait été vive. Il n'en pouvait guère être autrement, touchant une délimitation sujette à équivoque, dans un lieu solitaire, avec un homme armé et vêtu d'un habit qui lui promettait l'impunité, avec un garde qui serait cru sur parole, et que stimulait l'ardeur de rançonner des étrangers, simples passans, dont il ne doutait pas qu'il ne dût plus entendre parler. Pour éviter, à d'autres et à eux-mêmes, de pareilles avanies, M. G...... et son compagnon de courses scientifiques, portèrent leurs plaintes aux ambassadeurs de leurs cours respectives. Ceux-ci les transmirent au gouvernement napolitain. Partout ailleurs, la peine prononcée par un tribunal compétent eût fait justice à toutes les parties; mais ici, aucune issue légale ne s'offrait pour un procès de cette nature. Toutefois, l'opinion générale secondait les plaignans; le bon droit était de leur côté. Le chef de la garde forestière reçut l'injonction de leur faire des excuses et de mettre le coupable à leur merci. « Qu'on le juge et qu'on le punisse, disait M. G....... —Vous devez avoir des lois qui répriment les abus de l'autorité, disait l'Anglais : c'est le cas d'en faire l'application. » Vaines paroles, surtout pour celui à qui elles s'adressaient : il ne comprenait pas que l'abandon de son subordonné à la discrétion de ceux qu'il avait offensés, ne leur suffit pas. Encore moins s'expliquait-il qu'ils ne lui infligeassent d'eux-mêmes aucune peine, car il se faisait fort de la lui faire subir. Il n'en fut pas autre chose. Le réglement voyer subsista; son infraction demeura impunie; les réclamations s'apaisèrent; on parla d'autre chose, comme on fait à Paris; et d'autres gardes, moins maladroits ou plus audacieux, purent exploiter, à leur profit, l'exemple de leur camarade et l'impuissance des lois.

Le principal personnage de la comédie qui, ce soir, avait attiré la foule au théâtre des Florentins, est un mari qui aime sa femme, et craint de s'en montrer amoureux. Cette pièce, qu'on dit imitée de l'anglais, et dont nos auteurs pourraient revendiquer plusieurs situations, pèche par le fond même du sujet. Le ridicule qu'elle attaque n'en amène pas moins des scènes fort comiques, et le jeu des acteurs m'a rappelé les beaux jours du Théâtre-Français. Celui qui était chargé du premier rôle, a déployé la connaissance parfaite de son art, dans les transitions de l'amour le plus tendre à une indifférence presque brutale. La société qui assiste à ces représentations est choisie. Aucun des développemens spirituels du sujet ne lui échappe. Elle se contente de sourire aux passages très-familiers, que peut seul excuser le tête-à-tête entre deux époux; et la décence, comme le bon goût, préside aux applaudissemens.

LA CAMPAGNE DE POMPÉIA.
NOCÉRA. — LA VALLÉE DE LA CAVA. — LES MADONES.
SALERNE. — SON PORT. — UNE TEMPÊTE. — EVOLI.
SON HOTELLERIE. — M. G.......

Evoli, 8 décembre 1819.

M. G...... a été exact au rendez-vous : nous partons pour Pestum. La route de Naples à Evoli, passe entre la mer et le Vésuve. Elle traverse Résina, Torré del Gréco et Torré della Nunziata. Quittons promptement ces tristes et sales villages, construits des débris de ceux qui les ont devancés, et destinés à être détruits de même par des éruptions volcaniques. Hâtons-nous d'arriver dans les plaines de Pompéia. La récolte du coton n'est pas faite encore. L'arbuste qui le produit n'a perdu ni ses feuilles ni sa verdure. De jeunes paysannes, dispersées dans les champs, coupent les branches chargées des globes entr'ouverts d'où s'échappent les flocons de cette laine végétale. De loin à loin, parmi les sillons, des ânes d'une grande stature, munis de paniers, attendent cette riche moisson pour la transporter sous les hangars. Les enfans qui les gardent, leur donnent à manger des herbes sauvages, cueillies dans les chemins. Quelques carrés de terre sont plantés de légumes en pleine végétation. On voit des pois, des fèves prêts à fleurir. Ainsi toutes les saisons semblent régner en même tems, sur cette terre qui ne demande qu'à prodiguer les trésors de sa fécondité, et qui pourrait ne se reposer jamais.

Pendant que ce tableau champêtre nous amuse et nous intéresse, nous avançons vers Castel-a-Mare, dont la campagne pittoresque embellit un horizon lointain. En avant, sur le penchant d'une colline, près de la mer, apparaissent les ruines de Stabia. Ce fut sur la plage prochaine que mourut Pline l'ancien. Honneur à cet illustre modèle d'une amitié courageuse, à cet amant passionné des phénomènes de la nature ! J'entre maintenant dans l'antique *Nuceria*, aujourd'hui Nocéra, située sur le fleuve Sarno. Cette colonie des Romains s'était rendue chère à la république par son dévouement et sa fidélité. La ville de Pompéia célébrait une fête. Les citoyens de *Nuceria* y étaient invités. Leur goût pour la raillerie trouva à s'exercer sur leurs hôtes. Une rixe, un combat s'ensuivirent. Les Nucériens furent vaincus. Plusieurs d'entre eux périrent dans la mêlée. Ce fut pour venger leurs mânes, que le sénat interdit aux Pompéiens, pendant dix ans, toute espèce de jeux de cirque et de théâtre. Quant aux habitans de la moderne Nocéra, ils n'obtiennent probablement pas du gouvernement napolitain, plus de protection et d'égards que le reste de la nation.

A quelque distance de cette ville, la route entre dans une vallée profonde, qui conduit au village de la Cava, et lui a emprunté son nom. Les hautes montagnes qui la bornent des deux côtés, descendent de la crête de l'Apennin à la mer. Leur cime est nue et stérile. La terre végétale qui la couvrait, s'en est détachée. En tombant, elle a rempli toutes les cavités inférieures, s'est arrêtée sur les saillies des rochers, et a offert à la culture un sol vierge, constamment fécondé par une température suave. L'art s'est emparé de ces dons de la nature. Des jardins nombreux ont été créés de toutes parts; ils s'élèvent en amphithéâtre, et forment autant de petits domaines ornés de jolies maisons. Les fruits, les fleurs naissent et croissent à l'envi dans ce nouvel Eden. L'oranger lui prête l'ombre de son feuillage, et l'embaume de ses parfums. Des sources, des fontaines y entretiennent une fraîcheur continuelle. Il est arrosé par des ruisseaux limpides, qui coulent dans tous les sens et se partagent en mille cascades. Leur murmure ne s'interrompt jamais. D'innombrables oiseaux y mêlent leur ramage. On voudrait ralentir ses pas dans ce délicieux séjour. Il règne parmi les habitans, un air de contentement et d'aisance qui console, pendant quelques instans, de tout ce qu'ailleurs on a trouvé d'insouciance et de misère. Sur le bord des chemins, on rencontre fréquemment de petites chapelles, ornées de colonnes et de frontons, ou bien recouvertes d'un toit rustique. A travers la grille et le vitrage qui les ferment, se voit une madone enveloppée d'un voile blanc, le front ceint d'une auréole dorée. Une lampe, des cierges brûlent autour d'elle. En avant, sur une tablette, sont placés en offrande, des bouquets de myrte et de laurier fleuris, noués de rubans ponceau parsemés de fils d'or. Sur les côtés, des bancs de pierre invitent les passans à s'asseoir. Aucun ne s'éloigne sans faire une prière. Ici, c'est un vieillard courbé sous le poids des ans : d'une main il s'appuie sur son bâton, de l'autre il tient son chapeau, et demande que le peu de jours qui lui sont encore comptés, ne soient pas malheureux. Là, c'est une mère qui vient implorer, pour ses enfans, la bénédiction céleste, et les mettre sous la protection de la patrone du village. Tantôt vous y trouvez une jeune fille agenouillée, les mains jointes, et laissant échapper l'un après l'autre les grains de son chapelet. La plus touchante ferveur l'anime; son cœur palpite d'espérance; on le sent battre, au mouvement des aiguillettes de moire et d'argent qui nouent son corset. Mais elle n'est pas seule. A quelques pas, tout auprès, un jeune homme, debout, les bras croisés, la tête nue, adresse à la Vierge les mêmes vœux. L'amour augmente l'ardeur de sa dévotion; et ses regards se détournent souvent de l'image révérée qu'il invoque, pour se porter avec ravissement sur les longues tresses noires, la taille svelte, le jupon court, et la jolie chaussure de celle qu'il aime. Ailleurs, enfin, un berger vient d'achever sa prière. On le reconnaît à sa casaque de peau de chèvre, et à sa houlette armée d'un long crochet de fer; à sa cornemuse sur laquelle il joue quelqu'un de ces airs nationaux, qui ne manquent ni d'expression ni de mélodie. Il témoigne, par ces joyeux accords, sa reconnaissance pour l'heureux voyage qu'il vient de faire. Voici la saison où les pasteurs des troupeaux descendent des montagnes, et vont assister aux solennités de Noël. Ils ne s'arrêteront point à Naples ; c'est à Rome qu'ils se rendent. Ils vont visiter le berceau de J.-C. Dans la pureté de leur foi, l'étoile miraculeuse les guide ; et se reportant ainsi à l'origine de la nouvelle Eglise, ils se figurent que le ciel les envoie.

Qu'il y a loin de cette piété douce et confiante qui caractérise la religion des peuples d'Italie, au bigotisme fanatique qu'on leur suppose, et dont ailleurs tant d'hypocrites s'autorisent pour fomenter des persécutions ! Ici la superstition n'exclut pas la tolérance. Les dogmes sont abandonnés à la foi de chacun. Nul ne croit devoir compte de ses opinions religieuses, et nul aussi ne s'en informe. Celui qui n'assiste pas aux prières publiques, est censé les faire dans l'intérieur de sa maison. S'il fréquente les églises, on ne s'enquiert ni de ce qu'il y demande, ni de ce qu'il y vient faire. Jusque dans l'objet de leur culte, les Italiens sont inspirés par une sorte d'amour et de tendresse. C'est à la Vierge surtout qu'ils adressent leurs vœux. L'image d'une femme qui tient un enfant dans ses bras, leur peint la bonté, l'indulgence, le dévouement maternel que le courage n'abandonne jamais, toutes les vertus et tous les plaisirs qui constituent le bonheur domestique. Ils comptent sur l'efficacité de son intercession. Ils la font aussi belle qu'ils peuvent, la parent, lui portent les prémices de leur champ, de leur jardin, et lui consacrent leur famille. Aussi dans quelque ville, dans quelque campagne que vous alliez, point de mission pour proclamer ou expliquer des miracles qui ne se renouvellent plus ; ni de missionnaires comme nous en voyons en France, qui, sous le prétexte de condamner les vices, en instruisent souvent leurs auditeurs, et y conduisent par l'attrait de la nouveauté ; point de croix sur les grands chemins, point de calvaires, point de crucifix pour tendre des piéges au sacrilége, et narguer les croyances dissidentes : mais seulement des oratoires, où, après avoir prié, le voyageur fatigué peut prendre du repos, et trouver un abri. N'est-il pas plus convenable en effet de s'abstenir de tout ce qui tend à violenter la foi, à l'embarrasser, à la décourager peut-

être ? Montaigne le pensait. « L'esprit humain,
» écrivait-il, ne se sçauroit maintenir vaguant
» en cet infini de pensees informes. Il les luy
» fault compiler en certaine image à son modele.
» La maiesté divine s'est ainsi pour nous aul-
» cunement laissé circonscrire aux limites cor-
» porels : ses sacrements supernaturels et celes-
» tes ont des signes de nostre terrestre condition.
» Son adoration s'exprime par offices et paroles
» sensibles : car c'est l'homme qui croit et qui
» prie. Ie laisse à part les aultres arguments qui
» s'emploient à ce subiect : mais à peine me feroit
» on accroire que la veue de nos crucifix, et peinc-
» ture de ce piteux supplice, que les ornements
» et mouvements cerimonieux de nos eglises,
» que les voix accommodees à la devotion de
» nostre pensee, et cette esmotion de sens n'es-
» chauffent l'ame des peuples d'une passion re-
» ligieuse de tres utile effect. De celles aus-
» quelles on a donné corps, comme la necessité
» l'a requis parmy cette cecité universelle, ie
» me feusse, ce me semble, plus volontiers at-
» taché à ceulx qui adoroient le soleil. D'autant
» qu'oultre cette sienne grandeur et beauté,
» c'est la piece de cette machine que nous des-
» couvrons la plus esloingnee de nous : et par

» ce moyen, si peu cogneue, qu'ils estoient
» pardonnables d'en entrer en admiration et re-
» verence [1]. » Continuons notre voyage.

La scène vient de changer. Voici l'entrée du golfe de Salerne. Il est double en étendue de celui de Naples ; et son enceinte a la forme régulière d'un demi-cercle. La ville qui lui donne son nom, se trouve presque au centre de ce vaste croissant. Elle est petite, sale, bruyante. Sa population, qu'on prendrait pour le rebut de celle de Naples, circule dans les rues, couvre les bords de la mer, et fatigue les arrivans de l'offre de ses services intéressés. Prenez surtout garde aux voleurs. La moindre distraction vous coûtera quelque partie de votre bagage. Notre conducteur nous a déposés à l'auberge et va faire rafraîchir ses chevaux. Au haut d'un escalier difficile et boueux, sur le pallier, les femmes de la maison sont assises autour d'un grand réchaud de cuivre plein de charbons ardens. L'une en s'inclinant pour se chauffer, laisse négligemment entr'ouvrir son corset, et s'écarter les pointes de son fichu. L'autre a quitté ses sandales et lève al-

---

[1] Montaigne, liv. II, chap. 12, *Apologie de Raimond de Sebonde*.

ternativement ses pieds, pour les offrir à la chaleur du brasier. Une troisième assise de côté, retrousse nonchalamment sa jupe, et montre jusqu'à la jarretière ses robustes mollets. Au milieu d'elles est un capucin familier du logis, qui a pris place au foyer domestique. Ses formes herculéennes se dessinent sous la bure. Il a renversé son capuchon en arrière. Son front est épanoui. Un gros rire agite sa barbe épaisse. Accoudé sur ses genoux, il fait jouer entre ses doigts le bout de son cordon et la croix de son rosaire. Il parle. Toutes l'écoutent attentivement. Il raconte ses courses de la journée, les médisances qu'il a recueillies, les secrets du voisinage qu'il croit avoir surpris. Tour à tour il plaisante, hasarde des agaceries, des signes d'intelligence; et ces servantes rassurées ou non par sa robe, sa couronne et ses vœux, l'encouragent, rient aux éclats de ce qu'il dit et de ce qu'il fait, et lui reprochent d'être venu si tard.

Notre arrivée a rompu l'entretien. Le cercle se sépare. Il faut s'occuper des voyageurs. Le moine a lui-même une supplique à leur présenter. Déjà il est à son poste dans la salle commune, auprès de deux grandes figures de bois, placées sur une estrade, nues et peintes d'une vive couleur de chair. Des sculptures en forme de flammes sortent de dessous leurs pieds et les environnent. Ces images hideuses sont censées représenter les ames dans le purgatoire. Des prières les en retireront; mais il faut payer ceux qui les font : et le capucin chargé de cette recette, agite devant vous une escarcelle de ferblanc qui contient quelques pièces de monnaie, pour vous avertir et solliciter votre charité. Ce n'est plus le jovial cénobite qui prodiguait tout à l'heure ses galanteries monacales, à la maîtresse et à la domesticité de l'hôtellerie. Sa physionomie a pris de la gravité. Son regard est timide, sa tête inclinée. Tout annonce en lui sa pieuse mission, et l'humilité que sa règle lui commande.

Après un repas, dont rien n'engageait à prolonger la durée, et pour attendre moins impatiemment le moment du départ, je suis sorti. Le vent du midi soufflait avec violence; les vagues commençaient à s'émouvoir; une tempête était près d'éclater. Des matelots s'empressaient de haler à terre, les barques amarrées au rivage. Ceux qui voguaient dans le port, manœuvraient pour arriver avec précaution, de peur de briser leur embarcation sur la grève. On voyait des pêcheurs plus ou moins éloignés, qui, pour venir s'abriter, s'aidaient de la rame et de leurs voiles à demi déployées. Chacun les appelait de ses vœux. Une vive anxiété se manifestait entre les spectateurs. On préparait des cordages pour secourir les naufragés, et des fanaux qui pussent les guider, si le jour finissait avant qu'ils eussent atteint le bord. Dans le dessein de me distraire de ces tristes apprêts, j'ai parcouru le quai. Le roi Joseph l'a fait construire. Pour l'asseoir, le sol a été exhaussé. Un trottoir règne dans toute sa longueur. Il est défendu des flots par un parapet qui s'arrête à hauteur d'appui. Au milieu, s'élève une fontaine, dont le style est simple et élégant. Dans la niche qui en forme la principale décoration, on avait placé le buste d'Esculape, en témoignage de la pureté de sa source, et de son utilité pour la salubrité publique. Sur une feuille de marbre blanc, quelques lignes consacraient l'intention et le nom du fondateur; mais il est détrôné; et le peuple de Salerne l'a outragé jusque dans ses bienfaits. Les canaux qui alimentaient la fontaine ont été rompus. Le bassin dans lequel ses eaux s'épanchaient, n'est plus qu'un réceptacle d'immondices. Le buste du dieu à la garde duquel elle était confiée, a été mutilé ; et l'inscription, brisée à coups de marteau, n'offre plus le nom de Bonaparte, qu'une stupide barbarie en a entièrement effacé.

Il faut partir. Je quitte avec joie ce mélange grossier de moines et de populace qui me répugne. Les autans sont déchaînés. Avant la fin du jour, le ciel s'obscurcit. Le tonnerre éclate à chaque instant, et gronde sans interruption. La pluie tombe par torrens ; le chemin en est inondé. Nous ne distinguons plus notre route qu'à la lueur des éclairs. Seuls, nous continuons de marcher pendant cette tempête. Aucun voiturier, aucun piéton, n'ose la braver. Nous parcourons ainsi plusieurs milles avec rapidité. Quelques lumières brillent enfin dans l'éloignement : ce sont celles d'Évoli. Le cocher et les chevaux qui sentent le gîte, redoublent de hardiesse et d'ardeur. Nous arrêtons à une porte bâtarde, devant une maison de mesquine apparence. La maîtresse du lieu, qui est accourue au bruit de la voiture, paraît aussitôt sur la première marche d'un perron en ruines. Si sa figure est repoussante, elle nous fait du moins un accueil empressé. Comment ne pas lui donner la préférence? Elle tient la seule auberge qu'il y ait dans la ville. Les meilleures chambres sont déjà occupées par un juge, ses assesseurs, son greffier, un tribunal tout entier : ils viennent informer contre des assassinats commis dans le voisinage. « Mais il y a d'autres bons logemens », nous dit-on avec avidité; et l'on nous y conduit par une espèce d'échelle. Nous passons dans une première chambre, où deux hommes d'un aspect féroce, se disposent à se coucher sur des grabats misérables. Ils ont fumé de mauvais tabac. Une vapeur épaisse et infecte leur tient lieu d'air atmosphérique : les chandelles qu'on porte devant nous, ont peine à brûler. Dans la pièce voisine, nous trouvons deux de leurs compagnons, au regard équivoque et farouche. Ils sont assis sur le bord de leurs lits que sépare une mauvaise table. Une lampe de verre posée dans un chandelier de fer, les éclaire de côté, et fait ressortir leurs traits rembrunis et menaçans. Leurs pipes sont allumées. L'un a retiré la sienne de sa bouche, pour dire quelques mots à notre sujet. L'autre affecte de ne pas nous regarder, et fait voler un nuage de fumée dont il suit, de l'œil, les ondulations. Puis s'offre une troisième chambre, pareille à celle qui précède. Celle-ci est retenue par le juge et ses assesseurs, qui soupent dans la cuisine et viendront ensuite l'occuper. Enfin nous arrivons par cette enfilade de dortoirs, aux deux cabinets qui nous sont destinés, et qui n'ont pas d'autre entrée ni d'autre issue. Que servirait de se plaindre ou de désirer mieux? Il faut prendre ou laisser. C'est pour de telles circonstances qu'a été faite la résignation; et nous l'appelons à notre aide. Où la raison et la volonté ne peuvent rien, cette vertu les remplace. Heureux ceux qui la pratiquent sans effort, et savent s'en contenter! Je n'ose dire que nous n'y eûmes aucun mérite. L'hôtesse nous avait quittés. Elle était allée exploiter notre venue, et ne tarda pas à nous envoyer une de ses femmes de service, vieille, ridée, édentée, déguenillée, espèce de Léonarde bien digne de cette autre caverne de voleurs. De même que sa maîtresse avait employé toutes ses ruses pour nous retenir, elle n'épargna point ses félicitations sur la nuit paisible que nous allions passer, dans la maison la plus sûre, la plus propre, la mieux approvisionnée du canton. En même tems elle posait sur la table une nappe grise, tachée de graisse et de vin, et sur nos lits

> des draps
> Qu'en bouchons tortillés, elle avoit sous les bras.
> . . . .
> Ayant considéré le tout de point en point,
> Je fis vœu cette nuit, de ne me coucher point ;
> Et de dormir sur pied comme un coq sur la perche [1].

Peu à peu le reste arriva : des œufs, du pain bis, de gros vin noir. Par bonheur on trouva de l'eau-de-vie, du sucre et des citrons; et plusieurs verres de punch nous étourdirent sur cette détestable couchée.

A Résina, nous avions pris un guide du Vésuve, moins pour nous servir d'interprète dont nous n'avions nullement besoin, que comme une garantie nationale, à l'abri de laquelle notre qualité d'étrangers nous exposât à de moindres exactions. Il se nomme Raphaël. C'est un jeune homme doué d'une grande force physique et d'une figure honnête. Il est avantageusement connu de notre Espagnol, qu'il suit dans ses excursions. Notre confiance n'a pas tardé à le fa-

---

[1] REGNIER, sat. 11.

miliariser avec nous. Il en est flatté, et cherche, par les plus petits soins, à nous prouver sa reconnaissance. Voici le moment où il doit nous quitter, pour aller dans quelque coin de grange, dormir sur de la paille. Il a déjà pris sa chandelle plusieurs fois, et l'a promenée autour de notre appartement, avec une inquiète curiosité. Il rôde alternativement près de chacun de nous. Il veut et n'ose nous parler. Enfin pressé de s'expliquer, il nous confesse qu'il se méfie de nos voisins. Leur contenance et leurs discours les lui rendent suspects. Les fonctions dont on nous a dit qu'ils étaient revêtus, ne le rassurent pas. Il exige que nous nous tenions sur nos gardes, et que nous prenions des précautions. Puis il s'éloigne, en nous suppliant de ne pas négliger ses avis.

Nous ne tînmes pas un long conseil; mais quelles furent notre surprise et notre contrariété, lorsqu'en voulant fermer les deux battans de la porte de communication qui était restée ouverte jusque-là, il se trouva qu'il s'en fallait de plusieurs pouces qu'ils pussent se toucher! L'extrémité même des verrous ne suffisait pas pour les assujétir. La table, les chaises amoncelées nous servirent à composer une fragile

barricade : et nous nous reposâmes, pour être avertis et nous mettre en défense, sur le bruit que notre échafaudage ferait en s'écroulant. Pendant que nous travaillions à cette fortification, quel flux de paroles ne nous fallut-il pas essuyer de la part de M. G......? Combien d'apostrophes énergiques à la mauvaise police du pays, de menaces aux brigands, de récits d'aventures funestes, d'invectives contre la justice locale, d'expressions de gratitude envers son fidèle Raphaël, ne débita-t-il pas avec sa loquacité accoutumée et sans exemple ! « Raphaël, brave Raphaël! s'était-il écrié. Il m'a sauvé la vie sur le mont Ottaïano. Je montais avec lui. Un de ses camarades descendait seul. Ils s'arrêtent ensemble. Je continue mon chemin; et Raphaël me rejoint bientôt. Sa figure exprimait la colère et l'indignation. « Ce scélérat, me dit-il, vient de me
» proposer de vous tuer, et de partager avec lui
» votre dépouille. Mais tranquillisez-vous. Il s'en
» va fort heureux que je ne l'aie pas puni de son
» coupable dessein ». C'est vraiment un digne garçon; et vous en voyez vous-même la preuve, par l'inquiétude qu'il vient de nous témoigner. Ses sentimens le rendent de beaucoup supérieur à sa condition. Avec lui, quelque part que je sois,

je me livre avec sécurité à mes observations et à mes études. Il m'a accompagné dans mes courses sur les montagnes qui environnent Pompéia et Stabia. C'est sous sa garde que j'ai fait les recherches et pris les notes, dont je m'aiderai dans le développement de mon système sur l'ensemble des phénomènes dont ces lieux ont été témoins. »

Une fois revenu à sa thèse favorite, il n'y a plus eu moyen de placer un seul mot dans la conversation. Comme nous ne lui répondons pas, il se lasse enfin, se couche; et peu d'instans après il prononce, dans quelque rêve de son premier sommeil, les mots sans suite de *laves*, de *volcans*, de *montagnes*, et finit par s'endormir profondément.

DÉPART D'ÉVOLI POUR PESTUM. — LE SILARO.
LES APPROCHES DE PESTUM. — PESTUM. — LES TEMPLES DE PESTUM.
M. G...... — LE RETOUR A SALERNE.

Salerne, 9 décembre 1819.

Quelques mouvemens se font entendre dans l'hôtellerie. Ils annoncent l'approche du jour. Je me hâte d'ouvrir le volet brisé qui nous sert de fenêtre. Je renouvelle l'air épais des deux cellules où l'on nous a entassés, et qui n'est que trop surchargé des miasmes délétères que lui communiquent les chambres attenantes. L'air est tiède. On dirait une matinée d'été. Je respire avec volupté, et mes poumons oppressés se dilatent. Nous sommes au centre d'une large vallée. Au sud, les montagnes prochaines bornent la vue ; mais vers le nord et à l'ouest, elle se perd à travers les productions du sol le plus favorisé des cieux. Çà et là quelques palmiers lancent dans les airs, les gerbes de leur élégant feuillage. A l'aspect de ces arbres étrangers ici comme moi, je me sens ému des souvenirs de la patrie. Les vents du midi caressent mollement leurs rameaux. Leurs racines trouvent une terre féconde; et leur tête majestueuse s'élève et se balance sous un ciel d'azur qui leur prodigue ses douces influences. Ils vivent comme sur la terre natale. Pour moi, ni des ressemblances de climat, ni la présence des mêmes astres, ni le renouvellement des mêmes saisons ne sauraient me suffire. Les jouissances qui ne touchent point l'ame, ne me sont rien. Il me faut les plaisirs de la famille, de l'amitié, des tendres attachemens. Je les attends; je les espère; je les désire; et à mesure que j'en suis privé depuis plus long-tems, les amusemens du voyage perdent de leur charme, m'apportent moins de distractions, et augmentent le vide de cette vie errante et vagabonde.

Déjà mon géologue a repris ses discours de la veille, au point où il les avait laissés malgré lui. Vainement je le supplie de ne me point détourner des lieux que je contemple. A l'aide de son marteau, il a déjà pénétré dans l'intérieur des rochers qu'il m'indique du doigt. Il connaît les élémens dont se composent la montagne la plus haute, et le moindre monticule. Il s'obstine à m'en expliquer la structure, et me gâte la beauté du paysage, par sa dissection et ses importunes analyses. Je m'enfuis, sous le prétexte de hâter les apprêts du départ. Il me suit, se prend de querelle avec l'hôtesse touchant le prix, exorbitant en effet, de son mémoire, lui fait un sermon sur la probité qu'elle écoute avec les signes de la plus vive impatience, et nous partons enfin.

Pour aller d'Évoli à Pestum, il faut revenir sur ses pas, et prendre sur la gauche, à un mille de distance. Après une heure de marche, on entre sur le territoire de Persano, village renommé parce qu'il est le siége d'une maison royale. Une immense forêt l'environne. Le Sélé ou Silaro, l'antique *Silarus*, y promène lentement ses eaux bourbeuses et malfaisantes, qui, s'infiltrant dans les plaines voisines, humectent le sol à une grande profondeur, et créent des marais infects. Les sangliers, les cerfs, les daims, les chevreuils, les faisans abondent dans ces lieux sauvages. Le roi n'y va que pour chasser, et n'y séjourne presque pas. Encore les voyages qu'il y fait, et dans lesquels sa femme l'accompagne toujours, sont-ils rares, à cause des frais énormes qu'entraîne la multitude de valets, de courtisans, de chiens et de chevaux qu'il mène avec lui. Un autre motif l'en éloigne. Là, commencent à se faire sentir les exhalaisons pestilentielles qui ont dépeuplé Pestum et toute la contrée. En effet, l'aspect de la campagne, devient bientôt triste et sévère. Les champs sont comme encombrés d'une boue fétide. Le myrte croît naturellement ; mais il répand une odeur âcre, et ses bouquets pâles et flétris, semblent plus propres à être jonchés sur un cercueil, qu'à tresser des couronnes pour les amans. Quelque culture se montre-t-elle ? Le laboureur auquel on la doit, la paiera de sa vie. Ne cherchez point ici de vieillards : nul n'a connu la douceur de voir augmenter sa famille. Toutes les phases de la vie se touchent par le danger commun qui les menace. L'enfance est bouffie et mélancolique, la jeunesse sans grâce et sans vivacité, et l'âge mûr dépourvu de force physique et morale. Tous offrent des signes de décrépitude. Dans le voisinage de l'emplacement qu'occupait la ville de Pestum, on remarque quelques essais d'industrie agricole. Les eaux ont reçu de l'écoulement. Le sol est assaini. Des assolemens moins bornés se sont établis. Malgré ces résultats utiles, les émanations terrestres n'ont été, ni purifiées, ni même corrigées; et le petit nombre de cultivateurs qui ose les braver, est chaque jour amoindri par leur funeste influence.

Au détour du chemin, sur la gauche, se développe une plaine de médiocre étendue. La charrue en a labouré la surface. Parmi la verdure qui dessine les sillons, pointent des débris de tuiles, de briques et de marbre; et les places stériles indiquent les fondations qui ont appartenu à des habitations ou à des murs de clôture. Au milieu, s'élèvent à des distances différentes, trois monumens d'architecture disposés parallèlement, et d'un dessin à peu près uniforme. Quelques paysans livides, valétudinaires, enflés, semblent n'être occupés qu'à chercher parmi ces ruines, le lieu de leur sépulture. Voilà Pestum et ses habitans. Quoi! c'est là tout ce qui reste de cette ville que se disputèrent les Osques ses fondateurs, les Étrusques, les Sybarites, les Samnites, et qui finit par demeurer aux Romains, orgueilleux de la posséder et de la compter au nombre de leurs plus fidèles alliés! Tels sont les successeurs d'un peuple qui cultiva avec succès les arts de la Grèce, et contribua à accélérer la civilisation de l'Italie méridionale; qui était renommé pour son élégance, sa mollesse, son luxe, et dont la puissance pesait dans la balance politique de l'antiquité! Allez parler, à ces misérables, des jeux scéniques dont l'Etrurie traça les premières règles, de la douleur que causait aux Sybarites le pli d'une feuille de rose, des brillantes fêtes que donnaient les Samnites, des vertus républicaines et de leurs prodiges : qu'en savent-ils? Privés d'avenir, ils ne connaissent le passé que par les progrès du mal qui les mine. Le présent, ils l'emploient à des travaux qui ne leur inspirent aucun intérêt. Ensemencent-ils leurs champs? ils n'osent espérer qu'eux ou leurs enfans en voyent la moisson. Plantent-ils des arbres? ils savent qu'ils n'en goûteront point les fruits, et qu'ils ne jouiront jamais de leur ombre. Ils n'oseraient dire comme l'octogénaire de notre bon La Fontaine :

> Mes arrière-neveux me devront cet ombrage :
> Et bien! défendez-vous au sage
> De se donner des soins pour le plaisir d'autrui?
> Cela même est un fruit que je goûte aujourd'hui :
> J'en puis jouir demain, et quelques jours encore [1].

Leur existence cruelle n'est qu'une agonie de

---

[1] La Font., liv. xi, fab. 8.

tous les instans. Elle se passe toute entière en présence d'une mort douloureuse, imminente, prochaine. Aussi nul ne cherche à en reculer le terme. Tous l'appellent, au contraire, comme un refuge contre les angoisses qui les tuent.

Avançons vers les édifices fameux qui subsistent seuls au milieu de ces décombres. Le premier fut, dit-on, consacré à Neptune. Le second servait de marché. Le troisième était un temple de Cérès. Déjà les péristyles qui les environnent, et que, de loin, nous ne pouvions distinguer, se détachent, se développent. La lumière y pénètre et les éclaire. Les colonnes se dégagent. Les perrons, les frontons qui décorent leurs façades, se dessinent. A quel âge de l'architecture appartiennent ces constructions gigantesques? Que signifient ces fûts tronqués, dont la partie inférieure s'enfonce dans les soubassemens qui les portent? Quelle est la grâce de ces chapiteaux écrasés sous le poids d'un entablement massif? Est-ce la force dont l'art retrace ici l'image? Pourquoi donc déploie-t-elle de si grands efforts? Quelle allusion trouver entre ces monumens et la destination de chacun d'eux? Construits dans le même système, tous sont empreints du même caractère. Comment des formes semblables convenaient-elles au culte de la déesse des moissons, à celui du dieu des tempêtes, et à un marché ou forum couvert? C'est le dorique grec, répondent les artistes. Il était monumental. Le goût et l'usage justifient son emploi. J'y consens : mais l'épaisseur des murs, l'énormité des colonnes ne sont point proportionnées à l'emplacement, ni à la distribution des locaux. L'abondance des matériaux offusque, gêne, obstrue le passage. Quels blocs de pierre! Leurs dimensions sont surprenantes. Cependant avec quelle précision ils sont taillés! Quelles puissantes machines aidèrent à les porter et à les asseoir! Que d'exactitude dans les joints! Quelle justesse dans les niveaux, dans les aplombs! Après tant de siècles, rien ne joue, ne se sépare. Le peu qui est tombé, a été usé par le vent de la mer et l'inclémence des saisons. Le reste paraît impérissable, et présente un ensemble qui, s'il n'excite pas l'admiration, commande au moins le respect. Montez ces degrés par où des prêtres suivis d'un peuple nombreux, allaient, en son nom, faire des vœux, offrir des sacrifices. Ne vous figurez-vous pas la pompe sacrée qui les environnait, la victime ornée de bandelettes et de guirlandes, et les sacrificateurs chargés de l'immoler? Entrez dans cette enceinte jadis si fréquentée, et qui retentit si souvent des accens de la prière. N'êtes-vous point ému de la solitude et du silence qui y règnent; de n'entendre que le bruit de vos pas, que le son de votre voix; et de ne voir que des lézards qui fuient entre les pierres, et que des enfans hideux, couverts de lèpre, dont la misère vous afflige et les cris vous importunent? Ceux qui érigèrent ces monumens, se complaisaient dans la contemplation de la postérité. Ils ne doutaient point que les générations futures ne se transmissent leur mémoire, en reconnaissance des œuvres de leur génie, et de l'utilité publique à laquelle ils avaient voué leurs travaux. Le tems n'a rien laissé ni de leur souvenir, ni de leurs espérances. Leurs noms même sont ignorés; et les édifices qu'ils ont construits, ne sont là que pour montrer le peu de place que tiennent les desseins des hommes dans la durée des siècles.

Le voisinage de la mer attire sur Pestum des pluies fréquentes. Le ciel, qui paraissait devoir se maintenir serein pendant toute la journée, s'est subitement couvert de nuages. Il commence à pleuvoir. Réfugiés dans un angle du temple de Neptune, nous profitons de ce contre-tems pour déjeuner. Là, sous la saillie d'une corniche, à l'abri de quelques colonnes, nous déployons nos provisions et nos parapluies, et discourons, devant notre frugal repas, sur les effets sanitaires de la sobriété. Après une longue attente, le soleil se montre enfin; et nous nous hâtons d'achever notre pélerinage. Chacun de nous se livre au genre d'observation qui lui est le plus familier. Mon compagnon de voyage cherche quelque pièce de monnaie, quelque médaille, quelque fragment antique digne de figurer dans ses collections. Je parcours le temple de Cérès, le marché, le forum. Je voudrais me rendre compte de l'étendue de la ville, de sa population, de son commerce, de son industrie, de sa richesse, des arts qui y étaient cultivés. Hélas! son tombeau est plus muet encore que celui de l'ancienne Rome et de Pompéia. Il faut désespérer d'y rien apprendre, si ce n'est à déplorer les ravages du tems.

Quant à M. G......, il marche à pas précipités, frappant, de son marteau, la pierre et le marbre qu'il rencontre, ramassant le morceau qu'il en a détaché, l'examinant avec curiosité, l'abandonnant ou bien le gardant précieusement. Il me semble le voir encore, après une assez longue séparation, se rapprocher de nous pour le départ. Nous l'attendions, et l'heure nous pressait. Toutes ses poches étaient pleines de cailloux, de tessons, de débris de toute espèce, dont les aspérités perçaient à travers l'étoffe de ses vêtemens. Il en avait aussi dans les mains, autant qu'elles en pouvaient contenir. La joie brillait dans ses yeux. Sa voix en était altérée. « Voilà, lui dis-je, une abondante moisson. — Et riche! et précieuse! me répondit-il avec enthousiasme. Je voudrais pouvoir tout emporter. » Puis il se mit à entasser ces gravois dans sa valise. Quelques-uns lui échappaient et tombaient à terre ; et la plupart du tems, il avait de bonnes raisons pour les dédaigner, de même qu'il en avait eu pour les recueillir. Quelque effort qu'il fît, il en resta dans ses poches. D'avance, je m'effrayais du désagrément d'être assis près de lui dans la voiture, pendant la durée du retour à la ville. Tout-à-coup il s'inquiète, se trouble, regarde précipitamment autour de lui, se tâte de tous côtés et s'écrie : « Ah, Dieu! mon marteau! mon petit marteau! j'ai perdu mon marteau, témoin fidèle de mes courses, de mes dangers, de mes études fossiles, et qui m'a initié dans les plus profonds mystères de la nature! Raphaël! mon marteau! je l'ai perdu! quel malheur! Allez par là. Je vais par ici. De grâce! par pitié! accordez-moi quelques minutes pour chercher cet outil, bien commun sans doute, mais du plus grand prix à mes yeux, par les nombreux souvenirs qu'il me rappelle. » A ces mots, il a déjà disparu et repris rapidement la direction qu'il avait suivie, regardant avec anxiété, se frappant le front comme s'il se reprochait sa négligence, levant ses mains jointes en signe de regret : enfin, le voici qui revient. La douleur que lui cause la perte qu'il a faite, commence à se calmer. Nous en serons quittes pour quelques courtes doléances; et bientôt d'autres sujets exerceront notre patience et sa loquacité, jusqu'à Salerne qu'il nous est impossible de dépasser aujourd'hui.

UNE COUCHÉE A SALERNE.
POMPÉIA. — UNE JEUNE FEMME MORTE.
LE THÉATRE DELLA FÉNICÉ.

Naples, 10 décembre 1819.

Nous avons été contraints de coucher hier à Salerne, dans l'auberge où nous nous étions arrêtés la veille. La connaissance plus complète des gens, des logemens et de la cuisine de la maison, ne nous a pas réconciliés avec ce mauvais gîte. Les heures, partout si courtes, s'écoulent lentement dans les lieux où toutes les habitudes de la vie sont changées; et malheureusement elles ne reviennent plus! Cependant le moment de se remettre en route est arrivé. M. G...... a voulu contrôler, comme à Évoli, le mémoire de l'hôte. Une vive discussion s'est élevée entre eux sur chacun des articles. Battu dans les détails, le défenseur officieux de notre bourse a attaqué l'ensemble. Ses raisonnemens n'obtenant aucun succès, il a invoqué la générosité, le désintéressement de son antagoniste:

peine bien inutile ! La scène se passait dans le grand salon, en présence des deux figures qui représentent les ames du purgatoire. Elles ont servi de texte à la peroraison de notre orateur. « Vous voyez les tourmens de ces ames pécheresses, a-t-il dit ; ce ne sont que des roses en comparaison de ceux de l'enfer, qui vous attendent, si vous continuez à rançonner ainsi les voyageurs, à abuser des droits de la sainte hospitalité. » Ici a commencé la peinture des supplices réservés aux infracteurs des règles de la probité et de la conscience, entremêlée de passages de l'Ecriture-Sainte et du Dante. L'hôte souriait, tandis que je le payais. Ils se sont séparés. Notre géologue est allé sur le port ramasser des galets. Il a achevé d'en bourrer ses poches et son sac. Ceux qui n'ont pu y entrer, ont été placés dans tous les angles de notre voiture, et nous sommes partis ; lui, joyeux de ses collections, et nous, justement inquiets des contusions qu'elles allaient nous faire dans les cahots et les secousses de la route, comme nous en avions déjà ressenti les douloureux effets.

En passant devant Pompéia nous n'avons pu résister au désir de parcourir de nouveau cette ville curieuse. Les gardiens redoublent de sévérité et de vigilance. L'un d'eux m'a suivi, jusqu'à ce que j'eusse laissé tomber un morceau de jaune antique, que j'avais ramassé dans la rue. Ils ont été moins sévères envers mon domestique, qui a trouvé une médaille de Néron, merveilleusement conservée. C'est par une exception royale, que l'architecte Mazois fait lever les plans de Pompéia, et dessiner ses monumens, pour les publier à Paris, dans un ouvrage dont plusieurs livraisons ont déjà paru. On n'ose pas espérer que cet artiste puisse achever cette entreprise. La lenteur des fouilles y mettrait un obstacle insurmontable, lors même que l'exactitude et la perfection que son auteur se propose, n'exigeraient pas plus de tems, que n'en comporte la durée commune de la vie humaine [1].

Je vais pourtant toucher au terme de mon voyage dans la Lucanie. Nous venons de rentrer à Naples. Voilà que nous arrivons devant le théâtre de Saint-Charles. M. G...... nous quitte, emportant son butin minéralogique et ses paquets. Quel bonheur de pouvoir enfin

---

[1] Cette conjecture s'est malheureusement réalisée. Mazois est mort le 2 janvier 1827, et a laissé inédite la plus grande partie de ses dessins.

penser en liberté, se recueillir, jouir de soi-même et de ses propres sensations, sans être forcément associé à celles d'autrui; de n'être plus en butte à une faconde et une gesticulation assommantes! Non, le port après la tempête, le repos après la fatigue, le plaisir après la peine, n'offrent pas plus de douceurs, que je n'en ressentis en cet heureux moment. Mon compagnon de voyage l'éprouvait comme moi. Sans nous être concertés, sans nous en apercevoir, nous devînmes silencieux, rêveurs. Chacun de nous avait à rassembler ses souvenirs, à se rendre compte des impressions diverses qu'il avait reçues. L'exposition d'une jeune modiste, morte pendant notre absence, nous a retirés de nos réflexions. On la voyait dans sa boutique, étendue sur une haute estrade couverte de drap d'or. Elle était coiffée d'un bonnet de mousseline brodée, doublé de bleu, noué sous le menton avec des rubans de la même couleur. Sa robe était de satin rose, garnie de gaze. Elle avait des bas de soie, des souliers et des gants blancs. Ses mains étaient croisées devant elle. On aurait cru qu'elle dormait, si le coton dont sa bouche avait été remplie (*pour la rendre plus gentille*, nous a dit un spectateur), et qui sortait à travers ses lèvres violettes, n'eût rendu sa figure hideuse. On avait disposé autour d'elle une chapelle ardente, tendue d'étoffe de soie ponceau rehaussée de broderies, et enrichie de crépines d'or et d'argent. A ses pieds, s'élevait un autel surmonté d'une croix. Des cierges nombreux brûlaient. La plupart des passans poursuivaient leur chemin avec indifférence. Quelques-uns, par respect, ôtaient leur chapeau. Il n'y avait de stationnaire qu'un groupe de femmes et d'enfans, s'entretenant de la morte, et des détails de ce spectacle funèbre qui n'avait en soi rien de lugubre.

Le hasard m'a conduit ce soir au théâtre du Phénix, *alla Fenice*. Rien n'y justifie un nom si pompeux. C'est le rendez-vous des derniers rangs de la populace. On jouait Orphée et Eurydice, ou plutôt une parodie de ce sujet touchant. Le théâtre ne comporterait pas des marionnettes, et les acteurs ont tous une corpulence que l'exiguité de la scène fait ressortir encore davantage. Quand une fois les interlocuteurs ont pris leur place, ils ne peuvent plus la quitter que pour la céder à ceux que le canevas de l'ouvrage amène après eux; et cette gêne est quelquefois bien plaisante. J'ai vu l'Amour descendre du ciel. C'était un homme colossal, vêtu en tricot couleur de chair, sauf les précautions de la décence. Il avait de petites ailes noires. Le nuage qui le portait a cassé près de toucher à terre; et la chute du dieu burlesque a causé la joie la plus bruyante dont j'aie jamais entendu l'explosion. Les costumes sont misérables, les paroles triviales, les plaisanteries ordurières. Pour connaître à quel degré d'abrutissement licencieux la lie d'un peuple peut s'abaisser, et de quel genre de gaieté celle de Naples est susceptible, il faut assister à une représentation *della Fenice*.

LE CHANOINE DE J...., ANTIQUAIRE.—L'IMPROVISATEUR R......
LA GALERIE DES VERRES ET DES ÉMAUX ANTIQUES.
LE CABINET D'UN ANTIQUAIRE. — LA DUCHESSE D'A...
UNE ANGLAISE. — CASACCIELLO.

Naples, 11 décembre 1819.

Comment se séparer de cette terre des Grecs et des Romains, sans emporter quelques débris, authentiques s'il se peut, qui leur aient appartenu. C'est M. G...... qui me mettra en mesure de m'en procurer. Il connaît un chanoine qui se nomme de J...., homme instruit, antiquaire exercé, amateur infatigable de tout ce qui concerne les peuples anciens, qui a lui-même dirigé des fouilles, et qui possède un cabinet précieux. Nous irons ensemble à son logis : mais nous le prendrons au Musée-Bourbon, où ses occupations le retiennent jusqu'à deux heures : et il n'est encore que midi.

M. de J.... est d'une haute stature. Il a une figure remarquablement belle, des manières affectueuses, une politesse parfaite, et l'abord amical. Il se félicite de pouvoir me montrer une nouvelle galerie du Musée, qui sera bientôt ouverte au public, et dans laquelle il travaille à mettre en ordre une multitude d'ustensiles antiques de verre, de toutes les formes et propres à toutes sortes d'usages. Il est secondé dans ce travail minutieux et difficile, par deux collaborateurs également éclairés, dont l'un est *il Signor R......*, le premier des improvisateurs napolitains. Ce talent d'improviser n'est pas, à mon avis, aussi profond qu'il a de surface. Je l'ai vu exercer; et l'idée que je m'en étais faite a beaucoup changé. Il consiste bien plus dans la mémoire, que dans l'imagination et la rapidité de la pensée. S'agit-il d'un fait historique? les souvenirs contemporains et la connaissance des localités, vont donner, sur-le-champ, les noms des interlocuteurs, leurs caractères, les détails du lieu de la scène. Puis, si le principal personnage est un héros, s'il est passionné pour les belles comme pour la gloire, si un rival traverse à la fois ses desseins et son amour, si un combat en champ clos termine leur querelle, et que des chœurs de guerriers, de prêtres et de peuple, célèbrent et couronnent le vainqueur; qui ne comprend qu'une mémoire vaste, fidèle, ornée, puisera facilement dans les poètes, des hémistiches, des vers, des tirades, qui non-seulement conviendront au sujet, mais encore paraîtront en être sortis? Quelles situations dramatiques, épiques, pastorales, n'ont pas été décrites? Combien peu de nos auteurs, même les plus ingénieux, réussissent à en inventer de nouvelles! Ce sont les anciennes qui se reproduisent en d'autres mots, sous d'autres formes du discours. Pourquoi un improvisateur refuserait-il de se les approprier? Qu'il trace à l'instant un plan plus ou moins régulier, plus ou moins heureux; qu'il trouve un cadre favorable pour recevoir les tableaux tout faits qu'il tient en réserve; qu'il ait de la facilité et de l'adresse pour les lier entre eux par des lieux communs de remplissage : c'est là toute la difficulté de son entreprise, toute l'habileté de son métier, ou même de son art, si l'on veut. Le reste n'est et ne peut être qu'un emploi des œuvres d'autrui. Quoi qu'il en soit, *il Signor R......* jouit d'une grande célébrité. Reprenons le cours de notre visite.

« Entrons, m'a dit l'officieux antiquaire : je vais vous montrer nos richesses. Nous les possédons depuis long-tems. Elles augmentent tous les jours. On les avait enfouies dans des magasins. Elles y étaient pêle-mêle. Personne n'en connaissait le prix, et ne s'en occupait. Après bien des résistances surmontées, non sans peine, j'ai obtenu qu'elles me fussent confiées. La plupart sont déjà classées, comme vous voyez ; et nous comptons les exposer prochainement aux regards des étrangers qui nous font l'honneur de nous visiter. » En parlant, il m'indiquait les objets les plus curieux. « Voici, a-t-il continué, les flacons, que l'on désigne sous le nom de *lacrymatoires*. Ils contenaient des parfums destinés à embaumer la cendre des morts. Les uns appartiennent à des tombeaux grecs. On les reconnaît à leur rayure presque régulière de blanc et de bleu : nous ignorons la manière d'en faire de pareils. Les autres viennent des Romains : ils n'offrent d'autre nuance que celle d'un verre opaque. Enfin, en voici qui sont taillés dans l'albâtre. Voyez combien ils ont d'élégance, comme ils sont évidés intérieurement, et avec quelle précision ils ont été tournés ! » Arrêté devant chaque armoire dont les portes vitrées étaient ouvertes, je touchais librement tout ce qu'elles renfermaient. Combien de flacons, de fioles, de coupes, de vases, d'urnes de toutes les formes et d'une assez grande dimension !

« Faites bien attention, a repris le complaisant démonstrateur, qui retournait de tems en tems à son travail, et le quittait ensuite pour que rien de remarquable ne m'échappât ; faites bien attention à ce porte-huilier de lave, qui date de dix-huit siècles au moins. Les huiliers ressemblent à nos flacons à odeur. Ils sont peu gracieux et peu commodes. Mais cette lave façonnée et creusée avec tant de régularité, suppose des procédés, des outils, des connaissances dont nous n'avons aucune idée. Quels progrès n'avaient pas faits les métiers, pour traiter aussi délicatement des matières si dures, et leur donner un poli si parfait ! Examinez avec soin, ces deux urnes d'un verre épais. Le couvercle qui les ferme était scellé avec un enduit, pour empêcher l'évaporation des substances qu'elles contenaient. On les a trouvées à Cumes dans des tombeaux différens. Des ossemens étaient plongés dans la liqueur brune qui les remplit encore, et où trempent des branches et des feuilles de diverses plantes. Nous pensons que la liqueur est un parfum, et que les plantes sont aromatiques et funéraires, quoique nous ne possédions à cet égard aucune donnée positive.—Vous n'avez donc point de chimistes ni de botanistes capables d'éclaircir vos doutes?—Loin de là, je vous assure. L'ignorance couvre encore d'un voile épais, les yeux de nos manipulateurs. Les sciences naturelles sont peu répandues. Nous n'aurions aucune certitude des résultats qu'on nous fournirait. Comment voulez-vous que l'on s'instruise, dans un pays où l'on n'a pas la liberté d'appliquer ce que l'on sait, et où par conséquent on n'est nullement encouragé? Par exemple, la terre que nous foulons sous nos pieds, renferme des trésors de science historique. Les ruines que nous rencontrons à chaque pas, serviraient de texte aux commentaires les plus instructifs. Eh bien! aucun de nous n'a le droit de rien dessiner, ne peut publier ce qu'il a vu ou cru voir, ni les faits matériels qu'il a constatés lui-même, ni les conjectures qu'ils lui ont suggérées. Le gouvernement donne dix-huit mille ducats, par an, à une société académique, pour pénétrer dans les catacombes, ouvrir les tombeaux, les interroger. Cette société ne fait rien, et nuit à qui veut faire. J'ai passé, pour ainsi parler, ma vie entière dans la terre, couchant sur la paille, à côté des fouilles que j'avais entreprises, trouvant quelquefois peu de chose, souvent rien, et ne me rebutant jamais. Aujourd'hui je suis surtout expérimenté dans l'art de chercher sans perdre de tems. La seule inspection des lieux me suffit. Je crois avoir acquis un tact prompt, et jouir de quelque estime dans la carrière que je suis. Ce n'est cependant qu'après bien des sollicitations de ma part et de celle de mes protecteurs, qu'il m'a été permis d'imprimer une description de monumens inédits. Encore ai-je dû m'interdire des détails, dont le sacrifice m'est de jour en jour plus pénible. Cependant les morts pourraient nous révéler des secrets intéressans, sur les honneurs qu'on leur rendait, sur les arts qu'ils cultivaient, sur les usages et même les mœurs de leur siècle: car on trouve constamment, avec eux, des symboles de la profession qu'ils exerçaient pendant leur vie, des emblêmes de leurs sentimens, de petits meubles propres à caractériser leurs goûts, et des figurines, images des dieux à la garde desquels on confiait leur dépouille mortelle. Des armes désignent un guerrier; des papyrus, un écrivain. Avec les femmes on enterrait des bijoux, des anneaux, des colliers, des bracelets, des agrafes, du rouge; avec les enfans, des jouets de toute espèce, tels que les petits ménages de terre cuite dont quelques parties sont éparses sur ce rayon. Voici, dans une coupe de verre, le squelette d'un oiseau trouvé à Herculanum dans le tombeau d'une jeune fille. C'était sans doute l'oiseau chéri, un autre moineau de Lesbie. Quel raffinement de sensibilité, quelle tendre attention, dans un hommage si singulier et si touchant!... Poursuivez; je vous rejoindrai bientôt. »

Il m'a laissé; et je regrettais de ne plus l'entendre. Familier avec ce genre d'études, il a des aperçus qui s'adressent à toutes les facultés de l'ame. L'abondance de ses idées, dont la plupart m'ont échappé, éveille incessamment la curiosité, et la satisfait quelquefois. Il me communiquait son ardeur à deviner l'usage des objets sur lesquels il appelait successivement mon attention. Les probabilités les plus vraisemblables se rattachaient à ses conjectures. Ses expressions étaient vives, choisies, et perdent beaucoup à la traduction que j'en fais. Des gestes gracieux, des regards animés les accompagnaient, et donnaient, à ses explications, tout le charme d'une érudition instructive et amusante.

Pendant que j'examinais des carreaux de

vitre de différentes grandeurs, il est revenu vers moi. « Les anciens, m'a-t-il dit, étaient peu avancés dans l'art de fabriquer ces verres. Leurs feuilles sont épaisses, raboteuses et d'un ton inégal. En les traversant, la lumière se corrompt. Elles ressemblent à nos glaces dépolies. Maintenant, était-ce impéritie de leur part? ou bien préféraient-ils cette manière d'éclairer leurs appartemens, pour amortir l'éclat du soleil, et soustraire, à des yeux indiscrets, l'intérieur de leurs maisons? Les résidus de leurs verreries sont tels qu'on en voit dans les nôtres. Vous pouvez en juger par ces blocs informes, dont la transparence est presque nulle, et la teinte mêlée d'un blanc et d'un bleu ternes. Les deux plateaux qui suivent, méritent l'examen le plus attentif. Ils reposaient sur quatre pieds. L'un d'eux servait de support à des vases, et leur base y a laissé son empreinte. L'autre n'en a conservé aucune. N'étaient-ce point des isolateurs? Les vases qu'on plaçait sur le premier, seraient-ils ce que nous nommons aujourd'hui des bouteilles de Leyde? L'électricité aurait donc été connue. Vous le voyez : les suppositions auxquelles nous nous trouvons conduits, n'ont point de bornes. Et ne serait-il pas bien remarquable en effet, que l'histoire des superstitions de l'antiquité, nous eût été transmise plus fidèlement que celle des arts et des sciences? Voici au reste des ouvrages dont je ne pense pas qu'on ait maintenant le secret. »

Alors il m'a fait voir de petites tablettes d'émail, épaisses de cinq ou six lignes, et longues de plusieurs pouces. Sur un fond de porcelaine blanche, se dessine une guirlande composée de palmes symétriques et de bouquets, qui traverse la tablette dans toute son épaisseur. Quelque nombre de traits de scie qu'on y fasse passer, les deux faces reproduisent cette guirlande avec toute sa pureté, sans dérangement dans les lignes, sans bavures dans les contours. Comment s'assemblaient ces pâtes de couleurs différentes? Comment le feu ne faisait-il que les souder, sans altérer la régularité de leur position? Quel était l'usage de ce genre d'ornement? Ce n'est pas tout : il y avait de petits creusets en bronze, dans lesquels on coulait des pierres fausses. Plusieurs en contiennent qui n'ont pas encore été détachées du moule. L'imitation des onyx était surtout portée à une extrême perfection, tant pour le brillant du poli que pour la vivacité des nuances. Leurs zônes concentriques sont distinctes et tranchées comme dans la nature. On les fabriquait sans doute par le même procédé que les tablettes d'émaux coloriés.

Après nous avoir indiqué ce qu'il y avait de plus curieux dans la galerie des verres et des émaux antiques, M. de J.... nous a conduits à sa demeure, pour nous montrer son cabinet particulier, et m'y donner le choix de ce que je voudrais emporter. En sortant du Musée, nous avons rencontré trois prêtres ou simples abbés en soutane. Il s'en est approché. Après des salutations affectueuses et de nombreux complimens, on est venu aux regrets de ne pas se trouver plus souvent ensemble, et à quelques questions réciproques sur la santé des uns et des autres. Il ne tenait qu'à moi, de les prendre tous, pour de bons et anciens amis. Nous avons été présentés par le chanoine, à celui qui paraissait avoir le plus d'importance. Puis on s'est séparé avec les plus tendres protestations de dévouement, et en exprimant à plusieurs reprises le désir de se revoir bientôt. « Voilà du napolitain tout pur, me disait tout bas M. G...... pendant ce colloque : ces deux hommes se détestent, et ne négligent aucune occasion de se nuire. Celui qui nous a adressé la parole, préside la commission qui s'oppose à toutes les entreprises de l'autre, et à la publication de ses ouvrages. »

A Naples, les logemens les plus hauts sont ceux que l'on préfère : l'air y a plus de pureté. Celui de M. de J.... est au quatrième étage. Une femme de moyen âge nous en a ouvert la porte. Elle a beaucoup d'embonpoint, de la fraîcheur, des traits réguliers et des yeux vifs. Ses cheveux, d'un noir d'ébène, sont arrangés avec goût, mais sans prétention. Une robe de velours noir, garnie de quelques rubans d'or, relève la blancheur de son teint. Elle ne s'attendait pas à voir des étrangers; et son accueil empressé et tendre, s'est légèrement contraint, dès qu'elle nous a aperçus. Un sourire prêt à s'épanouir, a fait place à un air grave et cérémonieux. Elle a pris, avec une aimable prévenance, le chapeau du maître du logis. « Vous avez bien chaud, s'est-elle écriée, en même tems qu'elle lui passait sur le front et sur les joues, un mouchoir de fine toile blanche. Ces messieurs permettront que vous ne vous dérangiez pas de vos habitudes. — Je vous le demande; nous a-t-il dit. Dans ce pays, il faut avoir soin de changer de linge et de vêtemens en rentrant chez soi. Notre climat n'a que de feintes douceurs. On ne doit s'y fier qu'avec précaution. Je vais vous ouvrir mon sécrétaire, tous mes tiroirs, toutes mes armoires. Regardez, amusez-vous. Prenez ce qu'il vous plaira. Je vous dirai franchement si je peux vous céder ce que vous aurez choisi. Il n'y a guère qu'une dizaine de ces choses-là à quoi je tienne. Le reste est à votre disposition. » Pendant qu'il parlait et qu'il étalait ses collections, *la signora* le suivait des yeux, lui faisait de petits appels de la tête, et nous rendait responsables du refroidissement auquel il s'exposait. Immobile, d'une main elle tenait le chapeau, de l'autre le mouchoir, et s'impatientait le plus poliment qu'elle pouvait. Son anxiété avait quelque chose de caressant. Ils sont entrés ensemble dans une chambre voisine, et elle en a tiré soigneusement la porte. Etait-ce une sœur? était-ce une amie? était-ce une gouvernante? J'aurais voulu le savoir, pour mieux apprécier son amour fraternel, ou les douceurs d'une amitié si officieuse, ou les attentions d'un service si soigneux. Ce qu'il y a de vrai, c'est que la soutane n'a pas tardé à disparaître; et que l'objet de ce touchant intérêt, se prêtait de fort bonne grâce à ce qui était offert de si bon cœur. Cette espèce de familiarité faisait plaisir à voir. J'aurais pris du goût pour un genre d'intérieur aussi doux. Au reste, il ne convient pas de porter des jugemens téméraires. Quoique son ménage n'annonce pas de grandes austérités, M. de J.... est prêtre. Il confesse même; car il a eu l'occasion de me dire qu'il était le directeur de madame l'ambassadrice de France, et qu'elle avait en lui une confiance entière. Je le crois. Il n'y en a d'aucune sorte, qu'à sa mine, on ne puisse et l'on ne doive lui accorder.

Demeuré seul au milieu de ces collections, je les examine, et ne sais où fixer mon choix. Ma fille aime ce genre de curiosités. Je pense à elle. Je veux lui rapporter des souvenirs de mon voyage. Mais ne dois-je pas craindre de me rendre indiscret? je ne suis pas chez un marchand. Combien de choses me plairaient! Lesquelles préférerai-je? Il y faut aussi de l'économie, et je ne connais pas la valeur de ces objets. Enfin, comme il arrive fréquemment, je n'avais encore rien résolu, quand l'antiquaire nous a rejoints en disant: « Eh bien! vous êtes-vous décidé? Ce n'est pas facile. Dans l'occasion, je suis comme vous. — Vous me voyez, ai-je répondu, dans le plus grand embarras. — Ne vous gênez donc pas. Tout est à vous, je vous le répète, hors cette figure qui n'a pas été décrite, et que je veux analyser et faire connaître. J'en retiens bien encore quelques autres; mais si vous aviez l'intention de les prendre, je vous les redemanderais. Ainsi vous avez toute liberté, comme j'userai de la mienne. »

Cédant à ses instances, je faisais, au hasard, ma petite provision. « Si je ne m'en mêle pas, a-t-il continué, vous serez victime de tant de réserve. Cela ne vous suffit pas. Il vous faut quelques figurines de bronze. Gardez les deux que je vous présente. Celle-ci n'est pas bien conservée. L'autre est entière; et je veux que vous l'ayez. Je vous donnerai aussi quelques lampes sépulcrales. Venez maintenant choisir un vase antique. J'en ai d'assez jolis, et qui n'ont pas la moindre manque. Je désire encore que vous emportiez un dé à jouer, non pas celui que je tiens, qui semble sortir de chez le tabletier et dont je ne me séparerais pas : tout autre m'est indifférent.—En voilà assez, ai-je repris; je ne veux plus rien. Quel prix mettez-vous aux dons que vous me faites? car je ne pourrai m'en acquitter entièrement. Je sais que vous vous ruinez en frais d'ouvriers. Il est juste de vous dédommager de ceux que vous aurez avancés pour moi. — Donnez-moi ce que vous voudrez : rien, s'il vous plaît. Je n'ai d'autre intention que celle de vous obliger.—Il me faut donc tout laisser. Je ne connais pas la valeur de ce que vous m'offrez. Le seul moyen de terminer ce débat de politesse, est de ne rien accepter. — J'en serais bien fâché. J'enverrais tout plutôt chez vous. » Enfin, à travers beaucoup d'excuses, et inquiet de conclure un marché, sur lequel je n'avais aucune donnée, j'ai fixé une somme. « Ah ! c'est trop, s'est-il récrié sur-le-champ. Il me reste à la réduire. Vous êtes trop généreux. Je ne saurais en abuser. » Nous sommes immédiatement tombés d'accord.

« Maintenant, a-t-il dit, je vais vous montrer un collier précieux : c'est le sujet d'une histoire toute entière. L'empereur d'Autriche était ici. On voulut lui donner le plaisir d'une fouille sépulcrale. Je fus chargé de la diriger. On ouvrit quelques tombeaux devant lui. L'impératrice était présente. Ils se précipitaient sur tout ce qu'ils voyaient, et ne dédaignaient pas de s'en emparer. J'aperçois une boîte. Ils étaient occupés. Je m'en saisis et je l'ouvre. Elle renfermait un collier que voici. Sa composition n'est pas riche. Il n'y entre que des pierres communes. Le premier rang est assez long pour faire le tour du cou et tomber sur la poitrine. Le second est plus court. A celui-ci sont suspendues des figurines, des amulettes, de petits groupes en bronze symétriquement espacés. Vous remarquerez que le travail en est exquis. C'est la seule chose vraiment rare que je possède. Il m'a payé de toutes mes peines, de toutes mes fatigues. Il a comblé mon ambition et dépassé mes espérances. C'est un coup de fortune qu'il me soit resté. Je vis le moment que par courtoisie, et cédant à une délicatesse mal entendue, à une vaine complaisance, j'allais m'en priver. J'eus le courage de me défendre de cette faiblesse de courtisan. Chaque jour je me réjouis de ma victoire, et de la possession de mon collier antique. »

Après quelques momens d'entretien, nous nous sommes séparés. La duchesse d'A... m'avait permis de la voir. C'était le jour de notre rendez-vous. Je suis allé prendre sa réponse à la lettre que je lui avais apportée. Son mari m'avait promis de m'introduire auprès d'elle. Il était absent; mais on m'attendait. Cette fois je n'ai eu besoin de me prêter à aucun mystère, de me soumettre à aucune précaution. C'est dans la chambre à coucher de la duchesse, qu'un valet de pied m'a conduit sans aucun préliminaire. Accouchée depuis peu de jours, elle garde encore le lit. Sa toilette était remarquablement soignée. A peine la distinguais-je d'abord, parmi les mousselines, les dentelles, les rubans dont elle était parée. Elle s'entretenait avec une dame jeune, vive, enjouée ; et je les entendais rire ensemble avant que l'on m'annonçât. Quand j'ai paru, elle s'est légèrement levée sur son séant pour me saluer. Sans doute le souvenir des singulières inquiétudes de sa camériste à mon sujet, lui est revenu en me voyant, car elle a un peu rougi et m'a souri familièrement. De ses souffrances, il ne lui reste qu'une blancheur éblouissante et un peu de langueur. On ne lit dans ses yeux que le contentement maternel. Bientôt ils reprendront leur expression accoutumée, qui n'annonce ni les airs d'une coquette, ni les mouvemens d'une ame passionnée, mais l'habitude de plaire, de paraître belle, et de se confier à l'amour qu'elle inspire. Ses traits ont du calme, de la finesse, de la régularité. La douceur de sa voix emprunte un charme inexprimable, de l'état de faiblesse où elle est encore. Naples et ses délices ont servi de texte à notre conversation. Son amie l'égayait par de petites médisances dont la malice ne m'échappait pas, bien que je ne susse à qui les appliquer. Il a bientôt fallu parler des Français, des regrets qu'ils ont emportés, de ceux qu'ils ont laissés. Quelques noms que je prononçais d'un air indifférent, ont amené des questions auxquelles je pouvais répondre. Combien de détails ne me demandait-on pas alors! Que fait-il maintenant? Que devient-il? Est-il marié? A-t-il monté en grade? A-t-il suivi la carrière des armes, ou celle de l'administration? Il était aimable. Il faisait des vers charmans. Sa bravoure était égale à sa galanterie. Il savait adoucir, par des manières séduisantes, la rigueur de ses devoirs : et les éloges ne tarissaient pas. N'avais-je rien à dire? ces dames échangeaient entre elles un regard d'intelligence. J'aurais même pu surprendre quelques émotions, un soupir; mais il me conviendrait de le taire, si j'avais eu une semblable indiscrétion. Toutefois j'aimais à recueillir les détails de ce genre de conquêtes, qui vengeaient nos soldats des calomnies qu'on leur a tant prodiguées. «Et notre princesse Caroline, comment la trouvez-vous? m'a demandé l'une de mes curieuses. — Bonne, gaie, charitable. Ceux qui l'approchent, la chérissent. Elle aime le plaisir, se montre souvent dans les lieux publics, et s'est rendue fort populaire. La protection qu'elle accorde aux arts est éclairée. » Quelques détails sur la cour des Deux-Siciles ont suivi. J'ai pris la lettre qu'on m'a remise et me suis retiré.

En retournant à *Chiaja*, j'ai trouvé qu'on allait enterrer la jeune modiste de mon voisinage, qui était exposée depuis trois jours. Deux files de pénitens blancs l'attendaient, précédés d'une croix voilée comme eux, et occupaient l'un des côtés de la rue. Le devant de sa porte était obstrué par les spectateurs et les passans. Les porteurs qui se disposaient à la placer sur leur brancard de velours et d'or, avaient pris querelle ensemble. Attroupée autour d'eux, la populace inclinait tantôt pour les uns, tantôt pour les autres, et mêlait, à de grossiers propos, ses cris sauvages. Des voitures sans nombre, des charrettes, allaient, venaient, comme de coutume, à travers la foule. Les cochers criaient pour s'ouvrir un passage, et ne réussissaient pas à se faire entendre. Toutes les fenêtres de tous les étages étaient garnies de spectateurs. Je m'affligeais du désordre de cette pompe funèbre, et de la bruyante curiosité qui remplaçait le deuil et les regrets. Une Anglaise au milieu de cette cohue me suivait à cheval. Son écuyer avait déjà passé, et s'éloignait sans songer à elle. Cependant les cierges allumés, la flamme des torches, le tumulte, la foule commençaient à inquiéter le cheval qu'elle montait. En vain elle l'appelait de la voix pour le calmer et le faire avancer. A peine osait-elle le toucher de sa baguette. Le plus souvent elle le flattait de la main ; mais l'animal piaffait, croisait ses oreilles, s'agitait, menaçait de s'emporter. « Que vais-je devenir? » se disait-elle avec effroi. Sans lui parler, je me suis retourné, j'ai saisi la bride de sa monture, et l'ai conduite ainsi jusqu'à ce qu'il n'y eût plus de danger. Les expressions de sa reconnaissance retentissent encore au fond de mon cœur. Jamais des yeux charmans n'accompagnèrent, de plus doux regards, ces paroles qui vont à l'ame, et dont les femmes possèdent si bien le secret. Ce fut, depuis, à moi de la remercier ; et je serais encore plus heureux de le faire ici de nouveau, si je pouvais espérer qu'elle connût un jour le souvenir que je conserve de son esprit et de ses grâces.

Pour la dernière fois, j'ai assisté ce soir à une représentation du théâtre *del Fondo*, dans laquelle l'acteur Casacciello, le favori du parterre, a déployé toute la gaieté et l'intelligence d'un excellent comédien.

LE DÉPART DE NAPLES. — FONDI. — TERRACINE.

Terracine, 12 *décembre* 1819.

Je quitte Naples; mais son souvenir me suivra en tous lieux. Adieu, séjour ravissant, rivage délicieux, campagnes parfumées, beau ciel, terre classique! Quand me sera-t-il donné de vous revoir? et vous reverrai-je jamais? Pour la première fois, je me plains de ne pas voyager lentement. Souvent, par la pensée, je reviens sur mes pas. Quelque contre-tems ne me forcera-t-il pas à retarder ma marche! Si le moindre prétexte s'offrait de retourner en arrière, je le saisirais avec transport. Souhaits inutiles! vains regrets! déjà j'ai traversé Capoue. C'est à l'entrée des états napolitains, que les avenues sont sévèrement gardées, les précautions multipliées, les étrangers surveillés, examinés, discutés : toutes les portes s'ouvrent à ceux qui sortent. Il n'est encore que trois heures de l'après-midi, et j'arrive à Mola. Poursuivons, puisque telle est ma destinée. Le jour nous conduit jusqu'à Fondi. Nul ne passe devant le bureau de la douane, sans que son bagage soit visité; et il est défendu aux douaniers de faire aucune visite après le coucher du soleil. Un peu d'argent abroge cette loi. Néanmoins des pourparlers se sont engagés entre nous et les sbires; et les habitans ont su les mettre à profit. Tous les guindages et les cuirs de notre voiture, hors les soupentes, ont été détachés avec une telle dextérité, que nous n'en avons rien senti. Les obstacles élevés à dessein pour nous retenir, ne se sont aplanis que lorsque le vol a été consommé.

Voici le dernier relais napolitain. Nous allons entrer sur le territoire papal. La garde des Deux-Siciles nous remet à celle du Saint-Siége. Pendant que nos passeports reçoivent l'empreinte de la tiare et de la croix, un officier, les carabiniers qu'il commande, et le postillon qui nous mène, veulent que nous prenions une escorte. « Vous ne connaissez pas le danger. La côte est infestée de brigands. A vous défendre, vous courrez risque de la vie. Des détachemens sont à votre disposition. Ils ont la mission de protéger les voyageurs. L'heure est avancée. Vous serez assassinés ou tout au moins dépouillés. Ce qui n'arrive pas en une année, peut se rencontrer en une minute. Il n'en coûte pas cher. C'est une sûreté qu'il est imprudent de dédaigner. Si vous êtes attaqués, vous l'aurez bien voulu, et ne pourrez en accuser que vous-mêmes. » Ces conseils intéressés et timides ne nous ont point ébranlés. Jamais espace ne fut parcouru aussi rapidement que celui qui nous séparait de Terracine. Le postillon se réjouit du succès de son zèle. La peur avait monté en croupe, et galopait avec lui. Il n'en compte pas moins sur une généreuse récompense, qui doublera la joie qu'il ressent de passer le reste de la nuit en sûreté.

LE RETOUR A ROME.

Rome, 13 décembre 1819.

Il est dix heures du soir. Je viens de traverser Rome dans une de ses plus grandes dimensions. Quelle solitude! quel silence! Les rues sont désertes, les boutiques fermées, les lumières éteintes. Le roulement d'aucune voiture ne se fait entendre. Qui ne se croirait dans une ville abandonnée, ou dans un vaste monastère? L'Avent contribue à cette retraite. Les théâtres sont fermés, ceux même des marionnettes. Les fêtes de Noël amèneront des réjouissances. Alors chacun reprendra ses habitudes de plaisir, ou du moins ne les cachera plus. Maintenant l'enfer est censé lutter contre le ciel. La naissance du Rédempteur assurera la victoire. Jusque-là les sujets du pape et sa milice sont en prières. Je vais donc attendre, avec les modernes descendans de Romulus et de Caton, que leur tems de pénitence soit écoulé. J'en profiterai pour achever de visiter leur ville, ses monumens et ses environs.

SOUVENIRS DE NAPLES.

Rome, 14 décembre 1819.

L'idée de Naples ne me sort pas de l'esprit. Je cherche encore *Chiaja*, le théâtre de Saint-Charles, la mer et le Vésuve. Si des lettres de France ne me consolaient de ne plus les voir, je céderais au mal du pays. Le plaisir de mon voyage n'est plus si vif. Ma curiosité est émoussée. Pourquoi avoir ainsi partagé mes études de Rome ? aurai-je le courage de m'y livrer de nouveau ? et ne les abandonnerai-je point avant de les voir achevées ?

LE MONT QUIRINAL. — LES QUATRE FONTAINES.
L'ÉGLISE DE SAINT-ANDRÉ. — LE PALAIS BARBÉRINI.
LA FONTAINE DE MOÏSE. — LES THERMES DE DIOCLÉTIEN.
LE REMPART DE SERVIUS TULLIUS. — LE CAMP DES GARDES PRÉTORIENNES.
L'ÉGLISE DE SAINTE-MARIE-DE-LA-VICTOIRE. — LA PORTE PIE.
LE MONT SACRÉ. — LA VOIE SALARA. — SOUVENIRS HISTORIQUES.
LA VILLA ALBANI. — LA PORTE SALARA.
LES JARDINS DE SALLUSTE. — LE CHAMP DU CRIME.
SOUVENIRS HISTORIQUES.

Rome, 15 décembre 1819.

Je reprends le cours de mes explorations au mont Quirinal, où je les avais interrompues. Ce fut Servius Tullius qui le renferma dans l'enceinte de Rome. Il est ainsi nommé d'un temple de Quirinus, surnom donné à Romulus, après son apothéose, par les Sabins et les Romains qui s'étaient réunis pour le déifier. L'étymologie du mot *Quirinus* est douteuse. Les uns la font dériver d'un dieu, que les Sabins adoraient sous la forme d'une hache ou d'une lance, *quiris ;* les autres, de *Cures*, ville capitale de la Sabine. Ce temple du fondateur de Rome n'était pas moins fréquenté que ceux des dieux de l'Olympe. Les vainqueurs y suspendaient leurs trophées. Papirius l'enrichit des dépouilles des Samnites. Dans les dangers de la patrie, les citoyens se pressaient au pied de ses autels, y prodiguaient l'encens et les sacrifices; et, si leurs vœux étaient exaucés, la reconnaissance publique se manifestait par de nombreuses offrandes. Il ne reste aucune trace de ce monument, dont les jardins du palais Quirinal occupent la place.

Le séjour de ce quartier de Rome, est recherché pour la pureté de l'air qu'on y respire. Éloigné du Tibre, il n'est pas sujet aux inconvéniens du voisinage de ce fleuve. Deux grandes rues, celle des Quatre-Fontaines et celle du Quirinal, le coupent à angle droit. La première part de Sainte-Marie-Majeure, et, dans son prolongement, s'étend jusqu'à la Trinité-du-Mont, à travers les rues Félix et Sixtine. La seconde passe à Monté Cavallo, devant le palais du pape, et plus loin change son nom contre celui de la Porte Pie, à laquelle elle conduit. Leur intersection forme une place carrée, dont les quatre angles sont ornés chacun d'une fontaine. Le dessin de ces fontaines est uniforme. Leur cau, peu abondante, coule d'une urne sur laquelle s'appuie une figure à demi couchée. Le tems et l'humidité dégradent journellement ces sculptures. Aucun soin ne leur est donné par les édiles modernes. Les images des fleuves et des naïades qui président à cette distribution d'une source lointaine, sont menacées d'une destruction totale. On y retrouve cependant encore quelques-unes des lignes heureuses et naturelles, qui caractérisent la sculpture d'une bonne époque.

Tout auprès est une église sous l'invocation de saint André, et desservie par des moines. Le jésuite Stanislas mourut en odeur de sainteté dans le couvent dont elle dépend. Une urne de lapis déposée dans l'intérieur d'un autel, contient ses reliques, objet d'une grande vénération. Après sa canonisation, la cellule qu'il habitait fut convertie en une chapelle. Sa statue y a été placée. On la doit à Legros, célèbre sculpteur français de la fin du dix-septième siècle. Le saint personnage est représenté de grandeur naturelle, à moitié étendu sur un lit de repos. Il contemple, avec ferveur, un crucifix qu'il tient dans sa main droite. Il étend sa main gauche vers le ciel, en signe de sa confiance dans le mystère de la rédemption. La joie brille dans ses yeux prêts à se fermer. La vie et la mort se disputent les traits de son visage. Sa robe est de marbre noir. Sa tête, ses mains, ses pieds sont en marbre blanc; et les coussins et les accessoires, en marbre jaune. Cette réunion de nuances qui imitent la nature, complète l'illusion. On croit assister aux derniers momens d'un cénobite usé par la prière et l'abstinence.

Nous nous arrêterons peu de tems au palais Barbérini, bâti sur la place de ce nom, à l'entrée de la rue Félix. C'est celui qu'habitait le roi d'Espagne Charles IV, pendant son exil à Rome. L'architecture en est sévère. De larges fossés défendent ses approches. Une solitude profonde règne aux environs. L'herbe croît le long de ses murs. Les jardins sont abandonnés. Son ensemble ne convient qu'à une prison d'état. L'intérieur fort vaste, où l'on compte une quantité considérable de logemens plus ou moins somptueux, passe pour être orné d'objets d'art d'un grand prix.

Revenons sur nos pas, jusqu'à la place de Termini. A l'un de ses angles est une fontaine qui porte le même nom, mais que l'on désigne plus communément sous celui de Fontaine de Moïse. Elle a la forme d'un arc triomphal, divisé en trois parties, par quatre colonnes de brèche et de granit. Au milieu, un Moïse colossal, debout, frappe de sa baguette le rocher du désert, et en fait jaillir de l'eau. Cette figure est courte, et son expression outrée. Des bas-reliefs remplissent les niches latérales. L'un représente Aaron conduisant le peuple hébreu à la source miraculeuse; l'autre, Gédéon, sur le bord du Jourdain, avec les soldats élus du Seigneur. La composition de ces sujets est confuse, et leur exécution médiocre. L'eau a été amenée dans cette fontaine par les ordres de Sixte-Quint, du village *delle Pantanelle*, situé à quatorze milles de Rome. Elle tombe avec abondance, par trois larges ouvertures, dans autant de bassins de marbre, et s'élance de la gueule de quatre lions, élevés en avant-corps sur des socles. Deux de ces lions paraissent respirer. Ils appartenaient au Panthéon d'Agrippa. Les deux autres sont modernes et d'une mauvaise école.

A l'autre extrémité de cette place, étaient les thermes de Dioclétien. Ils occupaient une surface de trente-deux mille toises carrées. Leurs débris ont exhaussé le sol de plusieurs pieds. Des portions de murs, des salles, des arcs, des voûtes, échappés aux ravages du tems, sont entrés, à différentes époques, dans de nouvelles constructions publiques ou particulières, élevées sur le même emplacement. L'une des galeries principales, qui servait à l'exposition des objets d'art, était presque entière sous le pontificat de Pie IV. Il résolut d'en assurer la conservation. Michel-Ange lui prêta le secours de son génie, et fit, de ce musée antique, une église qui se nomme Sainte-Marie-des-Anges, et que desservent des chartreux. Les travaux modernes y sont si habilement adaptés aux restes de l'ancienne architecture, qu'on a peine à les distinguer. Une seule pensée semble avoir présidé à l'érection de cette basilique. Mais l'humidité en mine les fondemens. Elle transpire à travers les dalles du pavé, et sort entre leurs joints. La partie inférieure du ravalement est boursoufflée par l'effet du salpêtre. Partout se forme et s'étend cette moisissure des vieux cloîtres qui ne plaît que dans les tableaux, et dont la seule vue cause une impression de froid désagréable. Des sujets religieux, peints ou sculptés, entre lesquels on remarque un Baptême de J.-C., par Carle Maratte, ont remplacé les monumens profanes qui remplissaient cette enceinte. Des moines austères prient dans ces lieux destinés jadis à de voluptueux délassemens. On y voit deux tombeaux : celui de C. Maratte, et celui de Salvator Rosa. Est-ce le hasard, ou le vœu d'une tendre amitié, qui, à peu d'années de distance, rapprocha les cendres de ces deux émules? Leurs bustes sont le principal ornement des mausolées érigés en leur honneur. Si ces images sont fidèles, rien, dans les traits qu'elles reproduisent, n'annonce le genre que chacun de ces peintres célèbres avait adopté. On n'y retrouve que l'habitude de l'assiduité au travail, l'indulgence et la modestie qui distinguent les artistes vraiment dignes de ce nom. Cependant, quelle différence dans leur génie! l'un s'est immortalisé par la grâce, la noblesse et la simplicité de ses compositions; l'autre, par une vigueur sauvage, une prédilection pour les scènes de terreur, de carnage et de mort. Les sites agréables, une belle architecture, des sentimens doux, attendrissans, convenaient au premier. Le second ne se plaisait à retracer que des lieux inaccessibles, d'arides rochers, des précipices, des arbres déchirés par la foudre, des brigands ou des soldats dont le regard farouche, les armes brillantes et le costume étrange, annoncent le crime, le pillage, et frappent de terreur.

Au-delà de cette église, vers le nord, sur la droite, était un rempart, ouvrage de Servius Tullius. Les murailles qui le soutenaient ont croulé. Les terres se sont nivelées. Sa forme a disparu.

Plus loin Tibère avait assis le camp des gardes prétoriennes. Séjan les commandait. Soit que leurs cantonnemens éloignés le forçassent trop souvent de s'arracher aux voluptés de la cour, de quitter le théâtre de ses vices, ou de s'exposer au danger de voir son maître changer de confident; soit que l'empereur s'inquiétât de la lassitude du peuple, qu'il craignît des révoltes, et qu'un secours tardif ne lui parût pas suffisant pour le soustraire à la vengeance publique, ils résolurent d'un commun accord, de rassembler aux portes de Rome une force imposante. Des motifs plausibles, adroitement semés, devancèrent l'exécution de ce dessein. Les villes voisines, disait-on, ne pouvaient supporter plus long-tems, la charge des quartiers militaires. La dispersion des soldats entraînait des désordres souvent difficiles à prévenir. Loin de l'autorité, les liens de la discipline se relâchaient. La fraternité des armes perdait aussi de son énergie; et le dévouement réciproque, si utile dans les combats, en était amoindri. Enfin la défense de la patrie devait gagner à cette innovation. Mais les motifs réels étaient cachés avec soin. Réunis, les soldats pouvaient recevoir, à la fois et sur-le-champ, les mêmes ordres. Ils inspiraient au peuple plus de crainte; à eux-mêmes, plus de confiance dans leur nombre et dans leurs armes. Des prodigalités, des préférences, des priviléges garantissaient leur fidélité. Il était facile de semer, entre eux et les citoyens, de secrètes jalousies, qui les rendissent, en quelque sorte, ennemis les uns des autres, et favorisassent la répression des émeutes, s'il venait à en éclater. En conséquence une position avantageuse fut choisie. Celle-ci dominait Rome. On la fortifia. Elle n'était, ni assez près pour que les plaisirs de la ville pussent y exercer une fâcheuse influence, ni trop loin pour nuire à la promptitude de l'appui qu'on en attendait. Toutefois le succès ne répondit pas long-tems aux vues des fondateurs. Plus on donna, à cette milice, le sentiment de sa force, plus elle éprouva le besoin d'en user. Appelée pour exécuter des ordres auxquels elle était étrangère, elle ne tarda pas à vouloir en dicter elle-même. Par elle, les empereurs furent nommés, assassinés, déposés. Après leur avoir conféré le rang suprême, elle les punissait de s'être fiés un moment à son engouement passager. Ainsi les précautions du despotisme tournèrent à la ruine des despotes, sans aucun profit néanmoins pour la liberté : car rien n'arrête les empires dans leur décadence, de même que la vieillesse est sans remède. A cette place si fertile en cris séditieux, règne aujourd'hui un profond silence. Quelques masures ont remplacé les édifices dont elle était couverte. Les lieux destinés aux exercices militaires, sont plantés de vignes, d'arbres à fruit, et partagés en carrés potagers. Quelques cultivateurs vivent paisibles et soumis, dans les mêmes champs où la guerre civile et la révolte prirent si souvent naissance.

A l'instar des héros de la Grèce et de Rome, les papes vouent à la divinité leurs trophées guerriers. Des bannières enlevées aux Turcs par les chrétiens, ont fait donner le nom de Sainte-

Marie-de-la-Victoire, à une église qui se trouve auprès de la fontaine de Termini, dans la rue de la Porte Pie. On les voit flotter suspendues à la voûte. Personne ne peut dire le nom des croisés qui les rapportèrent de leurs campagnes contre les infidèles. En revanche le sacristain, le bedeau, le plus jeune des enfans de chœur, connaissent et récitent les miracles de sainte Victoire. Ils montrent son squelette revêtu de muscles en cire, couché sous la table d'un autel, et l'objet des plus grandes dévotions. L'imitation des chairs, leur couleur livide, une large blessure au cou telle que l'aurait faite une hache et peinte en couleur de sang, rappellent cette sainte, son martyre et sa mort. On croit la voir sortant des mains des bourreaux. Elle est parée d'une robe de satin bleu. A l'extrémité des doigts, et dans quelques parties du visage, pointent des têtes d'ossemens. C'est un spectacle à la fois hideux et ridicule : mais le peuple en est ému. Sous l'enveloppe artificielle, il découvre les vraies reliques dont il vient implorer la vertu. Son imagination en est frappée. La superstition s'entretient, se propage. Des prières, des évangiles, des messes augmentent le revenu de l'église ; et les prêtres ont atteint leur but.

LA PORTE PIE.

La Porte Pie est l'ancienne porte *Nomentana*, de *Nomentum*, ville des Sabins où elle conduisait. Le Tévéroné, l'ancien *Anio*, coule à peu de distance. On le passe sur un pont dont le nom a aussi changé. Les restaurations de Pie IV et l'art de Buonarotti, ne le rendent point remarquable. Il a trois arches. Celle du milieu embrasse la largeur du fleuve dans son cours ordinaire. Les deux autres, plus petites, servent à le traverser, lorsque les eaux prennent quelque accroissement. De fréquens débordemens inondent la campagne. Alors le passage est interrompu. Au-dessus du pont s'élève une tour. En face, à trois milles de Rome, se trouve le Mont Sacré. Ce ne fut pas sans motifs qu'aux premiers tems de la république, des citoyens mécontens le choisirent, pour s'y retirer et délibérer sur leurs intérêts. Sa position était favorable à la défense. La jonction de l'*Anio* et du Tibre rendait en même tems l'attaque difficile. La cause du premier rassemblement qui s'y forma, celle-là même qui amena de fréquentes dissensions à Rome, fut la résistance des débiteurs contre leurs créanciers, des pauvres contre les riches. Ils ne voulurent plus prendre les armes, pour protéger l'opulence de ceux qu'ils regardaient comme leurs oppresseurs. Le sénat effrayé de cette séparation subite, imprévue, leur envoya Ménénius Agrippa, qui réunissait des qualités propres à assurer la réussite de cette ambassade. Le négociateur se contenta de répéter aux révoltés, l'apologue des Membres et de l'Estomac. Cette image sensible était à la portée des auditeurs les moins éclairés. La conviction passa dans les esprits. Les haines s'apaisèrent. Des concessions furent faites pour en empêcher le retour. Les plébéiens avaient des droits : on les reconnut. Des magistrats spéciaux en furent investis. Ils reçurent la mission de les exercer, et au besoin de les défendre. On les nomma tribuns du peuple. L'histoire a cité des actes nombreux de leur dévouement héroïque, rarement imité de nos jours. Leur personne était inviolable. Les patriciens ne pouvaient remplir cette fonction publique; et la loi qui l'institua, se nomma *loi sacrée*. Telle est probablement l'origine du nom de *Mont Sacré*. On veut aussi qu'il ait été ainsi désigné, parce que les plébéiens, après leur rentrée dans Rome, consacrèrent le lieu de leur retraite, qui se rattachait désormais à une époque importante de leur existence sociale. Tranquilles sous la tiare, la mitre, l'étole, la soutane et le froc, entre les sujets du pape, les uns végètent dans la misère; les autres soudoient la paresse; tous obéissent à l'autorité la plus étrangère aux intérêts généraux, et font masse, autour de leur gouvernement, pour nuire aux progrès des lumières, de l'industrie et de l'agriculture. Aussi ne voit-on plus aucun rassemblement tumultueux sur le Mont Sacré. Aucun enthousiasme de liberté n'échauffe l'ame de ces nouveaux Romains. Le droit politique est absorbé par le droit divin. Une sorte d'esprit public monacal tient la place de cet amour inquiet de la patrie, qui possède aujourd'hui la plupart des nations. Des bergers conduisent seuls leurs troupeaux, où des chefs patriotes guidaient les citoyens. Les bonds des chèvres, leurs courses, leurs combats et leurs jeux, peuvent bien faire allusion à des idées de liberté; mais le peuple y demeure insensible. Les poètes n'y puisent que des sujets d'idylles; et les amis des muses, qui osent cultiver la philosophie, ne s'en servent que pour embellir leurs dissertations sur les douceurs de la solitude et les plaisirs champêtres.

Sans le charme des souvenirs de l'histoire, combien les environs de Rome seraient ennuyeux à parcourir! Je marche depuis plusieurs heures, le long des murs de son enceinte, tant au-dedans qu'au-dehors, sans rencontrer un seul passant. Tout y semble arrangé pour favoriser les embuscades. A travers les grilles, les haies, les clôtures, je n'aperçois ni ouvriers, ni habitans. Les portes, les fenêtres, les volets sont fermés. On n'entend ni chien, ni coq, ni vache, aucun de ces bruits de basse-cour qui retentissent dans nos fermes même les plus pauvres, et annoncent la vigilance, l'économie rurale et les premiers biens de la famille du laboureur. C'est ainsi que je parviens, par des chemins vicinaux et en traversant des vignobles, à la voie Salara, jadis *Salaria.* La porte de Rome à laquelle elle aboutit, en a emprunté son nom. Ce fut de tout tems un des côtés faibles de la ville. En l'an de Rome 394, les Gaulois y campèrent à la distance de trois milles environ. La terreur qu'ils imprimaient détermina les résolutions les plus énergiques. Un dictateur fut nommé. Il enrôla toute la jeunesse, et s'établit, à la tête d'une armée puissante, sur la rive gauche de l'*Anio.* Les avantages des avant-postes se balançaient. Un Gaulois d'une grande stature proposa de remettre la décision de la bataille, à l'issue du défi qu'il portait au plus brave des soldats romains. Titus Manlius, né de ce Manlius qui avait déjà précipité les Gaulois, de la roche Tarpéienne, accepta le combat. Il était d'une petite taille. Son adresse et son courage triomphèrent de la force du Gaulois. La patrie fut sauvée; et l'armée décerna au vainqueur, des éloges, une couronne d'or, et le surnom de *Torquatus,* du mot latin *torques,* qui signifie *collier,* parce qu'il avait ravi celui de son ennemi. De nos jours, d'autres barbares sont venus aux portes de la France. Ils ont pénétré dans son sein; et le gouvernement le plus fort qui ait jamais existé, n'a pu former aucun nouveau bataillon. La grande nation ne s'est point émue; nul ne s'est présenté pour rétablir sa fortune. On en a déjà dit la raison. Les Français admiraient la gloire de leurs armées et du chef qui les commandait. Mais en secret leurs vœux se portaient vers les bienfaits de la révolution, dont le régime militaire leur faisait mieux sentir le prix. Ils pensaient que la conquête de leurs droits politiques, l'emporterait sur toutes celles que l'infidélité de la victoire leur enlevait; et l'espérance de voir surgir une organisation libérale, de la tourmente prête à éclater, adoucissait l'amertume de leurs revers.

La Villa Albani est située dans le voisinage de la Porte Salara. C'est moins une maison de plaisance qu'un musée des champs. Ses jardins n'ont rien d'agréable, et sont mal entretenus. Plusieurs casins ou fabriques, épars de côté et d'autre, n'égaient ni les sites ni les promenades. Des ruines toutes neuves, au pied desquelles rampent de jeunes lierres, y blessent souvent le bon goût. Il en est une surtout où rien n'a été épargné de ce qui pouvait la rendre ridicule. Ce sont les restes étudiés d'un temple bâti au-dessus d'un petit bassin dans lequel s'épanchent quelques filets d'eau. La source est cachée entre des rochers mal copiés et plus mal groupés. Des joncs sculptés en travertin, se dressent lourdement au-dessus de cette fontaine artificielle; et des simulacres de cygnes, en pierre commune, trempent à sa surface, parmi les algues et les lentilles aquatiques qui la salissent. Comment a-t-on pu placer une construction si baroque, à côté d'un palais aussi riche qu'élégant, bien que le seul escalier qui mène aux étages supérieurs, n'ait, dans sa largeur, que l'espace nécessaire pour le passage d'une seule personne? mais au-dedans, quelle prodigalité de sculptures, de peintures précieuses! l'esprit se préoccupe au milieu de tant d'objets divers. — Un bas-relief représente Rome triomphante sous la figure d'une matrone vénérable. On admire la pompe qui l'environne, la dignité de sa pose, et l'ordonnance de toutes les parties de cette composition. Toutefois on voudrait qu'il y eût plus de noblesse et de sévérité dans les traits de la Ville-Reine, ainsi personnifiée. — Dans un tableau riche de dessin et de couleur, on voit deux dames romaines sacrifiant au dieu Mars. L'amour de la patrie n'est pas le seul qui les agite. Un époux, un fils, un amant combattent les ennemis de la république. Elles demandent que celui qu'elles chérissent leur soit promptement rendu, et qu'il revienne couronné par la victoire.

Passons rapidement devant le marbre qui retrace les derniers momens de quelques enfans de Niobé; mais arrêtons-nous devant la statue d'une jeune fille, dont la grâce et la beauté séduisent également. N'offre-t-elle qu'une allégorie de l'esclavage imposé par les Perses aux femmes des Caryates? serait-ce plutôt une des vierges du temple de Minerve, qui, aux fêtes des Panathénées, portaient des corbeilles de myrtes et de fleurs, et ouvraient la marche sacrée? Non, je ne lui trouve ni l'impassibilité des Caryatides, ni la gravité des Canéphores. J'aime mieux voir dans cette charmante image, celle d'une jeune Athénienne, devenue nubile, chargée des offrandes qu'elle va faire à Diane, pour en obtenir un époux. Avec quelle aisance elle tient de ses deux mains, la corbeille posée sur sa tête ! Que ses traits sont fins et réguliers ! Un simple ruban arrête les tresses et les boucles de ses cheveux. Ses bras élevés se développent naturellement, détachent sa gorge, et donnent à sa taille de l'élégance et de la légèreté. Tous les contours de son beau corps se dessinent à travers le tissu souple et transparent de sa longue robe. Pourquoi tant de charmes ne sont-ils qu'une vaine imitation de la nature?

Combien de chefs-d'œuvre sont réunis dans les nombreuses galeries de cette villa ! Un buste de Mercure, dont la physionomie est si animée qu'on le croirait vivant; une prêtresse qui semble marcher vers l'autel des sacrifices, tenant un sistre d'une main, et de l'autre une coupe dont elle se dispose à faire des libations; une Diane, armée de son arc, saisissant une flèche dans son carquois, et qui regarde l'oiseau, la biche qu'elle va frapper; un faune qui se joue avec un tigre, groupe charmant dont le marbre semble s'être assoupli; et surtout une Faustine assise : elle vit; elle a une ame; elle pense. C'est la profondeur de sa méditation qui la rend immobile. Dans sa main droite, est un bouquet d'immortelles. A quoi font allusion celles qu'elle a laissées tomber? N'est-ce point un emblême de la fragilité de la rénommée? ou bien, pour corriger la flatterie qui la représentait sous la figure de l'immortalité, l'artiste a-t-il voulu indiquer que la postérité perdrait la mémoire des débauches auxquelles elle s'était livrée?

Laissez-moi encore vous retenir un moment devant un satyre femelle qui se dispose à jouer de la flûte? Que ses doigts sont placés avec grâce! Le souffle est près de sortir de ses lèvres entr'ouvertes. Une douce harmonie frappera votre oreille. Ce seront des accens amoureux; mais de quel amour? de celui des satyres? La délicatesse de ses traits ne s'accordera point avec des chants licencieux. Après cette jolie tête, ce col dégagé, ces belles épaules, ces bras déliés et caressans, cette gorge prête à s'émouvoir, combien il répugne de rencontrer des cuisses velues et des pieds de chèvre! — Enfin, c'est à la Villa Albani qu'appartient le bas-relief qu'on dit être un portrait fidèle d'Antinoüs. Il fut long-tems l'un des plus précieux ornemens du Musée-Napoléon. Le voici revenu à la même place qu'il occupait avant que la victoire nous l'eût donné. En le scellant de nouveau dans le mur, les ouvriers ont cassé quelques doigts de la main qui sortait du marbre. Cette mutilation irréparable doit être, pour les amis des arts, le sujet des plus vifs regrets.

Nous allons rentrer à Rome par la Porte Salara. Elle correspond à l'ancienne Porte Colline, qui appartenait au mur d'enceinte de Servius Tullius, et dont il ne reste plus de trace. En dehors étaient les jardins de Salluste, l'un de nos plus célèbres historiens classiques, né à Amiterne ville des Sabins, en l'an de Rome 668, sous le consulat de Marius et de Cinna, et mort en l'an de Rome 718. César lui avait successivement confié plusieurs fonctions publiques. Ce fut à son amitié, qu'il dut le proconsulat d'Afrique, qui s'étendait depuis Carthage jusqu'à l'Océan, et où il amassa d'immenses richesses. La mort de son protecteur le détermina à rentrer dans la vie privée. Rien ne lui coûta pour se créer un asile, où il put couler des jours paisibles au sein de tous les plaisirs. Il acheta un vaste emplacement, sur lequel il fit construire un palais dont le luxe et la sensualité dictèrent les plans, et qu'il environna de promenades délicieuses. Au-devant il avait établi un marché pour son usage personnel et celui des habitans de son voisinage. En arrière s'étendaient des jardins. On y voyait un temple, un cirque, un manége entouré de mille colonnes de marbre, des thermes où l'eau avait été amenée à grands frais. Les statues, les tableaux, les vases, les plus riches ameublemens y étaient prodigués. Tout y respirait la volupté et la magnificence. A la mort de Salluste, cette habitation devint une maison de plaisance impériale. Chacun des empereurs chercha à en augmenter les agrémens. Auguste y célébrait ses dodécathées, débauches splendides, dans lesquelles il jouait le rôle d'Apollon, et six hommes et six femmes représentaient les principales divinités de l'Olympe, parées des attributs, et revêtues des costumes qui leur étaient propres. Vespasien quitta le palais des Césars, pour y aller demeurer. Nerva y mourut; et Aurélien ne voulut jamais résider ailleurs. Des fouilles ont été faites parmi ses ruines. Les monumens des arts qu'on y a découverts, ornent les musées publics et les cabinets particuliers. Il s'en trouve non-seulement à Rome, mais encore dans toute l'Italie. A peine aujourd'hui quelques pans de murs soutiennent les terrasses, en partie éboulées, qui jadis dominaient la campagne.

L'espace qui s'étend sur la droite, porte encore le nom de Champ du Crime, *Campo Scelerato* : c'est là qu'on enterrait vivantes les Vestales qui rompaient leur vœu. Numa, qui les institua, en avait d'abord fixé le nombre à quatre. Servius Tullius, ou Tarquin l'Ancien crut devoir le porter à six. On leur avait affecté une portion des revenus de l'état, afin qu'elles pussent se dévouer uniquement aux devoirs de leur sacerdoce. Elles étaient chargées du culte de Vesta, la déesse du feu ou le feu lui-même, et de la garde du Palladium, image de Minerve, qu'on croyait descendue du ciel, apportée de Troie en Italie par Énée, et gage des destinées de la république. La loi de leur création leur prescrivait la virginité, par analogie avec le feu qui n'engendre rien. La durée de leur ministère, qui était de trente années, se partageait en trois périodes. Le noviciat remplissait la première. Durant la seconde, elles servaient la déesse. La dernière était employée à instruire les novices. Ensuite elles recouvraient leur liberté. Il leur était permis de se marier; mais soit par respect pour leur consécration, soit à cause de leur âge, le plus grand nombre gardait le célibat. Quelques-unes même restaient dans le temple, et continuaient leurs saints exercices. La plus ancienne dirigeait les cérémonies, sous le nom de grande Vestale. Son âge lui donnait seul cette prééminence. Numa avait réservé le choix de ces prêtresses à ses successeurs. Après l'expulsion des rois, ce droit passa aux souverains pontifes. Quand il s'agissait d'en remplacer une, le grand-prêtre cherchait dans les familles de Rome, vingt vierges de six à dix ans : cet âge était de rigueur. Elles devaient avoir leur père et leur mère. La moindre difformité dans leur personne, était un motif d'exclusion. On exigeait même qu'elles fussent belles et bien faites. Dès que le nombre était complet, elles tiraient au sort. Celle qui se trouvait ainsi désignée, tombait immédiatement au pouvoir du grand-prêtre. Il l'enlevait des bras de ses parens qui n'avaient plus d'autorité sur elle. La jeune fille était conduite dans le temple. On lui coupait les cheveux, qu'on suspendait ensuite à un arbre sacré, en signe de son émancipation. Dès ce moment commençait l'étude de ses devoirs.

« L'habillement des Vestales n'avait rien de lugubre ni d'austère. Des bandelettes ornaient leur coiffure, et faisaient plusieurs fois le tour de leur tête. Elles portaient des robes blanches, recouvertes du péplus qui descendait jusqu'à leur ceinture. Leur manteau était de pourpre; il tombait sur une épaule et laissait l'autre à moitié nue. Dans les premiers tems, leur ajustement fut modeste. Enrichies par les libéralités de plusieurs illustres Romains, elles substituèrent à leur simplicité, le luxe le plus recherché. Aux étoffes communes succédèrent les tissus les plus précieux. Elles laissèrent croître leurs cheveux, et les chargèrent d'ornemens. Leurs litières devinrent superbes. On les vit promener le faste dans les rues, marcher au Capitole dans un char magnifique, environnées d'une foule de femmes et d'esclaves [1]. »

Le feu sacré devait brûler jour et nuit. Les Vestales étaient chargées de l'entretenir. L'infraction de ce devoir était moins sévèrement

---

[1] Noel, *Dict. de la Fable*, art. *Vestales.*

punie, que celle de leur vœu de virginité. La prêtresse négligente n'encourait que la fustigation. Elle la recevait du grand-prêtre, enveloppée d'un voile léger et dans un lieu obscur. Cependant la superstition attachait à cet événement des conséquences funestes. L'opinion que l'éclat du feu était un présage heureux, entraînait nécessairement l'idée contraire, lorsqu'il s'éteignait. Aussi les Romains le conservaient-ils soigneusement dans la première salle de leurs maisons, d'où est venu le nom de *vestibules*. Cessait-il de brûler? ce malheur privé se concentrait dans la famille, et l'on se hâtait de le réparer. Le même accident arrivé dans le temple, devenait une calamité publique. La nuit, le peuple en était informé sur-le-champ. Arraché au sommeil par cet avis effrayant, nul n'aurait osé s'y livrer de nouveau. Le sénat s'assemblait. Les affaires, les occupations les plus intéressantes, les travaux les plus importans, étaient interrompus, jusqu'à ce que la cause de la désolation générale eût cessé. Le feu du soleil pouvait seul rallumer celui du temple. On se le procurait à l'aide d'un miroir ardent, au centre duquel on exposait des matières combustibles. Une grande pompe religieuse présidait à cette opération, et des réjouissances accompagnaient le retour de la flamme céleste.

Les Vestales qui perdaient leur virginité, encouraient la peine de mort. Numa les avait condamnées à être lapidées. Une loi postérieure ordonna qu'elles eussent la tête tranchée. On attribue à Tarquin l'Ancien, le décret qui voulut qu'elles fussent enterrées vivantes, et qui fut basé sur ce qu'il était défendu d'exercer aucune violence envers des individus consacrés, et de les brûler, parce que leur crime les rendait indignes des honneurs funèbres. Cependant cette rigueur eut des exceptions. Quelques coupables obtinrent le choix de leur genre de mort. Trop de recherche dans la parure, des plaisanteries trop libres, la moindre familiarité avec un citoyen ou un esclave, suffisaient pour motiver une accusation. L'instruction avait lieu devant le collége des prêtres, sous la présidence du grand pontife. L'accusée jouissait dans sa défense d'une latitude sans bornes. Confrontée avec les accusateurs et les témoins, tous les moyens de prouver son innocence lui étaient accordés. On cite entre celles qui furent absoutes, Posthumia, qui reçut seulement l'injonction d'être, à l'avenir, plus modeste dans ses vêtemens, et plus réservée dans ses discours. Parmi les condamnées l'histoire a conservé les noms de Minucia, à qui d'abord on avait interdit l'approche des autels, et qui subit ensuite le dernier supplice; de Sextilia, poursuivie pour avoir attiré la colère des dieux, par son incontinence et son impiété; d'Opimia et de Floronia, convaincues d'avoir cédé aux séductions d'un amant. La dernière n'attendit pas la mort: elle se la donna. Son séducteur expira sous les verges dans le comice. Tel était le prestige attaché à la chasteté des Vestales; leur sacerdoce avait un caractère si saint et si révéré, que la faiblesse de ces deux femmes avait répandu un effroi général. L'oracle de Delphes fut solennellement consulté. Des sacrifices expiatoires se multiplièrent. Un Gaulois et une Gauloise, un Grec et une Grecque furent enterrés vivans dans le marché aux bœufs.

D'autres Vestales faillirent encore. Leur ordre a duré depuis l'an 40 de Rome, jusqu'à l'an 389 de J.-C. On attribue sa destruction à Théodose, qui fit fermer tous les temples payens. Pendant les onze siècles de leur existence, on ne compte que vingt coupables, dont sept périrent de

morts diverses, et treize furent conduites au Champ du Crime. Les détails de cette exécution méritent d'être rapportés. Elle se faisait, « joi-
» gnant la Porte Colline, là où il y a au dedans
» de la ville, une motte de terre, qui s'estend
» assez en long, et l'appellent les Latins par un
» mot qui signifie autant comme *levée*. Soubs
» ceste levée on creuse un petit caveau, et laisse
» lon une ouverture par laquelle on y peult
» devaler; et au dedans y a un petit lict dressé,
» une lampe ardente, et quelque peu de vivres
» necessaires à soustenir la vie de l'homme,
» comme un peu de pain, d'eau et de laict en
» un pot, et un peu d'huile, par maniere de des-
» charge et acquit de conscience, à fin qu'il ne
» semble que lon face mourir de faim, un
» corps qui a esté sacré par les plus devotes et
» plus sainctes cerimonies du monde. Cela fait,
» on prend la criminelle, et la met on dedans
» une littiere fort couverte par dehors, et la
» serre lon avec des courroyes, de sorte que
» lon n'en sçauroit pas seulement oüyr la voix;
» et la porte lon ainsi enfermée à travers la place.
» De tout loing qu'on voit venir ceste littiere,
» chascun se retire pour luy donner passage,
» et va lon après, avec les yeux baissés et le

» visage morne sans mot dire. Il ne se fait chose
» en toute la ville qui soit si effroyable à veoir
» que cela; ne n'y a jour auquel les personnes
» soient si tristes qu'à celuy là. Puis quand elle
» est arrivée au lieu de ce caveau, les sergens
» incontinent deslient les fermens de la littiere :
» et alors le grand pontife, après avoir fait cer-
» taines prieres secretes aux dieux, et levé ses
» mains au ciel, tire la patiente entierement
» voilée hors de la littiere et la met dessus l'es-
» chelle, par laquelle on descend dedans le ca-
» veau. Cela fait, il se retire et tous les autres
» presbtres aussi : puis quand la criminelle est
» descendue, on retire à mont l'eschelle, et
» jette lon force terre dedans l'ouverture, de
» sorte que lon la comble au niveau du reste de la
» levée. Voilà comment les religieuses vestales
» qui ont souillé leur virginité sont punies [1]. »
Tous les ans le peuple se rassemblait en foule
auprès de leurs tombeaux, et priait pour apaiser leurs mânes.

Nous avons eu aussi nos vierges consacrées,
non pas à entretenir la flamme d'aucun feu céleste, mais soumises comme les Vestales au vœu

---

[1] Plut., tr. d'Amyot, vie de Numa Pompilius, xviii.

de chasteté. L'Italie en compte encore des milliers. Les unes ne franchissent pas la grille de leur cloître ; les autres ont la permission de sortir. Si quelques fautes se commettent (et comment ne pas se méfier de la fragilité humaine?) le scandale en est du moins effacé le plus souvent, par le mystère qui enveloppe leur punition. Mais ces modernes religieuses sont mortes au monde. Celles de l'ancienne Rome, au contraire, obtenaient d'honorables compensations du sacrifice qu'elles s'imposaient. Des priviléges glorieux, des hommages extraordinaires leur étaient décernés. Elles avaient des droits civils qui dérivaient de leur émancipation. Leurs biens leur appartenaient en propre. Elles en disposaient librement. La loi leur accordait la faculté de tester du vivant de leur père et de leur mère. Elles sauvaient la vie du criminel que le hasard leur faisait rencontrer. Un licteur marchait devant elles, et veillait à ce que nul n'osât leur faire la plus légère insulte, ou porter le moindre ombrage à leur pudeur. L'imprudent qui entrait dans la litière de l'une d'elles, encourait la peine de mort, de même que s'il avait pénétré la nuit dans leur temple, qui cependant était toujours ouvert. Les consuls et les préteurs se détournaient, lorsqu'une Vestale se trouvait en leur chemin; ou bien ils s'arrêtaient pour la laisser passer, et faisaient incliner devant elle la hache et les faisceaux. Elles partageaient avec un petit nombre de familles illustres, le droit de sépulture dans l'intérieur de la ville. On avait en elles, toute la confiance qu'inspirent la sagesse et la religion. Leur entremise était souvent employée pour rendre la paix aux familles, réconcilier des ennemis, désarmer le puissant et protéger l'opprimé. Chaque année elles allaient, en corps, exhorter le roi des sacrifices à remplir ses devoirs avec exactitude. Enfin l'on déposait, entre leurs mains, les actes les plus secrets et les plus importans; et dans les spectacles, elles occupaient une place distinguée en face de celle du préteur.

Devais-je négliger ces détails à la vue du lieu redoutable qui les rappelle? En parcourant cet espace auquel la culture ne demande maintenant que des légumes et des fruits, j'éprouve un sentiment que je ne saurais définir. Je me représente le lugubre cortége qui s'y rendait autrefois, l'inflexibilité des prêtres qui le précédaient, l'appareil funèbre déployé autour de la victime comme si déjà elle était morte, sa tombe ouverte, la lenteur avec laquelle elle y descendait, le bruit sourd de la terre qu'on se hâtait d'y jeter après elle, et qui bientôt en fermait l'entrée pour jamais. Que de soins pour étouffer ses cris et pour abréger ses souffrances ! Que de précautions pour reporter aux dieux, les rigueurs d'une exécution si terrible ! Quel mélange de fanatisme et de barbarie ! Tel est le caractère des assassinats religieux ; et les inquisiteurs qui siégent à Madrid, comme ceux dont le tribunal touche au palais du Vatican, ne seraient pas, s'ils l'osaient, moins cruels que ne le furent les pontifes du Capitole. Sans doute cette terre aura été fouillée plus d'une fois. Était-il donc permis de troubler le repos de ces infortunées ? Qu'une seule y soit demeurée ; que ses restes aient échappé à des curieux indiscrets ; qu'en entrant dans son tombeau elle ait gardé le secret de son amant : pourquoi plutôt ne pas ériger un autel à cette martyre de l'amour ? Éloignons-nous du tertre qui couvre ses ossemens. Craignons de fouler sa cendre, et que son ombre offensée ne nous reproche d'avoir interrompu le sommeil éternel dont elle jouit.

LE PONT SALARO. — LA VILLA BORGHÈSE.
LE MURO TORTO, MUR PENCHÉ. — L'ATELIER DE CAMUCCINI.
LA BARCACCIA. — LA PLACE DE MONTE CAVALLO.
L'AURORE DU GUIDE. — L'ÉGLISE DE SAINT-MARC.
MADAME LUCRÈCE.

Rome, 16 décembre 1819.

Retournons au pont *Salario*, maintenant Salaro, qui sert à passer le Tévéroné. Sa forme gothique a de l'originalité. Appuyé sur trois arches, il est surmonté, dans le milieu, d'une tour carrée qui repose sur deux pans de mur, et où l'on monte par un escalier extérieur. Totila l'avait détruit. On attribue sa reconstruction à Narsès vainqueur de ce roi des Goths. Ainsi il daterait de plus de douze cents ans. Les deux rivages qu'il réunit n'offrent aucune habitation. Le même silence qui règne vers l'antique Lamentum, l'environne. Les chemins qui se croisent dans la campagne, sont aussi peu fréquentés; et l'on n'y aperçoit, comme sur la voie Lamentana, que les ruines de quelques tombeaux.

Un sentier détourné va nous conduire à la Villa Borghèse. Ce nom rappelle une alliance, dont l'époque remonte aux jours héroïques de l'empire français : celle du prince Camille avec Pauline Bonaparte. Qu'emporté par la fatale ambition de donner des titres et des couronnes à tous les siens, Napoléon ait recherché ce mariage; que le prince Camille y ait été poussé par son penchant pour la carrière militaire, et par le désir d'enter son illustration propre, sur celle qui promettait de ne jamais s'éclipser; il est impossible de douter que les attraits de la princesse impériale n'aient encore plus contribué à unir ces deux familles. Pauline Borghèse est tellement belle, aujourd'hui même, malgré les souffrances physiques et morales qui la consument, que les modèles les plus parfaits ne lui sont pas comparables. Les artistes ne lui trouvent d'égale, pour la suavité des formes et l'exactitude des proportions, que la Vénus de Médicis. Sa main a été moulée. M. Denon en a une épreuve en biscuit de Sèvres : c'est un assortiment moelleux de muscles légers, souples, arrondis; de doigts fins, dont la seule approche devait porter le trouble dans tous les sens. Canova a fait de cette femme célèbre, et d'après nature, dit-on, une statue en marbre qui rappelle tout ce que les poètes prêtent d'attraits à la mère de l'Amour. On l'a vue long-tems au palais Borghèse, dans un réduit mystérieux : mais sa ressemblance, son attitude voluptueuse, sa nudité presque entière, la gaze jetée par l'artiste sur les charmes les plus secrets et qui les dérobe à peine, produisaient une telle illusion, qu'il a été permis au prince Camille de s'en montrer jaloux. On n'en approche plus. « Tâchez d'être admis dans le sanctuaire où elle repose, me disait, en français, un Romain, avec son accent passionné ; c'est de la viande. » Le barbare ! il traduisait ainsi la langue du Tasse, et se serait moqué de mes gallicismes.

Napoléon ne parlait de sa sœur, que comme de la plus belle femme de son tems, et il ajoutait cette expression : *La meilleure créature vivante.* Pourquoi ne disait-il pas aussi la plus reconnaissante du pouvoir qu'exerçait sa beauté ? Elle aurait dû prendre pour devise l'aveu touchant de Didon :

Non ignara mali, miseris succurrere disco [1] ;

et ses regards languissans ne l'eussent point démentie. S'il lui suffit, pour être heureuse, de plaire et d'être aimée, elle n'a rien à dési-

[1] Virg., *Énéid.*, liv. I.

Malheureuse j'appris à plaindre le malheur.
(*Tr. de* Delille.)

rer; car, à ses nombreux admirateurs, un plus grand nombre encore porte envie. Depuis la chute de l'empire français, elle habite Rome et le palais Borghèse. Le prince, son mari, se proposait d'y résider avec elle. A son arrivée, il trouva, dans ses appartemens, le vieux roi d'Espagne logé militairement, et s'éloigna après avoir fait des démarches inutiles pour le faire déguerpir : ce fut plus tard que Charles IV s'établit dans le palais Barbérini. La princesse Pauline tient une maison moins somptueuse qu'agréable. En reconnaissance des égards qu'elle témoigna au pape, pendant son séjour à Paris, Sa Sainteté la protège spécialement. Ses salons et sa petite maison des champs nommée *la villa Paolina,* sont fréquentés par tout ce que Rome renferme de plus distingué. Elle aime surtout les arts et recherche les artistes. Sa politesse est exquise. Une grandeur d'ame naturelle annonce qu'elle était née pour le rang qu'elle occupe; et la rage des ennemis de son nom, n'excita jamais en elle que le plus tranquille mépris [1].

---

[1] La princesse Pauline Borghèse, née Bonaparte, à peine âgée de quarante-six ans, est morte à Florence d'une maladie

Qui ne s'attendrait à trouver dans les jardins de la Villa Borghèse, cette recherche de propreté, ces soins minutieux, cet entretien journalier, devenus si communs en France? Il faut pourtant y renoncer. Le prince vit en Toscane. Ni lui, ni la princesse ne visitent jamais cette résidence : leur présence y occasionnerait de trop grands frais. Ils se contentent d'y faire ceux qui sont indispensables pour éviter les dégradations. Malgré cet abandon, quelle surprise, quelle admiration n'éprouve-t-on pas en entrant dans cette riante campagne, où la nature et l'art s'unissent pour créer des tableaux riches et variés! Elle a plus d'une lieue de circonférence. A l'aide des inégalités du sol, des points de vue pittoresques ont été ménagés de toutes parts. Les collines prochaines, les ruines éparses à leur surface, et, dans le lointain, de hautes montagnes, composent le fond du paysage. De larges allées ombragées d'arbres verts, serpentent, se rencontrent et se coupent dans tous les sens. Ici, sont des massifs épais, projetant leur ombre sur

---

de langueur, le 9 juin 1825. Sa dépouille mortelle a été transportée à Rome, et déposée à Sainte-Marie-Majeure, dans la chapelle de la famille Borghèse.

des prairies; là, des groupes de pins majestueux s'élèvent, et balancent, au haut des airs, leur dôme de verdure. De distance en distance, il s'en trouve d'isolés, dont le tronc vigoureux semble affronter les orages. Ailleurs, d'épaisses futaies, impénétrables aux rayons du soleil, offrent aux promeneurs l'obscurité, la fraîcheur et le silence. Partout on rencontre d'abondantes eaux qui jaillissent comme d'une source, tombent en cascades, s'écoulent en ruisseaux, se rassemblent dans des bassins de marbre, ou forment de vastes étangs. Du sein d'un hallier fleuri, s'élance une chevrette suivie de son jeune chevreau. Une troupe de cerfs passe rapidement devant vous, et s'enfonce dans le bois. Des chevreuils paissent l'herbe de la pelouse. Le daim altéré boit dans une coupe d'albâtre, l'eau de la fontaine voisine qui se renouvelle sans cesse, et s'épanche par-dessus les bords : familier, votre présence ne lui cause aucun effroi. A chaque pas, le marbre, le bronze, le porphyre, le granit se montrent sous toutes les formes, tantôt s'élevant en pyramides, en obélisques, en colonnes; tantôt taillés en ornemens divers, en vases, en statues, en groupes qui représentent des dieux, des nymphes, des animaux. Une attention suivie suffit à peine pour ne rien omettre. Mais quel est au milieu de ce lac, le temple dont la façade détachée en avant-corps, est ornée de quatre colonnes doriques qui soutiennent un fronton élégant? Il est consacré à Esculape. Je le reconnais aux attributs de ce dieu dont il est décoré. Le rocher qui lui sert de base, et la difficulté d'en approcher, signifieraient-ils que l'art de guérir est donné à un petit nombre de ceux qui le pratiquent. Un autre temple, de forme circulaire, que l'on aperçoit à l'extrémité d'une longue allée, est consacré au culte de Diane. En voici un troisième dont les ruines rappellent celles de la voie Sacrée : on a voulu imiter ce qui reste du temple d'Antonin et de Faustine. Combien ce luxe d'architecture contraste avec les branches de bois mort, les feuilles sèches, les débris champêtres de toute espèce, qui embarrassent ou obstruent les avenues. Enfin, une petite maison de forme italienne apparaît, composée d'un rez-de-chaussée et d'un étage en retraite, avec la longue saillie de son toit aplati. Elle est habitée. C'est la demeure du jardinier. Il lui est enjoint d'exercer l'hospitalité à tout venant, d'offrir un abri, d'accompagner dans le parc et dans le jardin. Telle est la volonté de ses maîtres; et chaque jour, à une heure qui varie selon les saisons, les promeneurs se rendent ici à cheval, à pied, en voiture, et sont accueillis avec urbanité.

Mais il est tems d'entrer, dirai-je dans la maison? la façade est trop ornée, la cour intérieure et ses degrés de marbre ont trop de magnificence, pour n'appartenir qu'à une habitation particulière. Dirai-je le manoir? nous attachons à ce mot une idée de vétusté nobiliaire. Elle ne convient nullement à cette demeure, qui compte cependant plus d'un siècle d'existence. Dirai-je le palais, ou comme en France, le château? Les dimensions en sont trop petites, et les dépendances trop peu considérables. D'ailleurs les Romains ne permettraient pas qu'on employât aucune de ces expressions pour traduire *il casino, la villa,* mots qui signifient dans leur acception générale, la demeure champêtre de l'homme titré, du prince de l'église, de l'opulent, du philosophe, de l'ami des arts, et qui s'étendent même jusqu'à l'asile mystérieux consacré aux plaisirs de Bacchus et de l'Amour. Un casin, une villa, ont l'éclat de l'opulence, ou la modeste apparence de la médiocrité, selon la condition, les goûts et la fortune de celui à qui ils appartiennent. N'y cherchez point de logemens commodes, arrangés avec élégance, et bien distribués, comme vous aimez à les rencontrer quand vous faites quelque séjour à la campagne. A peine trouveriez-vous un siége favorable à la causerie ou un lit de repos. On dirait que les jouissances d'un propriétaire italien, sont tout extérieures et de pure ostentation. Il aura des appartemens somptueux mais sales, des valets nombreux mal vêtus, des meubles riches mais flétris.

Comme la Villa Albani, la Villa Borghèse n'est qu'un musée orné de promenades. Quel luxe d'architecture, de décorations de toute espèce, de dorure, de pierres dures et même de pierres précieuses! Vous marchez sur des mosaïques admirables. Les murs sont couverts de tableaux des grands maîtres. Des statues, des groupes, des bustes, des bronzes, des coupes, des candélabres, encombrent l'escalier, les corridors, les salons, les chambres, et jusqu'aux plus petits réduits. Avant de traverser le vestibule, levez les yeux vers l'imposte de la porte d'entrée. Un bas-relief représente le dévouement de Curtius. Son cheval vient de s'élancer. N'ayant plus de soutien, son propre poids l'entraîne. Sa crinière hérissée, ses naseaux enflammés, ses oreilles droites, ses yeux fixes expriment l'effroi. Curtius revêtu de toutes ses armes, possédé des divinités infernales auxquelles il vient de se vouer, ivre de fanatisme religieux et politique, ardent à s'immoler pour écarter de Rome les dangers qui la menacent, vole à une mort certaine. Il ne tombe pas, mais il se précipite dans le gouffre ouvert devant lui. Tout fabuleux que soit cet acte historique, on frémit à la vue du marbre qui le retrace.

Le plafond du vestibule a la forme d'une voûte. Il est peint par Marien Rossi, surnommé Salviati, peintre florentin du seizième siècle. On y voit la délivrance du Capitole par Camille. L'attitude du héros est celle d'un chef qui prend part au combat. La mêlée s'engage autour de lui. Le découragement a déjà saisi les Gaulois. L'éclat des armes, leur choc, l'énergie des combattans, la variété des costumes et des airs de tête, tout concourt à bien rendre ce sujet, qui se distingue d'ailleurs par une couleur vraie et locale.

Parcourons les nombreuses pièces qui s'ouvrent devant nous. Il est permis d'y passer autant de tems que l'on veut. Artiste ou amateur, on peut étudier, dessiner, copier; connaisseur, examiner, comparer, critiquer, admirer. Pour moi tant d'œuvres diverses et de curiosités historiques ou naturelles m'éblouissent. A peine vous en indiquerai-je quelques-unes.

Vous vous souvenez du combat que David livra au géant Goliath, envoyé par Saül pour le tuer; que lorsque David fut près de son adversaire, il se hâta et courut contre lui pour le combattre; qu' « il mit la main dans sa panne-
» tière, en prit une pierre, la lança avec sa
» fronde, et en frappa le Philistin dans le
» front [1]. » Ces paroles de la Bible ont donné au Bernin, l'idée d'une figure en marbre. Le berger vient de charger sa fronde. Il s'incline de côté pour viser à la tête du géant. Il va se relever et lancer le coup mortel. Que son corps est chétif! Que ses muscles sont grêles! L'expression de son visage est ignoble. Quoique berger, David remplit une mission divine. Il sera Roi. Ses traits devaient révéler sa destinée. — La science et la grâce tant soit peu affectée du ci-

---

[1] La Sainte-Bible, *trad. de* Le Maistre de Saci. *Les Rois*, liv. 1, 48 et 49.

seau de ce même artiste, se reproduisent dans un groupe d'Apollon et Daphné. Le dieu des arts vient d'atteindre la nymphe qu'il aime. Elle implorait, en ce moment, le secours de son père qui la changea en laurier. Apollon n'embrasse plus qu'une écorce insensible. Déjà cette enveloppe lui dérobe la plus grande partie des charmes qu'il poursuivait. Dans son ardeur, dans sa vive étreinte, il y a encore de l'amour; mais les regrets commencent à s'y mêler. Pour Daphné, elle ne conserve plus qu'une ombre de vie. Sa résistance était près de s'évanouir, quand ses vœux, trop favorablement exaucés, l'ont soustraite à son ravisseur. Ces deux figures se marient peut-être avec trop de mignardise. Il y a aussi trop d'arrangement dans la distribution de l'écorce naissante. Une puérile décence semble l'avoir dicté. Le peu qu'on voit des attraits de Daphné, ne satisfait pas dans ce sujet d'amour et de volupté. On voudrait pouvoir juger mieux des beautés qui inspirèrent une si violente passion, au plus beau des dieux de l'Olympe. — Ne troublons point le sommeil de la figure presque nue, qui est amoureusement étendue sur un lit de repos. Approchons-nous en silence. A ses reins souples, ses contours adoucis, sa gorge naissante, ses longs cheveux tressés, bouclés, à ses épaules délicates, vous reconnaissez une jeune fille. Examinez de plus près. N'y a-t-il pas en elle quelque apparence de force? Ses traits n'ont-ils rien de masculin? Sa jambe est-elle aussi peu prononcée que le serait celle d'une femme? Regardez plus attentivement, et vous vous convaincrez que c'est encore un garçon. Ensemble charmant! Composé parfait de la jeunesse des deux sexes! C'est ce fils de Mercure et de Vénus, que des Nymphes élevèrent dans les antres du mont Ida, Hermaphrodite, qui joignait les traits de son père, aux grâces et à la beauté de sa mère. Il se baignait auprès d'une fontaine. La Naïade qui présidait à cette source, l'aima; et, ne pouvant toucher son cœur, elle obtint des dieux d'unir si étroitement leurs corps, que désormais ils n'en fissent plus qu'un seul. Il est couché sur le côté. Sa tête repose sur ses bras croisés. Il dort; mais un rêve délicieux l'agite. Une douce langueur est répandue sur son visage; et tous ses muscles semblent céder à un mouvement secret de volupté. Cette sculpture passe à juste titre pour un chef-d'œuvre de la statuaire grecque.— Je finirai par une Bohémienne ravissante.

Que de finesse dans son regard, de moquerie dans sa mine, d'agacerie dans son attitude! Elle tend sa main charmante, et vous demande la vôtre. Résisterez-vous à la lui confier? Ne craignez rien de l'avenir qu'elle vous annoncera. Votre plus grand danger est de l'occuper de vous un moment. Prenez garde de vous méprendre à l'intérêt qu'elle va vous témoigner. Il y a plus de coquetterie dans ses sortiléges, que de science dans ses prédictions. Elle m'a fait illusion : j'attendais qu'elle me parlât.

Rentrons à la ville. Nous suivrons *il muro torto*, le mur penché, d'une hauteur égale à celle du mont Pincius, et dont la maçonnerie a trente-quatre pieds d'épaisseur. Sa partie supérieure est inclinée par rapport à sa base, d'un surplomb de plusieurs pieds. On prétend que cette inclinaison existait au tems de Bélisaire. Elle a été déterminée par la poussée des terres et l'infiltration des eaux pluviales. Cependant ce mur ne croule point: le secret de cet art de bâtir nous est inconnu.

Visitons en passant le peintre Camuccini. Cet artiste a un succès de vogue. Bien qu'il soit jeune, ses tableaux sont nombreux. La renommée a déjà inscrit son nom, parmi ceux des artistes célèbres. Il est à Naples dans ce moment, occupé à faire les portraits des souverains des Deux-Siciles. Sa célébrité lui a valu cette commission royale. Son atelier est ouvert aux curieux. En y entrant, on s'attend à ne voir, comme à Paris, qu'une seule grande salle, le maître et les élèves travaillant pêle-mêle, des ébauches sur des chevalets abandonnés, des casques, des armures, et le désordre qui semble inséparable du génie des arts : point du tout. L'enfilade de salons qui se prolonge devant vous, est entièrement consacrée au silence, à l'étude et à la méditation. Le jour y est ménagé avec art, je dirais presque avec charlatanisme. Une sorte de luxe s'y fait remarquer. Des valets y entretiennent une propreté poussée jusqu'à la recherche. Les étrangers s'y succèdent comme dans un muséum. Dans chaque pièce, de jeunes artistes composent ou peignent avec recueillement. Approchez, regardez leur toile ou leur dessin : vous ne leur donnerez point de distractions. Ils connaissent le prix du tems, et surtout ils se montrent jaloux des leçons qu'ils prennent. Autour d'eux sont exposés des plâtres moulés sur l'antique, des copies faites par leur maître d'après les peintres les plus célèbres. Raphaël est celui qu'il reproduit le plus fidèlement. La pureté du trait, l'expression, la grâce, la facilité, l'harmonie systématique de la couleur, tout s'y retrouve : le génie de l'original et ses imperfections. Puis viennent les propres cartons de Camuccini, qu'il offre sûrement moins comme des modèles, que comme les essais ou les souvenirs de ses ouvrages. Ce sont des esquisses de grandeur naturelle, dans la manière de Jules Romain, au crayon noir éclairé de pierre blanche, et très-finies. Je ne partage point l'engouement qu'on a généralement pour cet artiste. Ses compositions ont des lignes heureuses ; on y remarque quelque talent d'expression, un dessin assez correct et la connaissance du clair obscur : mais il me semble que les traits et les proportions de ses personnages, ne sont pas toujours de bon goût, que sa couleur est froide, et qu'il néglige cette magie de la perspective aérienne, sans laquelle il n'y a point d'effet. Je joindrais à ces reproches, mal fondés peut-être, celui de mettre peu de soin dans le choix des sujets. La plupart ont été traités, et mieux que par lui : la mort de Virginie, celle de César, Cornélie montrant ses enfans comme sa plus belle parure, le combat d'Horatius Coclès, un mariage de Psyché, un Christ au tombeau où, par parenthèse, il a emprunté une des plus belles figures d'Annibal Carrache. Actuellement il peint pour la duchesse de Devonshire, Virgile lisant devant Octavie, le sixième chant de l'*Énéide*. Le moment qu'il a choisi, comme tous ses devanciers, est celui où la mère de Marcellus s'évanouit en entendant l'éloge de son fils.

La place d'Espagne dans laquelle nous venons d'entrer, a une forme irrégulière. La fréquentation des voyageurs lui donne plus de vie et de mouvement que n'en ont les autres quartiers de Rome. Dans sa partie la plus étroite, vis-à-vis de la rue *dei Condotti*, coule une source assez abondante. On la nomme *la Barcaccia*, parce que le bassin qui reçoit ses eaux ressemble à une barque grossière. Elle touche presque à l'escalier de marbre qui conduit à l'église de la Trinité-du-Mont, sur le mont Pincius. Cette église est la paroisse de l'académie française, dont le palais est presque attenant à elle. Devant la porte principale, s'élève un obélisque de granit, qui appartenait au cirque des jardins de Salluste, et dont Pie VI a décoré cette façade en l'an 1789.

En continuant de longer la partie inférieure du mont Quirinal, nous arriverons à la place sur laquelle le palais du pape est situé. On y voit une fontaine, adossée à un obélisque égyptien de granit rouge, qui est flanqué de deux chevaux, retenus chacun par un esclave de stature colossale. La fontaine est d'un beau style. L'obélisque faisait partie du mausolée d'Auguste. Les esclaves et les chevaux sont attribués à Phidias et à Praxitèle. Cet ensemble n'a ni motif, ni objet. Il n'exprime aucune pensée. La place en a pris le nom de *Monte Cavallo.*

L'heure nous presse. Il ne faudrait pas manquer l'occasion de voir le palais Rospigliosi. Ce ne sont ni les masses, ni les détails de son architecture, ni ses jardins qui y attirent les amis des arts. On entre par une petite porte latérale, semblable à celle d'un couvent. Une cour étroite, humide et froide, précède celle qui sépare le palais et le jardin. Sur une balustrade, en partie ruinée, des vases, placés au hasard, contiennent des arbustes ou des fleurs. A gauche est le corps de logis principal, d'un aspect triste, et surmonté d'une terrasse couverte, en forme de belvédère ; à droite, une fabrique ou maison abandonnée. C'est là, dans la galerie du rez-de-chaussée, que s'efface chaque jour davantage, l'admirable fresque connue sous le nom de *l'Aurore du Guide*. L'étoile du matin représentée par un enfant ailé, tenant à la main un flambeau, vole, et chasse devant elle les ombres de la nuit. L'Aurore portée sur un nuage de feu, s'avance grave et majestueuse. Des gouttes de rosée s'échappent de ses yeux. Entre ses doigts elle laisse tomber des fleurs. Les Zéphirs agitent son voile couleur de pourpre et d'orange. Elle regarde le Soleil qui la suit. Il est assis sur un char étincelant. Des rênes d'or rassemblées dans ses mains, règlent la marche des coursiers qui vont fournir sa brillante carrière. Les Heures l'environnent. On les reconnaît à leurs divers attributs. Les nuances de leurs robes sont en harmonie avec l'état du ciel, selon les époques de la journée auxquelles elles correspondent. Elles passent sans dessein, comme sans volonté. L'indifférence se peint dans leurs traits. Elles seront tristes ou gaies, heureuses ou funestes, telles que les feront les humains. Le Guide a placé cette vaste composition entre le ciel et la mer, parmi des nuages légers, harmonieux. Malgré les dégradations successives qu'elle éprouve, il semble en la voyant, que l'on assiste au lever d'un beau jour d'été, tant elle a de fraîcheur et d'éclat !

A chacune des extrémités de la même galerie, sont d'autres fresques, peintes par Ant. Tempesta. Le sujet de l'une est le triomphe de l'Amour; celui de l'autre, le triomphe de la Vertu. Dans la première, les dieux enchaînés précèdent le char du fils de Vénus. Ils paraissent heureux de leur esclavage. Cette marche triomphale ne manque ni d'esprit, ni d'originalité. Le cortége de la Vertu n'est pas aussi gai. Il y règne de la confusion. Le coloris de ces deux peintures paraît d'ailleurs assez froid, soit qu'elles n'aient en effet ni vigueur ni énergie, soit qu'elles perdent de leur prix en présence d'un des chefs-d'œuvre du Guide.

Au bout de la rue du Cours, sur une petite place, je passais devant une église vouée à saint Marc. Elle était ouverte. J'y suis entré. Quelque fête y avait attiré un petit nombre de fidèles. Au centre, dans une chaire, un moine prêchait. Il la remplissait de son énorme corpulence. Un cercle d'auditeurs s'était formé à l'entour, quelques-uns assis sur les socles des colonnes et les marches du sanctuaire, ou sur leurs talons ; la plupart, debout et dans des attitudes plus ou moins familières. Je m'en suis approché. Le sermon avait pour texte, les vertus et les indulgences attachées au mystère de la Conception. Chacune était expliquée à son tour. Après en avoir exalté le mérite, le prédicateur ajoutait : « Et ce don précieux qui vous est offert en ce jour, que votre foi obtiendra de la bonté divine, vous le devrez à l'immaculée conception de la bienheureuse mère de Dieu. » En même tems, et pour joindre le geste à la parole, il arrondissait ses bras en avant de son ventre, et désignait l'ampleur qu'avait dû prendre celui de la Vierge, à mesure qu'elle avançait dans sa grossesse. Je ne puis dire combien ce signe matériel était comique, comparé avec le miracle auquel il faisait allusion. Toutefois, je ne me suis point aperçu qu'un autre que moi eût envie d'en rire.

Ne me demandez point quelle est la pierre énorme qu'on voit à terre, auprès de l'église dont je viens de sortir. C'est le reste d'un buste qu'on dit fort ancien. Les traits en sont presque effacés. On le nomme Madame Lucrèce. Les itinéraires en parlent. Il est indiqué par les cicéroni. Presque tous les voyageurs lui font visite; et personne ne connaît ni l'origine du nom qui lui a été donné, ni la raison pour laquelle on attire sur lui, les regards des étrangers.

SOUVENIRS DE LUCIEN BONAPARTE.
LE PALAIS QUIRINAL. — SOUVENIRS DE NAPOLÉON.
LES JARDINS DU QUIRINAL. — DIVERS FORUMS. — LA COLONNE TRAJANE.
LE TOMBEAU DE C. P. BIBULUS. — LE MAUSOLÉE D'AUGUSTE.
LE CHAMP DE CINCINNATUS. — LE MUSÉE BORGHÈSE.
LA PLACE NAVONE. — PASQUINO.

Rome, 17 décembre 1819.

Lucien Bonaparte, prince de Canino, comme on le nomme ici, va quitter Rome. Ses livres, ses tableaux, ses antiques sont emballés. Quel motif peut l'éloigner? Durant sa disgrâce auprès de Napoléon, il trouva un asile à l'ombre du Saint-Siége. Pie VII l'a comblé des témoignages d'une bienveillance spéciale. Ami des lettres et des arts, il pouvait librement se livrer à ses goûts. S'il cherche l'obscurité, nulle part elle ne serait plus complète. Il se retire à Viterbe. Homme singulier! Quel genre d'intérêt n'auraient pas les mémoires de sa vie, à la fois historique et romanesque? En lui l'amour l'emporta sur l'ambition. Seul, il refusa de recevoir une des couronnes que distribuait son frère. La

France républicaine l'avait mis au rang de ses premiers citoyens; et il ne voulut aucune des distinctions de la France impériale. On ne le vit associé à la fortune de Napoléon, que dans les momens décisifs et périlleux; à Saint-Cloud, le 28 brumaire de l'an 8; au Champ-de-Mai, le 2 juin 1815. Après avoir concouru à constituer une république puissante, il était venu à Paris pour déterminer son frère à rendre à la France les libertés qu'elle avait perdues; et il fut contraint, sous peine d'un exil rigoureux, d'assister aux derniers momens de l'autorité souveraine qu'il avait constamment répudiée. Je regrette de ne pas voir son musée, qu'on dit fort précieux.

Le palais Quirinal est vaste. Des jardins en dépendent. Pie VII l'habite. L'appartement qu'il occupe est modeste et retiré. Personne n'y pénètre. On assure que sa chambre à coucher est, en tout, semblable à la cellule qui lui était échue dans son couvent. Sous les ornemens pontificaux, au milieu des pompes de la tiare et du Vatican, il veut, par humilité chrétienne, retrouver les souvenirs du cloître, et de l'ordre qui a reçu ses vœux.

C'est dans le palais Quirinal, que Napoléon avait fait disposer des appartemens pour le Roi de Rome. Ils portent encore le nom de celui à qui ils étaient destinés : on nous les a du moins désignés ainsi. Leur décoration a un caractère remarquable de sévérité et d'économie. Le luxe en est banni. La peinture des plafonds et des frises n'offre que les plus beaux traits de l'histoire : des actes de vertu, de courage, de justice, de grandeur d'ame ; des triomphes décernés à des héros libérateurs de leur patrie, ou vainqueurs de ses ennemis. Alexandre, César, Titus, Trajan, Marc-Aurèle y figurent. La prévoyance paternelle de Napoléon préparait, à son fils, des leçons dignes du rang auquel il le croyait appelé. Il l'environnait d'exemples propres à exciter, dans son ame, une noble émulation : et, selon le précepte d'Horace, il pensait que l'image des actions généreuses, des hauts faits d'armes, et de la reconnaissance des peuples, les graverait plus sûrement dans sa jeune mémoire, que de simples récits.

Segniùs irritant animos demissa per aurem
Quàm quæ sunt oculis subjecta fidelibus [1].

[1] Hor., *Art Poét.*

Notre cœur d'un récit est bien moins affecté,
Que d'un tableau fidèle à nos yeux présenté.
(*Trad. de* Daru.)

Soins pieux d'un amour de père, qu'allez-vous devenir? L'éducation autrichienne a-t-elle quelque rapport avec celle que cet enfant aurait reçue? Obéir jusqu'à ce que l'on commande, commander comme si l'on n'avait jamais obéi, voilà tout ce qu'elle enseigne. Au cordon près, que remplacent la disgrâce, l'exil ou la prison, ce sont les leçons politiques du Sérail.

Les appartemens, qui étaient destinés au fils de Napoléon dans le palais Quirinal, viennent d'être occupés par l'empereur d'Autriche, son aïeul, et par l'impératrice Caroline-Auguste. Pour recevoir convenablement ces hôtes illustres, le pape s'est contenté d'y joindre les accessoires d'apparat indispensables, tels que salles des gardes, des officiers, des princes et de réception. Quelques pièces contiguës pour le logement de l'impératrice et de ses dames, y ont été également ajoutées; et dans les plus petits détails de leur ameublement, on remarque une sorte de galanterie monacale, prévenant jusqu'aux moindres désirs, s'arrêtant où commencerait la sensualité. Un lit de ménage, de grandeur démesurée, selon l'usage italien, avait été placé par les soins de S. S., dans la chambre à coucher de l'impératrice. L'empereur, qui devait habiter celle de son petit-fils, a constamment dormi dans la couche conjugale : ce sont les expressions du custode. On a remarqué cette assiduité. Le public l'a approuvée, lui a donné des éloges ; et chacun la cite encore comme un exemple de morale et de religion.

Une galerie précède la chapelle du palais Quirinal, et lui sert de vestibule. Des coffres, sur lesquels on s'assied, en garnissent le pourtour. Les valets et les huissiers y serrent leur casaque de service. La frise est peinte par Lanfranc. Il y a représenté une suite de tribunes, où se presse un grand nombre de personnages. Tous ont les yeux tournés vers la porte de la chapelle. Leurs regards, leurs attitudes, expriment la plus vive curiosité. Ce ne sont presque que des Chinois, des Persans ou des Turcs, soit que les couleurs tranchantes et l'ampleur de leurs vêtemens fussent plus favorables à la composition de ces tableaux, soit que, par un sentiment qui trouve ici son apologie, l'artiste ait voulu montrer les peuples les plus étrangers au catholicisme, avides de connaître les cérémonies de l'église romaine, et d'y assister.

On ne rencontre, dans les jardins du Quirinal, ni siéges, ni fleurs, ni ombrage. Le buis et le laurier-thym taillés en murs à vive arête, en sont les seuls agrémens. Les sculptures éparses le long de cette verdure monotone, ne représentent que des matrones vénérables, des philosophes, des orateurs grecs ou romains, des hiboux et des chouettes. Quelques compartimens de parterre viennent-ils à s'offrir? les bordures en sont rabougries, par les coups de ciseaux qui en alignent incessamment les rameaux et le feuillage; et des fragmens de marbres de différentes couleurs remplissent les plate-bandes, comme en Hollande, des tessons de porcelaine. Enfin les divers ouvrages n'y sont faits que par des galériens, dont l'aspect est aussi pénible, qu'on est importuné du bruit de leurs chaînes.

Du mont Quirinal à la rue Sacrée, ce n'était jadis qu'une suite de places publiques. Chacune portait le nom de l'empereur qui l'avait décorée. Le Forum ne suffisant plus à la population toujours croissante de Rome, César, Auguste, Domitien, Nerva, Trajan, avaient successivement ouvert au peuple, des marchés, des lieux de réunion ou d'assemblée pour les tribunaux et pour les plaideurs. Ils les avaient environnés de boutiques et de maisons uniformes. La plupart étaient ornés de palais et de monumens.

Au forum de César, touchait la basilique de Paul-Émile. Dans le milieu de celui d'Auguste, s'élevait le temple de Mars Vengeur. Un temple de Pallas embellissait celui de Domitien, et lui avait même fait donner le nom de *Palladium*. Dans le forum de Nerva, on voyait le temple qui lui avait été dédié. Enfin venait le forum de Trajan, où cet empereur avait fait bâtir une bibliothèque et une basilique, et au centre duquel le sénat et le peuple lui érigèrent ensuite une colonne triomphale. Quelques ruines indiquent encore ces divers emplacemens. Deux colonnes du temple de Pallas subsistent. Elles sont d'ordre corinthien, à moitié enfouies dans la terre, surmontées d'un riche entablement, et d'un attique où figurent, en bas-relief, une petite image de la déesse et les attributs des arts qu'elle protégeait : un propriétaire les a engagées dans la façade de sa maison. Il reste aussi trois colonnes du temple de Nerva. Elles sont de marbre de Paros, d'ordre corinthien et d'une grande proportion. Leurs belles formes inspirèrent le désir de les connaître en entier. Des fouilles avaient, depuis quelque tems, mis à nu leur socle. Le gouvernement ayant ordonné la continuation de ces travaux, après une excavation assez profonde, on vient de trouver un pavé en dalles de marbre blanc, qu'on suppose être celui du temple lui-même. Présent à cette découverte, j'ai été témoin de la joie qu'ont éprouvée les ouvriers, leur chef et les spectateurs. Cependant à mesure qu'on pénétrera plus avant, les dangers et les frais de cette entreprise augmenteront beaucoup. On aura désormais à combattre la mobilité des terres, à soutenir les habitations environnantes, et à prévenir la chute d'un clocher bâti, dans le moyen âge, sur la portion de l'entablement qui est le moins détériorée, amalgame monstrueux, qui peint, mieux qu'on ne le pourrait dire, la barbarie de cette époque.

Enfin une partie du forum de Trajan est au nombre des places de la moderne Rome. Quelques fragmens des colonnades qui ornaient sa basilique, ont été relevés par les soins de l'administration française. Leur arrangement ne donne qu'une idée imparfaite des portiques et des péristyles auxquels ils appartenaient. Mais la colonne Trajane est demeurée entière. Elle a triomphé des siècles et des vicissitudes qu'ils amènent : les vertus dont elle consacre la mémoire, l'ont protégée. Elle est de marbre grec.

Des bas-reliefs en forme de spirale, incrustés à sa surface et dans toute sa hauteur, retracent les victoires des Romains sur les Daces. On y compte des milliers de figures. Elle portait jadis la statue de Trajan. Sixte-Quint y a substitué celle de Saint-Pierre. Notre colonne de la place Vendôme à Paris, a été copiée sur ce modèle. Les sculptures qui l'enveloppent rappellent aussi des faits d'armes mémorables. L'image en bronze d'un autre empereur la couronnait. Elle est tombée, comme celle de l'empereur romain : et par là ces deux monumens, semblables dans leur forme, ont déjà éprouvé une mutilation pareille, si ce n'est qu'aucune effigie de saint n'a encore remplacé celle de Napoléon, et que, jusqu'à présent, nous n'avons point de héros digne de cette apothéose.

Dans un carrefour voisin de la place Trajane, nommé *Macel de' Corvi*, une inscription antique tracée sur un bloc de travertin, dit qu'en ce lieu, le sénat et le peuple élevèrent un tombeau à Caïus Publicius Bibulus. Là finissait alors la circonscription de Rome : c'était hors le mur de clôture de Servius Tullius. Bibulus fut tribun du peuple. On croit aussi qu'il remplit les fonctions d'édile. Il vivait en l'an de Rome 544. Quel fut le motif de la récompense publique qu'il obtint? Je ne trouve aucune trace de ce qu'il fit de remarquable durant son édilité ; mais, devenu consul, il s'illustra par une attaque contre le patriciat, qui dut être agréable aux plébéiens. Ce monument funèbre, consacré par la reconnaissance du peuple, est devenu la cave de la maison d'un charcutier qui y serre du lard et des fromages, et se prête à la curiosité des étrangers, avec un respect pour l'antiquité, auquel son costume, son langage et l'odeur de ses denrées donnent des formes très-comiques.

Bien que le mausolée d'Auguste ait également changé de destination, ses restes conservent un caractère digne de son origine. Il était situé près du Tibre, dans le champ de Mars, où passe aujourd'hui la rue de *Ripetta*. Ce fut un des plus somptueux édifices du règne des empereurs. Il avait cent trente-deux pieds de diamètre, et trois cent soixante-quinze pieds d'élévation. Il était circulaire et se composait de trois ordres d'architecture superposés l'un à l'autre. Ses murs étaient revêtus de feuilles de marbre blanc. Il se terminait par une coupole. On y arrivait à travers une plantation de peupliers. Leurs masses élégantes faisaient ressortir celles de l'architecture, et lui donnaient un aspect pittoresque. La voûte, en s'écroulant, a laissé découverte, une arène immense. On a construit à l'entour et sur les anciens murs, des loges, des gradins, tous les accessoires d'un amphithéâtre; et les entrepreneurs de combats de taureaux y exercent leur sanglante profession.

Pour me rendre à cette ruine célèbre, j'avais longé le Tibre. Chemin faisant, mes regards se portaient sur le rivage opposé, où je voyais paître des vaches. « Les terres que vous regardez, me dit-on, ont appartenu à Cincinnatus. Voilà le champ qu'il labourait, après avoir défendu et gouverné la république romaine. C'est là qu'il tenait le timon de sa charrue, quand on vint lui rendre celui de l'état. » Pourquoi, pensais-je en moi-même, cette prairie n'est-elle pas sacrée? L'honneur de la cultiver eût dû se transmettre d'âge en âge, et devenir une faveur nationale. Depuis quatre ans, combien de champs français ont reçu la même illustration que celui du consul romain! Espérons que la mémoire de nos modernes Cincinnatus n'y périra jamais, que la postérité la plus reculée gardera le souvenir de leur noble résignation, comme celui de leurs victoires. Je crois encore assister au licenciement qui leur fut infligé, sinon comme une peine, du moins comme un signe de méfiance, et dont ils se firent un nouveau titre de gloire. On avait voulu les humilier; et ce fut, pour eux, l'occasion d'un dernier triomphe. Leur docilité égala leur bravoure. Ils savaient que leurs lauriers ne pouvaient se flétrir; et que, si d'impuissantes mains osaient les disperser, l'histoire en rassemblerait les faisceaux et leur donnerait l'immortalité. Rendus au travail qu'ils honorent, ils ont porté dans le sein de leur famille, l'esprit d'ordre et les sentimens généreux qu'ils avaient montrés sous leurs drapeaux. Puissions-nous n'avoir jamais à leur demander de reprendre leur épée et la vie des camps, et de nous aider à tirer vengeance des tribulations que nous avons partagées avec eux! La France leur doit le repos, pour prix de leur sang qu'ils lui ont prodigué.

De même qu'ils trouvent des distractions dans le travail, cherchons-en dans l'étude des arts. Nous ne sommes pas loin du palais Borghèse. Allons parcourir ses galeries. On en compte douze consécutives. Des tableaux sans nombre couvrent leurs murs, et remplissent jusqu'aux embrasures des croisées. La plupart passent pour des originaux, et sont attribués aux maîtres des diverses écoles anciennes et modernes. L'attention se fatigue à examiner tant de sujets variés, à comparer tant de manières différentes. Tantôt le génie de Raphaël semble se multiplier pour reproduire l'image de la Sainte-Famille, qui lui est aussi connue, que celle de Vénus l'était de Praxitèle. Tantôt le pinceau suave du Titien donne à la jeune Vierge, le coloris de la pudeur; à la Bacchante, celui de la volupté; à la divinité, l'éclat qui la distingue des simples mortels. Ailleurs, le Dominiquin, dans des scènes historiques ou religieuses, exprime les émotions douces, l'onction chrétienne, les sentimens tendres, et vous les fait partager. Plus loin l'Espagnolet vous frappe de terreur, ou vous arrache des larmes : sa touche énergique, sa couleur sévère, conviennent moins aux sujets gracieux; mais il rend avec force le désordre des passions, les angoisses de la douleur et de la mort. Ici, l'enthousiasme d'Augustin Carrache s'empare du spectateur. Là, on est retenu par la grâce du Guide, par la transparence des tons harmonieux qui le caractérisent. Avec quelque lenteur que l'on visite ce précieux musée, on croit après l'avoir parcouru, sortir d'un songe confus, où l'on aurait assisté aux plus belles scènes de la mythologie, du christianisme et de l'histoire, où les dieux de l'Olympe, le Christ, les saints et les héros seraient apparus à la fois. Combien de sujets de tous genres, et quelle variété de figures et d'expressions! Voyez tour à tour, Vénus, l'Amour, les Grâces et leur charmant cortége, former des groupes voluptueux, embellir de séduisantes allégories; Marie, l'enfant Jésus, le jeune saint Jean, préluder, par des jeux innocens, aux saintes destinées qui les attendent; des vierges, des lévites, martyrs de leur foi; des combats; des actes de générosité, de dévouement, de bravoure; le vice triomphant, la vertu dans les fers. Pourrai-je me rappeler quelques-unes de ces compositions? que vous dirai-je? Je vais prendre au hasard.

Une tête de Christ, par Carrache : on la nomme la divinité irritée. Que cette face nazaréenne a d'élévation et de bonté! Elle impose et touche à la fois; et sa carnation, colorée d'une nuance de pourpre, indique un mouvement de la colère céleste, que l'on craindrait d'avoir excité, s'il n'était tempéré par une douceur ineffable.—Une Vénus de Jules Romain : elle est assise. D'une main elle feint de cacher ses attraits les plus secrets; mais l'abandon de son attitude, la langueur de ses regards, le sourire qui erre sur ses lèvres, démentent ce geste de décence. — Une Sibylle du Dominiquin : tout ce que la beauté a de plus séduisant, sa figure en est douée. Apollon l'inspire. Elle va parler. Vous croirez à ses prophéties. Rien ne lui est inconnu. Ses yeux qui lisent si profondément dans les vôtres, pénètrent également dans l'avenir. — Loth avec ses filles : c'est le moment où l'aînée vient de dire à sa sœur : « Vous savez que je dormis hier avec mon père. » Donnez-lui encore du vin à boire cette nuit; » et vous dormirez avec lui [1]. » Elles lui sourient l'une et l'autre d'une façon qui n'est rien moins que filiale, et se hâtent de remplir sa coupe. Loth examine curieusement la plus jeune d'entre elles. La double ivresse du vin et de l'amour commence à troubler ses sens. — Une Suzanne, de Rubens : les deux vieillards l'ont surprise au moment où elle entrait dans le bain. Ils portent leurs mains sur elle; et leur conte-

---

[1] La Sainte-Bible, *tr.* de le Maistre de Saci. *Gen.*, ch. xix, v. 34.

nance trahit d'impudiques désirs. Effrayée, elle cherche à éviter leurs attouchemens ; mais son étonnement et son effroi tournent contre elle-même les précautions de sa pudeur. Les voiles dont elle s'enveloppe, ne font que la montrer davantage. — Une Circé : ses charmes ne la rassurent pas contre la beauté de ses rivales. La jalousie a passé dans son cœur. Elle prépare des poisons. Elle agite, sur le mortel breuvage, une torche allumée au feu des enfers. Malheur à la victime de ses maléfices !— Enfin, un saint Dominique du Titien : son teint livide annonce le crime. Il a l'air mystérieux et cruel. On s'en éloigne avec terreur. C'est l'inquisition personnifiée.

Terminons cette journée à la place Navone, qui a succédé à l'ancien cirque agonal, ouvrage attribué à Alexandre Sévère. Sa forme est elliptique. Une église vouée à sainte Agnès, d'autres églises et quelques palais en décorent le pourtour. Grégoire III avait fait construire une fontaine à chacune de ses extrémités. Il en a été bâti une troisième entre elles, par les soins d'Innocent X. Celle-ci l'emporte de beaucoup sur les deux autres, par sa masse et son exécution. Le Bernin en donna les dessins. Au centre d'un grand bassin de marbre, est un rocher dont la partie inférieure, creusée en forme de voûte, laisse apercevoir un cheval marin et un lion. Quatre figures colossales, assises aux angles de ce rocher, représentent les fleuves principaux des quatre parties du monde, le Danube, le Gange, le Nil et la Plata. Cet ensemble est surmonté d'un obélisque de granit rouge. Durant l'été on ferme les déversoirs des fontaines. Elles s'écoulent alors par-dessus les bords du bassin. La place est aussitôt inondée; et l'on s'y rend des divers quartiers de la ville. Les femmes la parcourent dans tous les sens, en voitures découvertes. Les hommes les accompagnent, ou se promènent à cheval. Des gens du peuple entrent à pied dans cette naumachie, cherchent réciproquement à se mouiller, et amusent, par leurs jeux, les spectateurs nombreux, qui passent ou sont arrêtés le long des maisons et sur les marches des édifices. L'eau agitée par ce mouvement continuel, rafraîchit l'air, long-tems encore après qu'elle s'est retirée. Alors des limonadiers rangent sur les pavés humides des tables et des chaises. Ils servent des glaces, des sorbets, des boissons froides de toute espèce; et les réunions, qui se forment entre les nationaux et les étrangers, se prolongent jusqu'aux premières heures de la nuit. Ce rendez-vous général se renouvelle le samedi et le dimanche de chaque semaine du mois d'août, et attire toujours la plus grande affluence.

Une façade du palais Braschi donne sur la place Navone. A l'un de ses angles, est adossée une prétendue statue de Ménélas qui soutenait, dit-on, le corps de Patrocle tué par Achille. Les Romains la nomment *Pasquino,* du nom d'un tailleur du voisinage, connu pour son humeur satirique. Les mutilations qu'elle a subies, lui laissent à peine quelques formes humaines. Son piédestal a long-tems servi, et sert encore à placarder les sarcasmes et les épigrammes, dirigés contre le gouvernement, et qui, de-là, ont pris le nom de *pasquinades*. C'est à quoi se réduisent maintenant, à Rome, le Mont Sacré et la liberté de la presse. Encore ce genre de censure s'exerce-t-il rarement. Il semble s'être épuisé sur les Français pendant leur occupation, bien qu'on ne parle d'eux aujourd'hui qu'avec éloge et regret. Des magistrats bien avisés s'inquiéteraient de ce silence. L'axiome, *Qui ne dit rien consent,* ne s'applique point aux peuples. La seule affiche que j'aie vue sur le piédestal de Pasquin, est l'annonce d'une nouvelle entreprise du *Teatro Valle*, qui promet, après l'Avent, un opéra, des ballets et des grotesques. Ainsi soit-il! car le séjour de Rome est bien ennuyeux dans ce saint tems de dévotion et de pénitence.

L'ATELIER DE THORWALTSEN.
LE PORTIQUE D'OCTAVIE. — LE QUARTIER DES JUIFS.
LE TEMPLE DE LA PIÉTÉ. — LE THÉATRE DE MARCELLUS.
LES TEMPLES DE L'ESPÉRANCE ET DE MATUTA.
LES ÉGLISES DE S¹-NICOLAS IN CARCERE ET DE LA DÉCOLLATION DE S¹-JEAN.
LE VÉLABRE. — L'ARC DE JANUS QUADRIFRONS.
LE GRAND ÉGOUT. — L'ÉGLISE DE SAINTE-ANASTASIE.
ASPECT DE ROME ANTIQUE. — L'ÉGLISE DE SAINT-GRÉGOIRE.
LES THERMES DE CARACALLA. — LA VOIE APPIENNE.
LES TOMBEAUX DE SCIPION ET DE CÉCILIA MÉTELLA.
L'ARC DE DRUSUS. — LA RIVIÈRE ALMONÉ.
LES CATACOMBES DE SAINT-SÉBASTIEN.

Rome, 18 décembre 1819.

Rome possède un émule de Canova, qui rivalise moins avec son talent qu'avec sa renommée. Il est Danois, et se nomme Thorwaltsen, dont les Italiens ont fait Torvalsi, pour la facilité du langage. Même en son absence, ses ateliers sont ouverts au public. J'y suis entré. On prendrait ses ouvrages les plus avancés, pour des ébauches de Canova. Une sorte de rudesse septentrionale les caractérise, comme la mollesse orientale semble avoir passé dans les marbres du sculpteur vénitien. Ses figures n'ont aucun abandon. L'expression des sentimens qui les animent, est presque nulle. En les regardant, on est plus occupé de leurs formes, que de l'action à laquelle elles participent. Les règles de la sculpture s'y reconnaissent; mais il leur manque la touche qui donne la vie et termine la création, s'il est permis de parler ainsi. Elles n'auraient aucun défaut, que leur perfection semblerait incomplète. Quelque bien choisi que soit le sujet, l'exécution laisse toujours quelque chose à désirer. Plusieurs ouvriers dégrossissent des blocs. Les modèles d'après lesquels ils travaillent produisent tous la même impression. L'empereur Alexandre a demandé à Thorwaltsen, un buste de Pierre-le-Grand. Le génie du premier Czar digne de ce nom, ses traits nationaux, l'élévation de son caractère, son grand cœur auraient dû enflammer la verve de l'artiste. Eh bien! le voilà, ce buste. Il sera lourd, épais, plus grave qu'imposant, moins grandiose que prétentieux. C'est le portrait d'un homme ordinaire qui pose, et qui s'ennuie de poser. Sont-ce là ces yeux d'aigle qui lisaient si loin dans l'avenir, qu'animait quelquefois la férocité d'un barbare, tempérée par l'ardeur de connaître et l'amour du travail? Il faut que l'ame de cette froide image, soit encore dans la pensée de son auteur. Je l'espérerais, si je n'avais devant moi, la statue entière et terminée, d'une princesse russe assise. On ne reprochera sûrement pas à celle-là d'avoir été modelée sur l'Agrippine ou la Faustine antique, ni même sur la Lætitia moderne. Son attitude est gênée, sa physionomie inanimée, le jeu de ses draperies gauche et contraint. Par malheur, le choix du marbre n'a pas non plus été favorable. Il s'est trouvé veiné de nuances sales, qui créent des ombres dans les parties éclairées, obscurcissent celles qui sont ombrées et nuisent à l'effet général. Pour y remédier, l'ouvrage entier a été enduit d'une teinte couleur de suif, qui ne sert qu'à le déparer davantage.

Continuons : nous serons peut-être dédommagés par une suite de bas-reliefs qui sont encore sur le métier. Ils doivent orner la frise d'un monument que l'empereur d'Autriche se propose d'élever dans la ville de Milan. Le sujet est le Triomphe d'Alexandre-le-Grand. Voici des morceaux qui sont finis. Il en est de moins avancés, d'autres seulement esquissés. Quelques parties méritent certes des éloges. Les simples soldats, les chefs, le héros, les captifs, toute cette marche guerrière a de la pompe et du mouvement. Les accessoires y sont distribués avec mesure, et lui donnent un ensemble majestueux. Mais en présence de ce genre de composition, comment éviter le souvenir de Jules-Romain ? On se rappelle malgré soi, son imagination poétique, féconde, savante, qui variait ses tableaux, les multipliait, embellissait les traits sauvages des barbares qu'il mettait en scène, et imprimait tour à tour au spectateur la terreur et la pitié, ou bien excitait son enthousiasme. Dès-lors l'imitateur disparaît pour faire place au modèle; et Thorwaltsen, sans descendre du rang distingué qu'il occupe à juste titre, n'obtient plus cette prééminence que quelques amateurs, et surtout les artistes s'efforcent de lui décerner, les premiers par un engouement passager et une fausse idée des beautés de l'antique, les derniers par un mouvement d'envie qui leur exagère les imperfections de Canova.

Combien de plus solides espérances ne concevrais-je pas d'un élève de Thorwaltsen, dont ce maître a la générosité de laisser exposer les ouvrages à côté des siens ! Je regrette de n'avoir pas retenu son nom, et de ne pouvoir suivre ses progrès. Peu connu maintenant, il étudie. La passion de son art le possède. Ses premiers succès ne l'enivrent point. Il n'a pas perdu cette fleur de modestie, qui laisse au vrai talent le tems de se développer. Cependant il avance dans la carrière, et il s'y fait déjà remarquer. Sa manière participe de la fermeté de Thorwaltsen et de la suavité de Canova. Ses figures ont de la vigueur et de la souplesse. Guidé par un goût sûr, il sait à quels traits on reconnaît la belle nature. Le choix de ses compositions est fin, délicat, spirituel. Il cède de préférence aux inspirations de Vénus, de Cupidon et des Grâces. Son ame douce le porte vers les sujets de tendresse et de volupté. Entre ceux de ses ouvrages qui sont près d'être achevés, je distingue deux Vénus, l'une à qui l'Amour tire une épine du pied, l'autre qui vient de recevoir la pomme. La première prête aux soins que lui donne son fils, une attention mêlée de confiance et d'inquiétude. Elle craint qu'il n'augmente ses souffrances, qu'il n'envenime son mal. Cette émotion lui donne un air touchant qui intéresse. L'enfant ailé sourit avec malice. Il tient, dans ses petites mains, le joli pied de sa mère. Il y touche avec ménagement, le caresse plutôt qu'il ne songe à en calmer la douleur. N'est-ce qu'une étude d'attitudes séduisantes, ou bien plutôt une allégorie, peut-être un peu précieuse, des blessures de l'Amour, dont lui seul sait opérer la guérison? — La seconde Vénus, à qui le prix de la beauté vient d'être donné, jouit tranquillement de sa victoire. Elle ne s'est point irritée de la vaine prétention de ses rivales. Ce n'était pas pour elle que la pomme avait semé la discorde dans l'Olympe. Elle savait d'avance que ses attraits n'auraient aucune humiliation à subir, et que son triomphe était certain.

Descendons vers l'île Saint-Barthélemy, jadis l'île du Tibre, *isola Tiberina*. Vis-à-vis, dans l'intérieur de la ville et à peu de distance du rivage, se trouve la Poissonnerie. Les rues sont étroites. Une population misérable et dégoûtante est comme entassée dans l'ordure qui y séjourne et les infecte. Quelles sont ces belles colonnes que les voitures, en passant, labourent de la tête de leurs essieux? On en a même grossièrement entaillé les fûts, à coups de marteau, pour élargir le passage. Des arcs d'une courbure élégante les unissent. Elles se marient à des pilastres bien proportionnés. Sur la frise qui les couronne, sont inscrits les noms des empereurs qui avaient restauré l'édifice auquel elles appartenaient. Au-dessus se dessinent deux frontons; et, quoique à moitié enterrée, cette ruine garde une sorte de majesté. En effet, ce sont les restes du portique d'Octavie, l'une des plus belles promenades couvertes de l'ancienne Rome. Auguste le fit construire. Il se composait de galeries ornées de deux cent soixante-dix colonnes; et les temples de Junon reine, et de Jupiter y étaient enclavés.

Mais si vous avancez de quelques pas vers le fleuve, un spectacle plus hideux vous attend, que celui de ce sale marché, et de ce monument si barbarement mutilé : c'est la rue réservée aux Juifs, *ghetto degli Ebrei*. A Rome, comme dans la plupart des grandes villes d'Europe, ils habitent un quartier séparé, et sont reconnaissables à l'excès de leur malpropreté. Au tems de Tacite, ils passaient pour un amas de brigands et de renégats. Soit qu'ils fussent repoussés par tous les peuples, et réduits à vivre exclusivement entre eux; soit que leur loi commandât cet isolement, dès lors ils s'abstenaient de loger et de manger avec d'autres que leurs co-religionnaires. Ils ne sortaient pas du cercle étroit de ce qu'ils nomment encore leur nation, ou du sein de leur famille. Tous leurs liens sociaux se bornaient à s'entr'aider réciproquement. Leurs mœurs publiques et privées n'ont pas beaucoup changé. Le droit de cité dont ils se montrent peu jaloux, ils se réservent de le réclamer dans le pays où naîtra leur messie. Jusque-là le choix de leur patrie n'est pas fait. Il semble que ce soit pour eux un devoir religieux, que de se tenir prêts à marcher à la voix de quelque nouveau Moïse. Nulle part on ne les voit faire d'établissement durable. Le commerce est presque leur unique carrière; mais aucune libéralité ne se mêle à leurs spéculations. Ce sont des brocanteurs, et non des négocians. Pour la plupart, tromper dans les marchés n'est qu'une adresse licite; surfaire, un bénéfice légitime; manquer de foi, l'exercice d'un droit. A part quelques rabbins, quelques médecins, quelques érudits, qui ont acquis une juste renommée par leurs lumières, le reste croupit dans la plus profonde ignorance. Partout, c'est le patois du pays où ils se trouvent, dont ils font leur langue usuelle. Une sorte de réprobation les rejette vers les dernières classes de la société. Ils combattent l'ilotisme politique où les tient l'opinion générale des peuples, par la vanité qu'ils

tirent de l'ancienneté de leur origine et de leur culte; et ils se remettent du soin de les venger, sur le dieu d'Israël qui leur a promis la domination de la terre, et avec lequel ils communiquaient jadis si familièrement. « Quand on voit
» les Juifs dispersés sur la terre, selon la parole
» de Dieu, on est surpris sans doute : mais, pour
» être frappé d'un étonnement surnaturel, il
» faut les retrouver à Jérusalem; il faut voir
» ces légitimes maîtres de la Judée esclaves et
» étrangers dans leur propre pays; il faut les
» voir attendant, sous toutes les oppressions,
» un roi qui doit les délivrer. Écrasés par la
» croix qui les condamne et qui est plantée sur
» leurs têtes, cachés près du temple dont il ne
» reste pas pierre sur pierre, ils demeurent dans
» leur déplorable aveuglement. Les Perses, les
» Grecs, les Romains ont disparu de la terre ;
» et un petit peuple, dont l'origine précéda celle
» de ces grands peuples, existe encore sans mé-
» lange dans les décombres de sa patrie [1]. »

Toutefois une révolution morale s'opère dans cette nation, comme dans toutes les autres.

---

[1] *Itinéraire de Paris à Jérusalem*, par F. A. de Chateaubriand, tome III, cinquième partie.

L'instruction élémentaire s'y propage, et y produira sans doute les mêmes effets qui se font remarquer partout où elle prend quelque activité. En attendant, Rome traite les Juifs comme des criminels. Elle poursuit en eux la mort de J.-C., plutôt qu'elle ne les regarde comme des proscrits. Ne pouvant punir sur les enfans, le crime de leurs pères, sans adopter d'ailleurs le principe, à son sens, séditieux et révolutionnaire de la personnalité des fautes, elle frappe, jusque dans les dernières générations, l'obstination du premier peuple de Dieu à persister dans sa foi originelle. Tous les soirs, dès que le soleil se couche, elle enferme les Juifs dans leur repaire immonde, et ne leur rend la liberté que le lendemain au retour de la lumière. Quel motif assigner à une précaution si vexatoire ? Cette population est si peu nombreuse, que le gouvernement ne saurait concevoir aucune crainte de son indocilité aux lois. Est-ce esprit de persécution ? il est bien tard pour continuer de s'y livrer. Serait-ce prosélytisme? des moyens violens tendent moins à le servir qu'à en arrêter les progrès. Dans cette ville sainte, où les cérémonies du catholicisme semblent compléter l'ordre civil et politique, je regarderais volontiers cet usage comme un acte de piété légale, un hommage quotidien rendu à la chaire de saint Pierre, un holocauste de tous les jours offert à la majesté de la tiare, à la pourpre des cardinaux, et enfin à la vénérable besace des capucins. Il est bon nombre d'autres pratiques suivies aussi scrupuleusement, qui ne sont ni plus raisonnables ni moins ridicules. Louons, au reste, ce qui mérite des éloges. On m'assure que la tolérance du cardinal Consalvi, s'est étendue jusqu'aux Hébreux, comme on les appelle ici, et que le parc de ce troupeau n'est plus fermé à clef pendant la nuit, ou ne va plus l'être.

Entre le portique d'Octavie et le mur de Servius Tullius, il y avait une prison dans laquelle un vieillard fut allaité par sa fille. Chacun connaît cet acte d'amour filial, tant de fois célébré sous le nom de *charité romaine*. Vers l'an de Rome 570, Marius Acilius Glabrion duumvir érigea, sur les ruines de cette prison, un temple à la Piété. Ce temple avait cessé d'exister. Sur son emplacement, Auguste construisit le théâtre qu'il dédia à Marcellus. Une portion du mur extérieur de ce monument est demeurée entière, et a servi à en mesurer l'étendue. Ceux de ses ornemens qui se sont conservés, donnent aussi une idée de sa magnificence. Il avait trois cent soixante-sept pieds de diamètre. Divers ordres d'architecture concouraient à sa décoration. Ses débris amoncelés ont formé un monticule si considérable, qu'on n'arrive que par plusieurs rampes successives, au rez-de-chaussée du palais Orsini qui a été bâti sur les mêmes fondemens. Quel contraste entre le genre mâle et noble de ce qui reste de l'édifice antique, et les proportions mesquines de la bâtisse moderne qu'on y a accolée! Au-dessus de deux colonnades, l'une dorique et l'autre ionique, qui passent encore aujourd'hui pour des modèles, s'élève un mur percé de fenêtres inégales, dont quelques-unes ne sont que de simples lucarnes : telle est la façade postérieure du palais Orsini.

Plus loin, le long du Tibre, on comptait autrefois trois temples : celui de l'Espérance, de la Piété, et de Matuta, divinité que les Grecs adoraient sous le nom de Leucothée et d'Ino. Le dernier avait été consacré par Servius Tullius. A leur place, on voit maintenant deux églises, celle de Saint-Nicolas *in carcere*, et celle de la Décollation de Saint-Jean. Quelqu'un me disait que le service funèbre des criminels condamnés à mort, se fait dans la dernière de ces églises, quand ils ont reçu les secours de la religion, qu'ils se sont confessés, et que l'absolution leur a été donnée. S'ils ne se sont pas convertis, selon l'expression populaire, leurs corps sont transportés dans un champ auprès du mur penché, et comme jetés à la voirie.

Nous voici sur une place qui séparait le Forum, du mont Aventin et du mont Palatin. Quelques rues étroites et inhabitées y mènent. Cet endroit se nommait *Velabrum*, qui tire son origine du mot latin *velum*, voile. Je trouve qu'on y voyait autrefois une halle, dont les boutiques couvertes en toile ressemblaient à des tentes. Je trouve encore que c'était un marais ; que, dans le centre, les eaux réunies formaient un lac où l'on allait à la voile, et que ce lac fut desséché par Tarquin l'Ancien. Le nom de *Velabrum* se rapporte également à cette double origine, dont aucune n'exclut l'autre. Rémus et Romulus furent exposés en cet endroit. C'est par là qu'Othon arrivait, lorsque vingt-trois soldats le proclamèrent empereur, auprès du mille doré qui était à l'entrée du Forum. Mais quel si petit espace, dans cette ancienne capitale du monde, n'a pas été témoin de quelque trait remarquable de l'histoire du peuple romain, de sa liberté ou de son esclavage? On voit dans le Vélabre, un des arcs quadrangulaires destinés à abriter les citoyens, que les affaires publiques ou privées appelaient hors de leurs demeures. La forme de ces arcs variait peu. On les nommait *Jani*, arcs de Janus. Celui-ci est surnommé *Quadrifrons*. Il est à l'entrée d'un faubourg entièrement désert. Les curieux seuls le visitent. On n'y rencontre pas plus qu'ailleurs, des citoyens inquiets des intérêts de l'état, s'enquérant des droits du peuple, du patriotisme des magistrats, de la paix ou de la guerre. Peu de passans s'y arrêtent, si ce n'est quelquefois un berger, qui vient, avec ses vaches et ses chèvres, s'y garantir de l'ardeur du soleil, ou de quelque forte averse.

En se coulant sous des arches dont les piles s'enfoncent dans des monceaux de décombres, on arrive au grand égoût, que Tarquin-le-Superbe fit bâtir par le peuple. Je ne sais quel motif y pourrait conduire, hors le nombre de siècles écoulé depuis qu'il existe. Ses voûtes ne sont point hardies. Sa masse n'a rien qui impose. Il est plein de limon et d'immondices que remue le moindre accroissement des eaux du Tibre. Alors il répand au loin des exhalaisons insupportables en hiver, pestilentielles en été. Maintenant sa stagnation est complète. A la surface de cette boue noire, serpente une eau limpide, à laquelle sont attribuées de grandes vertus. La source en est inconnue. Les médecins ordonnent d'en boire dans certaines maladies; et, durant la belle saison, il n'est pas rare de voir des valétudinaires assis à l'entrée de l'égoût, exposés à ses vapeurs, s'abreuvant de cette eau, et détruisant les bons effets qu'on lui prête, par les émanations malsaines qu'ils aspirent.

L'église de Sainte-Anastasie est dans le voisinage, sur une des hauteurs du mont Aventin. Ne nous arrêtons pas sur la terrasse qui l'entoure : suivons plutôt le chemin qui passe au pied du mont Palatin. Montons au couvent de Saint-Grégoire, sur le mont Cœlius; et jetons les yeux sur le panorama qui se déploie devant nous. Que de ruines! A gauche, l'Aventin n'offre plus aucune trace de son antique splendeur. Cependant, c'est là qu'avant la prise de Véies, Camille invita Junon à venir fixer son séjour, dans un temple magnifique qu'on préparait pour la recevoir. La surface entière de cette colline renommée pour l'éclat de ses monumens, est sillonnée par la charrue, ou retournée par la bêche. Dans le bas, vers la droite, cherchez avec moi, en quel endroit Romulus commença à tracer l'enceinte de Rome. Ce doit être près du Vélabre où nous étions il n'y a qu'un instant. A vos pieds, la plaine longue et étroite, au milieu de laquelle coule un ruisseau qui va se jeter dans le Tibre, et que l'on nomme *Acqua crabra,* fut le théâtre des jeux que Romulus institua en l'honneur de Neptune Équestre. Là s'effectua l'enlèvement des Sabines. Tarquin l'Ancien, en l'an de Rome 138, y bâtit le grand Cirque, dont quelques murs extérieurs sont encore apparens. Il avait deux mille deux cents pieds de long, sur neuf cent cinquante de large, et trois galeries couvertes, remplies de gradins en amphithéâtre. Dans l'origine, des loges y avaient été assignées aux sénateurs et aux chevaliers, et ils devaient en faire les frais : Tarquin-le-Superbe en mit la construction à la charge du peuple. On voyait dans ce Cirque, un grand nombre d'obélisques, de colonnes, de statues. Un ouragan en renversa la majeure partie; et l'autorité publique se fit un devoir de les relever. Les jeux annuels qu'on y célébrait prirent le nom de Jeux Romains. Ils avaient lieu aux époques solennelles de la république, en même tems que les prêtres immolaient de grandes victimes : et ils duraient quatre jours. C'étaient des courses de chars et de chevaux, et des combats du ceste et du pugilat. Autour de l'arène il y avait des remises pour les chars. En l'an 178 de Rome, les censeurs y firent établir des barrières. Par leurs soins, des piliers surmontés de boules en bois, indiquaient combien de fois les concurrens devaient la parcourir, pour remporter le prix. Là enfin, commença l'incendie de Rome. Ne désireriez-vous pas, comme moi, connaître en quel lieu l'on suppose que Néron se plaça, pour jouir de cette terrible catastrophe? Suétone nous l'indiquera : « Il regardait ce spec » tacle du haut de la tour de Mécène, charmé, » disait-il, de la beauté des flammes, et chan- » tant en habit de comédien, l'embrasement de » Troie [1]. » La maison de Mécène était située sur le mont Esquilin, près des bains de Titus.

Le mont Palatin est celui qui s'élève en face de nous. Ces voûtes à demi écroulées, ces murs déchirés qui sont encore debout, les portions

---

[1] Suét., *Douze Césars. Néron.*

d'arc qui y sont suspendues, ces galeries, ces compartimens sans nombre indiqués par les fondations de la maçonnerie, enfin cet amas de matériaux de toute espèce furent le palais des Césars. L'aqueduc qui passe à nos pieds y portait de l'eau. Au-delà, sur la droite, était l'arc de Constantin, puis le Colisée; et dans le lointain vous apercevez la partie orientale du mont Esquilin. Le reste de la ville, jusqu'au mur d'Aurélien, n'est plus qu'un vignoble mal cultivé. Que vous dirais-je, qui parlât mieux à l'imagination que les noms seuls de ces ruines? En leur présence, les souvenirs qu'elles rappellent se pressent dans la mémoire. L'ame s'émeut à la vue de ce sol historique, fécond en actes de la plus haute vertu et de la plus grande scélératesse, du luxe le plus effréné et de la plus sévère économie, de la rigidité des mœurs républicaines, et de tous les vices des cours les plus corrompues.

L'une des trois chapelles dépendantes de l'église de Saint-Grégoire, d'où l'on domine une grande partie de l'ancienne Rome, renferme des fresques précieuses du Guide et du Dominiquin : la Flagellation et la Crucifixion de saint André. On ne sait laquelle de ces peintures l'emporte sur l'autre. La composition en est également simple, le dessin pur, l'expression naturelle. La résignation du martyr, ses souffrances physiques auxquelles se mêle un rayon de la joie céleste, l'acharnement des bourreaux, et leurs attitudes sont rendus avec vérité. Toutefois la couleur commence à pâlir. Le salpêtre s'empare des murs; et ces chefs-d'œuvre vont s'effacer.

Je vous conduirais dans les Thermes de Caracalla qui touchent à la porte Capène; mais nous n'y verrions rien que nous n'ayons déjà observé dans ceux de Dioclétien. Ce sont les mêmes vastes salles, les mêmes pavés en mosaïque, les mêmes murs hauts et épais, le même système de voussures combinées entre elles pour s'appuyer réciproquement, la même étendue, si elle n'est pas plus grande, la même profusion d'ornemens d'un goût admirable. Ouvrage du censeur Appius Claudius, la voie Appienne passait auprès. Elle date de l'an de Rome 442. Nous allons en parcourir une partie. Combien de fois ne vit-elle pas les Romains vaincus, fuir en désordre vers les autels du Capitole, pour implorer le secours divin; ou vainqueurs, s'y acheminer lentement avec les simulacres de leur religion, leurs prêtres, leurs vestales, leurs trophées militaires et leurs captifs, pour remercier les dieux de leur avoir donné la victoire ! De chaque côté l'on aperçoit des tombeaux à moitié détruits. Cicéron parlait d'eux, lorsque, discutant sur la mort, il s'écriait : « Quand au sortir de la porte Capène, vous » voyez les tombeaux des Calatinus, des Sci- » pions, des Servius, des Métellus, jugez- » vous que ces gens-là soient dignes de pitié[1]? » Ces monumens funèbres étaient alors entiers. Leur enceinte était respectée. Des lois les protégeaient. Celui qui eût osé les violer, s'exposait à de fortes amendes, et demeurait frappé d'imprécations terribles. Le repos, le silence, un respect religieux, tout concourait à composer pour les morts, aux yeux des vivans, cette sorte de jouissance physique et morale, que nous attachons, malgré nous, au long sommeil qui ne doit plus être interrompu, même par de vains songes. L'orateur romain s'exprimerait-il ainsi aujourd'hui, lui qui comptait sur l'empire des lois, pour protéger à jamais la sépulture de sa fille chérie; qui se plaisait à en tracer les

---

[1] Cic., *Tusc.* 1, *De la mort.*

plans, à l'embellir des ornemens les plus riches ; qui lui prodigua pendant si long-tems les soins les plus minutieux ? en voyant ces débris, quelques pierres sépulcrales éparses, des inscriptions tumulaires brisées, ne se plaindrait-il pas que l'on ait ainsi dispersé la dépouille mortelle des plus illustres citoyens ? Le tombeau des Scipions est le seul qui ait conservé quelqu'une de ses formes. Comme la gloire de ce nom fameux, il a résisté à la faux du tems et à la main des hommes. Une masure habitée par un vigneron y est adossée : frappons. Dès que la vieille paysanne qui vient ouvrir, reconnaît des étrangers, elle sait ce qu'ils veulent. Sans proférer aucune parole, elle allume une lampe et marche devant eux. D'elle-même, elle ne franchirait pas le seuil des caveaux où elle vous introduit. Vous l'entraînez difficilement hors de la limite qu'elle s'est prescrite. Il semble que son âge lui fasse redouter l'entrée d'un sépulcre. Vous vous emparez de la lampe qu'elle porte. A la clarté de cette faible lumière, vous parcourez les circuits nombreux, les passages confus, pratiqués dans ce petit espace. Vous examinez attentivement si quelques lignes antiques n'indiqueront pas où était l'urne du vainqueur de Carthage, et quels hommages furent rendus à ses mânes, pour les consoler de l'accusation qui avait flétri ses derniers jours. Mais votre recherche est vaine; et vous n'essaierez point de lire les inscriptions modernes qu'on a cru pouvoir substituer à ces souvenirs historiques. Enfin, l'odeur infecte de ce souterrain force bientôt d'en sortir. Une statue de Scipion avait été placée dans les environs. Il n'en existe non plus aucun vestige. Tout ce qui pourrait se rapporter à cette grande mémoire, a été enlevé et déposé au Vatican.

Les autres tombeaux qui bordaient la voie Appienne ont également été dépouillés par le gouvernement papal, par les antiquaires, ou par les simples passans. Celui de *Cecilia Metella*, fille de Crassus le triumvir, d'autres disent sa femme, subsiste encore, mais vide du sarcophage qu'il renfermait. C'est une tour, bâtie sur une base carrée, couronnée par un entablement et une frise de marbre blanc. La frise est décorée de festons et de têtes de bœufs en bas-relief, d'un bon style. Les créneaux ouverts au-dessus de l'attique, datent du moyen âge. — Les monumens funèbres que l'on désigne sous le nom de *Columbaria*, à cause de leur ressemblance avec des colombiers, sont ceux qu'on a le moins épargnés. A leur circonférence intérieure et par étages, de petites niches recevaient les urnes cinéraires. Dans les rangs les plus élevés on en aperçoit qui sont cassées. Celles qui étaient entières ont été vendues, et meublent les cabinets des amateurs.

A ces ruines il s'en mêle d'autres d'un genre différent. Tel est l'arc, presque contigu à la porte Capène, que la république érigea en l'honneur de Drusus, et au-dessus duquel passait un aqueduc qui aboutissait aux Thermes de Caracalla. Tel est, plus loin dans la campagne, un temple de Mars, dans lequel le sénat romain décernait aux guerriers, les honneurs du triomphe. Tels sont encore les restes d'un édifice, qu'on nomme les Écuries du Cirque de Caracalla, où l'on remarque une arène qui a pu servir de manége, et que d'autres croient avoir été le sanctuaire d'un temple. Une petite rivière traversait tout-à-l'heure la route. C'est l'*Almone* qui va se jeter dans le Tibre. Les prêtres de Cybèle y faisaient leurs ablutions.

Visitons maintenant d'autres morts, ou du moins d'autres tombeaux qui appartiennent à des tems moins reculés, à une religion différente, et auxquels se rattachent une autre renommée et une autre gloire. Leur cimetière est souterrain : il s'appelle *les Catacombes de Saint-Sébastien.* On lui suppose six milles d'étendue. Là, durant les tems de leur persécution, les chrétiens se réfugiaient. Ils y tenaient leurs assemblées, célébraient leurs mystères et ensevelissaient leurs morts. Des lévites dévoués y rapportaient les lambeaux des martyrs échappés à la flamme des bûchers, à la fureur des bourreaux, à la rage des bêtes féroces : et quand ils arrivaient chargés de ces saintes reliques, des cantiques louaient Dieu, et demandaient le même courage pour confesser son nom, sa puissance et sa loi nouvelle. Le fanatisme d'une part, et l'héroïsme de l'autre, multiplièrent les victimes. Tant d'énergie, déployée pour une cause qui ne tombait pas sous les sens, finit par frapper l'imagination des peuples qui l'avaient jusque-là outragée et punie. Une inquiétude secrète agita les esprits. A des actes surhumains on supposa quelque source divine. L'intolérance s'affaiblit. Les supplices devinrent moins fréquens. La morale de l'Évangile se répandit. Il fut permis, après ce long combat et cette victoire, de reprendre ses morts, et d'offrir au culte, leurs mutilations et leurs blessures. Alors on alla rechercher la cendre des héros du Christ. Leurs tombes furent fouillées, les corps des martyrs exhumés. On les reconnaissait, disait-on, à la fiole de leur sang qui se trouvait auprès d'eux. Toutes les églises chrétiennes se munirent de ces restes sacrés qui, à leur tour, engendrèrent un nouveau fanatisme. On s'étonne néanmoins qu'en proie aux plus grandes violences, à une soldatesque despotique, à un peuple jaloux de ses temples et de ses dieux, des proscrits, sans asile et sans appui, aient pu mettre tant d'ordre dans l'arrangement de leurs sépultures. En les voyant si également espacées et occuper tant de place, on croirait que la paix la plus profonde laissait tout le tems et toute la liberté nécessaires, pour se livrer à ces pieux travaux. Un sacristain moitié clerc moitié laïque, porte-clef stupide, ouvre les catacombes. A l'entendre, les moindres détours lui en sont connus. Cependant quelques instances qu'on lui fasse, on ne peut l'engager au-delà d'une centaine de pas, même dans le sentier le moins encombré. Le passage suffit à peine pour une seule personne. A droite et à gauche, des fosses ouvertes, creusées dans la terre, indiquent chacune la place d'un cercueil.

Elles sont toutes vides. Cette mine de saints a été épuisée. On y fait, de tems en tems, de nouvelles et inutiles recherches. Pour sérieux qu'en soit l'aspect, il n'a point produit sur moi l'impression à laquelle je m'attendais. En parcourant les catacombes de Paris, j'éprouvais de bien autres sensations. Tant de générations écoulées, réduites à quelques monceaux d'ossemens dans les profondeurs d'une carrière qu'elles avaient exploitées pour se loger, et où s'engloutira de même celle qui s'agite à sa surface, parlent plus énergiquement que ces voûtes veuves des débris humains qui leur furent confiés, fragiles, et prêtes à s'écrouler sur ceux qui se hasardent à y pénétrer. On en cite des éboulemens subits, imprévus, qui ont fermé toute retraite à des caravanes de curieux. Le sacristain sait ces histoires, et les récite en tremblant. Au besoin il en inventera, pour obtenir qu'on le laisse à l'entrée de chaque ruelle. Si vous lui permettez de ne pas vous suivre, il vous confie volontiers la torche dont il s'est pourvu. D'un air timide il vous regarde aller, et attend votre retour avec une extrême impatience. Debout sur le seuil de ces caves immenses, vêtu d'une longue robe noire, au haut de laquelle se dessine sa figure blême, il semble présider à vos funérailles, et se disposer à bénir la terre qui va vous couvrir. Vous connaissez l'anecdote du peintre Robert qui, lorsqu'il était pensionnaire à Rome, crut pouvoir seul, muni d'un peloton de fil et d'un flambeau, parcourir en sûreté les détours de ce labyrinthe. L'abbé Delille en a fait un épisode de son poëme de l'*Imagination*. Distrait par les objets qui l'environnaient, peut-être aussi préoccupé de sa témérité, Robert laissa échapper le fil qu'il tenait dans sa main, et ne put le retrouver. Le flambeau qui éclairait sa marche, ne tarda pas à s'éteindre. Il courait de tous côtés, perdant, à chaque instant davantage, l'espérance d'éviter une mort cruelle. Un obstacle léger l'arrête ; il se baisse, et retrouve le guide qu'il avait perdu.

> Ce fil libérateur, il le baise, il l'adore,
> Il s'en assure, il craint qu'il ne s'échappe encore ;
> Il veut le suivre ; il veut revoir l'éclat du jour.
> Je ne sais quel instinct l'arrête en ce séjour.
> A l'abri du danger, son ame encor tremblante
> Veut jouir de ces lieux et de son épouvante.
> A leur aspect lugubre il éprouve, en son cœur,
> Un plaisir agité d'un reste de terreur ;
> Enfin, tenant en main son conducteur fidèle,
> Il part ; il vole aux lieux où la clarté l'appelle [1].

---

[1] DELILLE, *De l'Imagination*, chant IV.

Pour moi, je n'ai à raconter aucune sinistre aventure qui me concerne. Le gardien ne m'a pas permis de m'y exposer. L'amour de ce qu'il montre ne le passionne point; et, chose fort rare en Italie, de peur d'exciter la curiosité, il se défend des formes oratoires favorables à l'exagération, avec autant de soin que d'autres en emploient pour les trouver et les multiplier.

LA MESSE DU PAPE. — LES VÊPRES DE SAINT-PIERRE.

Rome, 19 décembre 1819.

Ce matin, j'ai assisté à la messe du pape, dans la chapelle du palais Quirinal. Cette cérémonie où S. S. préside et n'officie point, n'est pas seulement religieuse : c'est encore une étiquette de la cour de Rome. Les autres souverains ont leurs grands et petits levers, leurs baise-mains, leurs réceptions d'apparat, des jours de gala, des cercles, des jeux, des soirées, qui sont autant d'arènes où les courtisans luttent entre eux de bassesse, d'envie, des plus viles passions, et se disputent jusqu'aux moindres regards du prince, interprètent ses paroles les plus insignifiantes, les commentent, se trompent le plus souvent sur leur sens et leur intention, et vont au-dehors se réjouir d'une préférence, ou s'affliger d'une disgrâce. La messe du pape est de même le rendez-vous des autorités temporelles et spirituelles de son gouvernement. Là, se rassemblent toutes les dévotions et toutes les ambitions, sous la pourpre, l'étamine et la bure. Avant l'heure prescrite, chacun s'achemine isolément vers le Quirinal. Les rues adjacentes retentissent du bruit des carrosses qui conduisent les dignitaires de l'église. Comme partout, le clergé inférieur va, à pied, s'offrir modestement à la faveur qu'il attend ou qu'il souhaite. Les étrangers accourent aussi à ce spectacle inusité pour eux. Familiarisés avec lui, les Romains s'abstiennent généralement d'y assister. On traverse la galerie qui précède la chapelle. Des valets costumés comme Gripe-Soleil dans le *Mariage de Figaro*, des suisses de la plus grande taille, couverts d'une casaque chamarrée de larges galons de livrée, des huissiers en robe courte, veillent selon leurs fonctions, au service, à la police, au bon ordre, et servent d'introducteurs, tandis que des carabiniers et des soldats circulent ou font sentinelle.

La chapelle est divisée transversalement par une grille de fer. Dans la première moitié, des bancs disposés en amphithéâtre reçoivent exclusivement les dames : les hommes se tiennent debout, et séparés d'elles. Quelques-uns pénètrent dans la seconde partie qui est le chœur, moyennant la protection des subalternes que l'on achète à peu de frais. Quand je suis entré, les gradins étaient déjà remplis par des étrangères, la plupart anglaises. Leurs robes de couleurs vives et variées, leurs bonnets, leurs chapeaux ornés de plumes et de fleurs, offraient un coup-d'œil charmant, et peut-être un peu trop mondain.

Les cardinaux survenant à la suite les uns des autres, passaient devant elles, non sans les regarder attentivement, sans chercher celles qu'ils connaissaient, et les saluer de la tête et de la main, avec un aimable sourire. Chacun d'eux était précédé de deux huissiers; et suivi d'un caudataire, simple ecclésiastique, n'ayant, pour toute distinction, qu'un surplis par-dessus sa soutane, et portant respectueusement la queue du manteau de soie rouge dont son supérieur est affublé. Au milieu du chœur un autre ecclésiastique reçoit l'arrivant, et l'aide à s'agenouiller sur un carreau préparé à cet effet. Après une courte prière, le prince de l'église va prendre son rang sur un divan élevé. Au-dessous sur un marche-pied de bois, se place le caudataire, dont les fonctions deviennent dès ce moment très-actives, et ne s'interrompent plus pendant la durée de la cérémonie. Elles consistent à envelopper son éminence quand elle est assise, à la développer quand elle se lève, à rouler la queue du manteau si le cardinal doit se mouvoir, à la dérouler s'il est en repos, à la porter ou la faire jouer dans toutes les évolutions que prescrit l'accomplissement du rite sacré; enfin, à garder ou offrir, suivant qu'il est nécessaire, le livre de messe, le bonnet carré, la calotte et la barette : manége vétilleux, et qui, ailleurs que dans ce saint lieu, pourrait paraître ridicule. Le caudataire doit en outre veiller spécialement à ce que le cardinal qu'il sert, n'éprouve, dans ses mouvemens ou dans son maintien, ni gêne, ni embarras, et ne soit exposé à aucune chute dangereuse ou risible. La plupart de ces serviteurs en soutane sont vieux. Cependant ils s'asseyent tout seuls, fort bas, et se relèvent sans qu'on les y aide, obligés qu'ils sont de prêter leur appui à des hommes moins avancés en âge, de leur prodiguer des soins minutieux, et de leur éviter la moindre fatigue.

L'installation des cardinaux sur leur siége, et leur contenance quand ils y sont placés, se composent de génuflexions successives vers l'autel, et de révérences réciproques fréquemment réitérées. Durant les intervalles de ces actes de dévotion et de civilité, qui se répètent chaque fois qu'un nouveau membre du sacré collége vient à paraître, ils causent comme ils feraient dans un salon, sérieux ou riants, selon le sujet qui les occupe. Cependant les anciens lisent leur bréviaire, tandis que les autres promènent leurs regards sur les assistans, et même du côté des dames qu'ils ne se font aucun scrupule de lorgner, à cause de la distance où ils se trouvent d'elles. En même tems entrent en corps, les membres des autorités politiques, judiciaires, civiles, les inquisiteurs, et les chefs des ordres monastiques. Parmi ces derniers, se distinguent par une toilette plus soignée, ceux à qui leur règle prescrit de ne rien posséder et de vivre d'aumônes. Je remarquais surtout le général des capucins. Il est grand. Il a de beaux traits. Sa tête reluisait sous la couronne étroite, lisse et brillante de ses cheveux noirs. Les boucles de sa longue barbe descendaient sur sa poitrine. Sa robe brune dessinait largement ses formes athlétiques. Un cordon blanc, un rosaire d'ébène pendaient à son côté. Ses mains paraissaient propres, douces et souples. A travers les courroies de ses sandales, on pouvait voir que la toilette de ses pieds était soignée ; et comme il passait auprès de moi, il m'a semblé qu'il laissait après lui la trace de quelques parfums.

En présence du dieu des faibles et des humbles, ne pensez pas que l'égalité règne parmi les nombreux soldats de la milice apostolique, et que le dernier venu soit le mieux accueilli. Cet axiome n'a d'autorité que dans le royaume qui n'est pas de ce monde. Ici, la place de chacun est marquée, plus ou moins loin du trône papal, selon l'ordre de ses fonctions. Les *Monsignori* tiennent aussi leur rang, reconnaissables à leur soutane garnie de paremens violets, à la petite bande de batiste bleue qui recouvre leur collet, à leur air léger, sémillant, agréable, et à la liberté de leurs manières. Ce sont les aspirans irréguliers aux premières dignités ecclésiastiques. Indécis entre le monde et l'église, leur costume n'est que l'uniforme de leur candidature. Fort zélés pour les dames, ils se fixeront près d'elles s'ils y trouvent la richesse, ou s'ils ne se lassent pas des plaisirs de cette vie. Au contraire, si les heureuses rencontres leur manquent, si la grâce les touche, ou que les faveurs papales se répandent sur eux, ils iront au pied des autels faire d'autres sermens. Les derniers bancs dispersés çà et là sont pour les simples prêtres séculiers, et pour les moines qui viennent entendre la messe.

Ce mélange de manteaux de pourpre, de surplis artistement plissés, de fines soutanes du noir le plus pur, de robes garnies de fourrure, de frocs de toutes les formes et de toutes les couleurs, produisait un effet harmonieux et imposant. La double file des cardinaux brillait entre toutes les autres. En tête se montrait le vénérable Matteï, leur doyen, à qui sa modération et la supériorité de son esprit, avaient concilié l'estime de Napoléon. En 1797, dans l'effroi qu'inspirait au Saint-Siége et au peuple romain, l'approche des armées de la république française, ce fut lui qui se chargea de négocier avec leur jeune chef, et de tempérer l'ardeur victorieuse de ses soldats. Par son entremise, furent stipulées les conditions favorables du traité de Tolentino. Le poids des années l'accable. Il prie avec ferveur, et sans affectation. Incliné vers la terre, il médite sur le moment de rentrer dans son sein, et s'avance, vers le terme de sa carrière, avec la foi du chrétien et la sécurité du philosophe. Le dernier de tous est le cardinal Guerriéri. On s'étonne encore de sa promotion récente, et personne ne réussit à en expliquer le motif. Il est porteur d'une figure stupide; et l'on prétend qu'il ne se recommande en effet, ni par ses facultés intellectuelles, ni par son instruction. Dans le nombre, je distingue le cardinal Ruffo, non pas le général des Calabrois, connu par sa bravoure, sa cruauté et son fanatisme moins religieux que monarchique; mais le vieillard pieux, défenseur adroit de la cour de Rome, qui vint à Paris argumenter sur les articles du concordat, et se fit un nom parmi les opposans. Enfin l'on m'a indiqué aussi le cardinal Doria que j'ai déjà rencontré. Je l'aurais reconnu rien qu'à son air fin, rusé, discret, mielleux, type exact du véritable prêtre ultramontain et de l'Italien primitif.

L'heure vient de sonner. Le pape est introduit. La croix, un clergé nombreux traversent le sanctuaire. Des aumôniers précèdent S. S. Quelques-uns l'accompagnent et la soutiennent. Son dos est voûté. Sa tête repose presque sur sa poitrine. La pâleur de son visage se confond avec la blancheur de sa mitre et de ses ornemens pontificaux. Néanmoins, on voit étinceler par moment ses yeux noirs et profonds. Pie VII est d'une maigreur extrême. Les austérités ne l'ont pas seules exténué à ce point. Battu par les orages politiques, le repos qu'il a retrouvé, ne remédiera plus aux maux qu'il a soufferts. Pour avoir survécu à la tempête et aux naufrages, il n'échappera pas aux impressions funestes qu'il en a reçues. Avec précaution, des desservans l'aident à s'agenouiller sur des coussins, en face de l'autel. A genoux comme lui, les assistans s'associent mentalement à sa courte prière. Il a peine à se relever; mais soit qu'en priant il ait repris des forces, soit que l'aspect des marques de sa dignité lui donne une énergie nouvelle, il se redresse, s'avance vers son trône d'un pas ferme, en monte les marches sans secours, et prend une attitude à la fois noble et modeste. Je le trouve moins cassé; et toutes les fois qu'il a quelque verset à chanter, sa voix retentit sonore et pleine, plus que ne le comportent ses infirmités. Que de pensées sa vue devait faire naître! tous les regards se fixaient sur lui. Nul, dans cette auguste assemblée, ne calculait-il les probabilités d'une élection nouvelle? En considérant la fin prochaine du règne actuel, que de conjectures agitaient les esprits ! déjà même des prétentions ne s'éveillaient-elles pas dans l'ame de ceux qui aspirent à lui succéder ? Ah ! que si j'avais pu poser ma main sur ces rochets de pourpre, contre ces croix d'or et de pierres fines que je voyais briller, sans doute j'aurais senti plus d'un cœur palpiter d'espérance, car je n'oserais dire d'ambition ou de désir : quelle apparence que la charité sacerdotale n'exclue pas le vœu de tirer avantage de la mort d'autrui, condamné par les lois romaines quand les payens les faisaient ! Quoi qu'il en soit, il y a lieu de douter que le Saint-Siége vaque aussitôt qu'on pourrait le croire ou qu'on s'y attend[1].

La messe a commencé. Aucune musique ne s'est fait entendre. Pie VII s'interdit cette jouissance, qui pourrait distraire sa piété. Des chantres médiocres et des soprani récitent en plain-chant, les psaumes, les hymnes et les motets. Moins touchans, ces accens ne manquent pas de solennité, et donnent aux louanges du Seigneur un caractère plus grave. Le moment

---

[1] Pie VII a encore vécu trois ans, huit mois et un jour. Il es mort le 20 août 1823, à six heures du matin.

est venu où les cardinaux doivent aller baiser la main du pape. Malgré sa simplicité apparente, cet acte d'humilité chrétienne et de fidélité envers le souverain, n'est pas exempt de nuances où se glisse la faiblesse humaine. Elles n'échappent point, ces nuances, aux courtisans exercés. Revenus à leurs places, ils sauraient dire quels ont été bien accueillis, et quels l'ont été moins bien. A l'un, le pape, en présentant sa main, fait un léger signe de bienveillance. Il sourit à un autre d'un air affectueux. Un troisième obtient une marque d'empressement. Celui-ci n'est pas même regardé. De celui-là, il détourne les yeux; et il faut que, dédaigné pour ainsi dire, il vienne chercher la main qui se retire de lui, jusque sur le genou où elle repose. Serait-ce, par hasard, l'héritier présomptif de la tiare? Le tour du cardinal Fesch est arrivé. Le voilà bien en effet avec ses formes robustes, sa contenance assurée, cet air déterminé qui convient encore plus à l'obstination qu'à la persévérance! Il se distingue par la richesse de ses habits, son aube de mousseline transparente, les hautes dentelles dont elle est garnie, et ses massives boucles d'or. En l'apercevant Pie VII s'est comme levé, lui a tendu la main, et la lui avait déjà mise sur la bouche, avant qu'il se fût incliné pour la baiser. Je l'ai remarqué moi-même, bien que peu familier avec ces petits détails de la vanité des cours : et les chuchotemens de l'assemblée m'ont prouvé que chacun avait fait la même observation que moi. Dans la cérémonie de ce jour, le cardinal Fesch devait offrir l'encens à S. S. Il a rempli cette tâche avec onction, aisance, noblesse, en digne prince de l'église ; et le pape semblait se complaire à recevoir de lui cet hommage. Dans ce moment, un moine de je ne sais plus quel ordre s'est avancé. Prosterné au pied du trône, il a baisé la mule papale. Puis, après avoir été béni par S. S., il est monté en chaire, et a débité un sermon latin fort court, sur la venue du Messie. Ensuite, le célébrant a achevé la messe. Le pape et son cortége se sont retirés dans le même ordre qu'ils étaient arrivés ; et tout le monde est sorti pêle-mêle, s'entretenant de cette solennité, et de la santé du chef de l'église. Les cardinaux, les ecclésiastiques se sont mêlés aux dames, qui les ont complimentés sur le luxe de leurs habits, sur la pompe du culte catholique ; et si j'eusse été indiscret, il n'eût tenu qu'à moi d'entendre donner des rendez-vous pour la soirée, chez M**^me** Lætitia, chez la princesse Pauline, la duchesse de Devonshire, la duchesse de Bracciano, et, auparavant, aux vêpres de Saint-Pierre, afin de se revoir plus tôt et d'entendre de bonne musique.

Sans être convié par personne à ce concert sacré, je m'y suis rendu selon ma coutume. L'affluence y est toujours la même; et pour moi c'est chaque fois un nouveau plaisir que d'y assister. Après qu'il est fini, l'on se répand dans la basilique. Des couples se rapprochent. Des groupes se forment. Des promeneurs se croisent. Les amateurs s'arrêtent devant les sculptures et les mosaïques, vers lesquelles leur goût les conduit, et dissertent comme dans un muséum.

LE CARDINAL CONSALVI.
LA GALERIE DU CARDINAL FESCH. — LE CIRQUE DE CARACALLA.
LE TEMPLE DE BACCHUS OU DES CAMÈNES.
L'AMBASSADEUR DE FRANCE.

Rome, 20 *décembre* 1819.

On s'attend à une révolution dans le gouvernement romain : mais ce n'est pas au forum que le peuple se porte. Hier au soir, le cardinal Consalvi a été pris tout-à-coup d'un vomissement violent, qui, après quelques heures de relâche durant la nuit, a recommencé ce matin. La fièvre s'est ensuivie. Le malade est dans un accablement profond. En proie à la plus vive anxiété, ses compétiteurs, tous les dépositaires de l'autorité, Rome entière, attendent l'événement. La foule remplit les avenues du palais Quirinal, pour apprendre des nouvelles touchant l'état du régulateur des affaires publiques. Rien qu'à la figure de ceux qui sortent des appartemens, il est aisé de voir le genre d'intérêt qui les avait amenés. Les novateurs, car, en dépit de la Sainte-Alliance, il y en a à peu près partout, craignent de perdre, avec S. E., la tolérance et le système libéral qu'il a introduits dans l'administration. L'inquiétude de ses partisans est extrême. Ses antagonistes se félicitent de pouvoir reprendre les anciens erremens. Ceux qui aspirent à lui succéder, déguisent mal la joie de leurs espérances; et les Romains satisfaits de quelque liberté dont il les fait jouir, manifestent publiquement leur sollicitude. Les livrées du corps diplomatique se croisent à chaque instant, sur la place de Monté-Cavallo, afin que leurs maîtres connaissent positivement, l'heure des félicitations ou des condoléances, qu'ils ne soient pas pris au dépourvu, et que surtout ils ne s'exposent pas à de fausses démarches. Cette maladie soudaine, accompagnée de si graves symptômes, ne paraît pas susceptible d'une prompte guérison. Les médecins l'ont dit. A Rome, comme à Paris, ils ont l'habitude des fâcheux pronostics. Si le malade succombe, ils l'avaient prévu; s'il guérit, c'est leur ouvrage : dans aucune hypothèse, l'honneur du corps ni la science ne sont compromis [1].

[1] Le cardinal Consalvi n'est mort que le 26 janvier 1821.

Je devais voir aujourd'hui S. E. Puisqu'il me faut renoncer à cette présentation, allons visiter la galerie du cardinal Fesch. Elle renferme une multitude de tableaux d'un grand prix, dont la nomenclature deviendrait fastidieuse. Je ne citerai que ceux qui m'ont paru les plus remarquables. Un Christ devant Pilate, dont j'ignore l'auteur, et une Sainte-Cène de Paul Véronèse, tiennent le premier rang entre les peintures qui appartiennent à l'école italienne. Dans la première de ces compositions, Jésus montre une résignation admirable. Ses yeux sont baissés vers la terre. Il craint que le moindre de ses regards n'éclaire son juge, et n'empêche le sacrifice de se consommer. Quant à Pilate, son indifférence est complète. Il ne voit, dans l'exercice de son autorité, rien d'extraordinaire. Au fond de son ame, il doute peut-être de l'équité de son jugement; mais en lavant ses mains il pense effacer les taches du sang qu'il aura répandu. Les soldats, qui ont conduit devant lui la victime, se jouent d'elle, et joignent à leurs dérisions, des gestes ignobles qui n'appartiennent qu'aux dernières classes du peuple. Dans la Sainte-Cène, le Christ se révèle à ses disciples, par l'élévation de ses traits, la majesté de sa contenance, son air de candeur, d'innocence, de bonté. Tous les regards sont fixés sur lui. On croit l'entendre prononcer des paroles de charité et d'indulgence. Les groupes sont naturellement disposés. La surprise, la confiance, le respect, se peignent dans les attitudes variées des apôtres. Le spectateur peut circuler à l'entour de la table, tant la salle est spacieuse et bien éclairée, quoique trop brillante peut-être d'ornemens et d'accessoires. Il y a lieu d'adresser souvent à Paul Véronèse, le reproche de céder aux écarts de sa riche imagination, et de ne pas assortir, avec ses personnages, le lieu dans lequel il les place, ni quelquefois leurs habillemens.

L'Espagnolet nous montrera l'ange Raphaël se présentant au jeune Tobie pour le conduire dans la ville de Ragès, symbole de la protection céleste accordée au fils d'un serviteur vertueux du dieu des juifs.— Quelles sont ces deux femmes d'un coloris si vrai, si naturel, dont l'une passe son bras droit autour de la taille de l'autre, la presse étroitement sur son cœur, et vient de lui donner un baiser? Celle-ci porte le diadême : inquiète d'une si vive caresse, elle se défend du trouble qu'elle éprouve.

Celle-là couronnée de laurier, lui pose, sur le sein, sa main gauche dont elle tient un caducée, et voudrait deviner si son bonheur est partagé. Quel est ce sujet? quel peintre l'a exécuté? on l'ignore. Nous sommes chez un prince de l'église. Il ne conviendrait pas qu'on y exposât une peinture licencieuse. Aussi vous dira-t-on que le diadême indique un empire; que le laurier et le caducée caractérisent la déesse de la paix; et que les embrassemens de ces deux figures allégoriques, sont l'image du bonheur dont les peuples jouissent, après que la guerre a cessé. Pour moi, à cette ardeur qui cherche la volupté, à ces emblêmes du dieu des arts, à cet embarras d'une jeune et belle princesse, je reconnais bien plutôt quelque épisode des amours de Sapho. Quoi qu'il en soit, la physionomie de ces deux femmes, l'empressement de l'une, la timidité de l'autre, forment une opposition piquante. Ce contraste vous fait penser. Leurs lèvres se touchent presque. Vous en admirez la forme, la couleur, la *morbidezza*, comme disent les Italiens. Ce baiser pris ou donné, quelle que soit son intention, a un charme qui se communique.

Regardez maintenant ces deux enfans dont

les jeux ont une naïveté, une grâce, un abandon délicieux. Leurs traits, leur innocence, leur coloris, n'appartiennent à aucun système de l'art de peindre. C'est la nature embellie par un goût pur, par un sentiment exquis du vrai beau. A cette harmonie de tons, à ces teintes fines, à cette magie inimitable du clair-obscur, vous nommez, comme moi, le Corrége. — Au-dessous, quel charmant petit tableau j'aperçois! On l'attribue à Léonard de Vinci. Il représente Léda, nue, assise sur un tertre de gazon, au milieu d'un riant paysage. Quels contours séduisans! que de fraîcheur! que sa carnation est voluptueuse! Elle vient de recevoir les caresses de son amant ailé, et s'étonne, avec un reste de plaisir, de ne lui avoir pas résisté. Le cygne vainqueur est à côté d'elle, tout près. Ses ailes sont à demi enflées. Il presse contre sa maîtresse le duvet de son cou, et lui baise le sein. Pour elle, loin de le repousser, elle le laisse faire. Un léger désordre émeut encore ses sens. Elle cède à la douce rêverie qui lui retrace des sensations que jusqu'alors elle avait ignorées. Cependant autour d'eux un essaim d'Amours s'est abattu. Épars, ils jouent avec des coquilles d'œufs cassés. L'un, s'en fait un casque; l'autre, une cuirasse. C'est à qui expliquera mieux ce sujet traité avec esprit et finesse.

Si vous ignorez la manière de Carlo Dolci, voici un saint Sébastien qui, malgré ses petites proportions, vous en donnera une idée parfaite. Le pinceau de ce maître, moelleux sans fadeur, répand sur la toile le velouté des chairs. Les teintes de sa palette se marient, se confondent et se dégradent par des nuances presque insensibles. Employées, elles ont l'harmonie de la nature. Ne croirait-on pas qu'il se soit attaché à justifier son nom par la douceur de sa touche, par la suavité de ses couleurs, ou plutôt qu'il l'ait emprunté de ces deux qualités qui le distinguent entre tous les peintres anciens et modernes? — Après cette image touchante d'un martyr de la religion catholique, daignerez-vous jeter les yeux sur le portrait d'un misérable, qui en immola par centaines à la politique de son maître? Je veux parler du duc d'Albe. Il était sobre, cruel, impassible, inexorable. La pâleur de son teint, la gravité de son maintien, sa physionomie austère, la dureté de son regard, ne le disent-ils pas? Il est repoussant.

De l'école italienne, passons à l'école flamande. Vous m'approuverez de vous citer d'abord Rubens. Il a peint Abel, étendu sans vie au milieu de sa famille. La blessure qui sillonne son front, n'en a point altéré la candeur. Pour signaler sa puissance ignorée auparavant, la mort n'a pas eu besoin de défigurer sa première victime. Adam se reproche la perte de ce fils chéri. Ève s'abandonne à l'excès du désespoir. La femme d'Abel et sa sœur fondent en larmes. Cette scène est déchirante.—Rembrandt va nous en distraire en nous montrant une femme couchée, qui a écarté tant soit peu sa couverture, s'est soulevée sur son oreiller, et après avoir entr'ouvert le rideau de son lit, regarde avec inquiétude, et paraît écouter. Jeune, fraîche, belle et digne qu'on l'aime, craint-elle quelque surprise? ou bien si elle attend son amant? L'attendre! serait-elle déjà couchée et si troublée? Son émotion, sa toilette en désordre, annoncent plus que de l'espérance. Il est près d'elle. Elle le cache; et ne voudrait laisser qu'à l'aurore, le droit d'interrompre une nuit de plaisir et d'amour.

David Téniers et Gérard-des-nuits viendront après. Ils nous feront assister à deux des dernières scènes de la vie du Christ. Dans la première, les soldats préposés à sa garde le raillent. Sa patience les irrite. Ils s'excitent réciproquement à la pousser à bout; mais ils n'y réussiront pas. On voit qu'elle a sa source dans une cause, dans une volonté, contre lesquelles les efforts humains ne sauraient prévaloir. Jésus lassera leurs outrages avant qu'il en soit offensé. Sa mission est de se donner en exemple aux hommes. Rien ne pourra l'en détourner. Il y a quelque chose de surnaturel dans sa contenance et son ineffable mansuétude. Comment l'auteur jovial des fêtes champêtres, des danses villageoises, des repas bruyans, où la grosse gaieté des paysans de la Flandre éclate de tant de façons différentes, est-il devenu si pathétique? C'est pourtant lui. On le reconnaît à sa touche rapide, spirituelle, à ce ton léger qui se prête à tous les accidens de la lumière, à ce talent de rendre la pensée, où le travail et l'étude semblent avoir si peu de part. — L'épisode choisi par Gérard est le Reniement de saint Pierre. Placé dans un angle du tableau, l'apôtre vient de répondre à la servante qui l'interrogeait: « Je ne le connais pas. » Sa main en fait encore le geste, et tous ses traits confirment cette réponse. Cependant il hésite déjà. Peu d'instans s'écouleront avant que le repentir le touche, qu'il s'accuse de sa faute et qu'il cherche à l'expier. Mais elle est commise. Des soldats, autour d'une table, sur laquelle deux de leurs camarades jouent aux cartes, ont recueilli le témoignage qu'il a rendu, et dont on se servira pour justifier le supplice de son maître. Une joie féroce brille dans leurs yeux. Les joueurs, qui ont quitté la partie, s'entretiennent avec eux de l'abandon où l'un des disciples du Christ vient de le laisser. Ils sont tous impatiens de répandre cette nouvelle. Ils vivent; ils parlent; ils vont se mouvoir. Vous êtes tenté de vous mettre à l'écart, pour leur donner passage.

Cette collection de peintres flamands ne serait pas complète, si Vandyck n'y occupait une place. Bien qu'il ait particulièrement excellé dans le genre du portrait, il a aussi fait des tableaux d'histoire, recommandables par sa belle couleur, et par la vérité de l'expression. J'en vois ici qui tiennent le premier rang parmi tant de chefs-d'œuvre d'un grand prix. — Puis vient Jean Steen, dont le pinceau naïf a représenté deux villageois endormis. Que leur sommeil est profond! Ils le doivent à quelques pots de bière vides, qui sont sur la table prochaine.

Nous arrivons enfin à la galerie des peintres

français. Elle s'ouvre par deux paysages. Les sites sont un peu étudiés. Les plans ressemblent par leur disposition, à l'arrangement des décorations théâtrales. Il y a du travail dans la manière dont les arbres sont feuillés. L'art s'est moins rapproché de la nature, qu'il ne l'a soumise à ses règles. De belles dames en longs corsets et à paniers rebondis, des messieurs en habit français, à la taille pincée, aux larges basques carrées, sont assis, folâtrent ou dansent sur le vert gazon. Quelques amans présentent des fleurs à leurs maîtresses. Tout cela pourrait paraître emprunté, prétentieux ; mais Watteau sait donner, à ces sujets de la vieille galanterie, un charme particulier. L'esprit qu'il y mêle en exclut le ridicule et la fadeur. Son coloris est fin, léger, vrai. Lui seul a eu le secret de transporter aux champs, les divertissemens, les costumes, les gracieusetés de la ville, d'effacer les disparates qu'offrent ses tableaux, et de faire trouver du plaisir à les voir.

Que pensez-vous de cette femme qui joue avec un enfant, à l'ombre d'un hêtre touffu ? C'est une mère et son fils, n'est-ce pas ? Près d'une étrangère, l'enfant n'aurait ni la même confiance, ni le même abandon. Pour elle, sa joie n'est pas pure. Il s'y joint de la mélancolie. Quelque peine secrète agite son cœur. Quelle simplicité, quelle négligence dans son ajustement! Elle ne cherche plus à plaire. Aurait-elle été trompée? Fruit d'un amour passager, cet enfant ne lui rappellerait-il qu'un ingrat, et d'inutiles regrets?

Vous parlerai-je d'un admirable Lesueur, de plusieurs Nic. Poussin, de Vernet, de Claude Lorrain? Ces maîtres de notre école vous sont familiers. Vous connaissez leur génie, et le genre propre à chacun d'eux. Les deux premiers se font remarquer par la sagesse de leurs compositions, la netteté de leur pensée, l'opposition et la variété des effets, et leur goût pour peindre les actes de vertu et de piété. Leur génie s'adresse plus à l'ame qu'aux sens. Les nuances qui les distinguent, loin de diminuer leur mérite, le rehaussent au contraire. Ainsi tous deux seront cités pour la pureté du style; mais le Poussin le devra plus à l'étude de l'antiquité, Lesueur à l'étude de la nature. Également habiles à subordonner au sujet les attitudes de leurs personnages, celui-ci montrera moins de science, celui-là moins de naïveté. Les figures du Poussin seront imitées de la Grèce et de Rome, et l'illusion n'y perdra rien. Celles de Lesueur auront une perfection idéale qui lui est propre; et vous y retrouverez souvent tout ce qui constitue le sublime. L'un et l'autre excellent dans l'art d'exprimer les passions, les mouvemens de l'ame; mais, tandis que le Poussin les modère par la méthode, l'arrangement et une sorte de calcul, Lesueur s'y livre avec enthousiasme et sans aucune réserve. Enfin les fonds du dernier sont le plus souvent simples et négligés; et le premier les orne de la plus belle architecture, ou des plus riches paysages. Vous serez frappé de ces rapports et de ces différences, en prenant au hasard quelques-unes des compositions de ces grands peintres, et en les comparant.

Ne croyez pas que le cardinal Fesch ait renié la France. Les tableaux français ont été mis dans les appartemens qu'il habite. Il ne repousse pas non plus la mémoire des tems prospères de sa famille. En songeant à la ténacité de sa résistance aux volontés de Napoléon, on est ému de l'hommage désintéressé qu'il lui rend aujourd'hui. Dans sa chambre à coucher, au pied de son lit, sur un cippe de marbre, il a fait placer le buste de l'Empereur en biscuit de Sèvres, couronné d'un laurier d'or, symbole de l'immortalité qui l'attend. Ce ne peut être sans intention de sa part, que cette image lui soit ainsi présente à l'heure où le sommeil va fermer ses paupières, et à l'instant de son réveil. C'est comme s'il voulait la faire assister à tout le cours de sa vie, et lui donner sa première et sa dernière pensée de chaque jour. Quel plus digne témoignage de gratitude, que celui qui survit à la puissance du bienfaiteur! Sur la cheminée, deux vases de porcelaine offrent, l'un, le portrait en miniature du roi Murat, l'autre, une chasse de l'Empereur à Choisy-le-Bac près Compiègne, dans laquelle, malgré les petites proportions des personnages, on reconnaît Napoléon à cheval, et l'Impératrice dans une calèche avec les dames de sa cour. Ah! que la vue de ces plaisirs d'un moment ramène de douloureux souvenirs!

Tâchons de les écarter : reprenons la suite de nos promenades dans la campagne de Rome. Il nous faut retourner aux environs du cirque de Caracalla. Un peu en arrière, et sur un monticule, s'élève un petit temple carré. Il menaçait ruine. Quoique les éperons dont on l'a étayé, le déforment un peu, il n'a rien perdu de l'élégance de son ensemble, de la pureté de ses profils, ni de la justesse de ses proportions. Les uns pensent qu'il fut consacré à Bacchus; les autres, aux Camènes, surnom donné aux Muses à cause de la mélodie de leurs chants. Quatre colonnes et un fronton en marbre, décorent sa façade. Les initiés seuls pénétraient dans l'intérieur. Assemblé au dehors, le peuple répondait à la voix des prêtres, et mêlait ses vœux à leurs prières. Urbain VIII en a fait une chapelle qu'il a vouée à son patron. Je viens de frapper à la porte grossière qui en ferme l'entrée. Un bruit de sandales se fait entendre le long d'un escalier de bois. On ouvre. Un capucin se présente. Il est à la fois le gardien, le sacristain et le desservant de cette petite église, et vit, sinon du casuel de son ministère, au moins des gratifications que lui donnent les passans, en reconnaissance de l'histoire qu'il leur raconte. Malgré sa robe, son cordon, son chapelet, et la croix et la petite tête de mort en ivoire qui y sont suspendues, il ne vous parlera que du dieu de la vendange, lui qui est censé ne boire que de l'eau, et de celui des vers, qui ne l'inspire aucunement. Des pilastres soutiennent la voûte. Elle est garnie de caissons octogones en stuc. Une frise ornée de trophées militaires règne à l'entour ; et sur l'autel qui fut rougi du sang des sacrifices, où brûla un encens profane, repose une pierre creusée en forme d'auge et remplie d'eau bénite.

L'opinion la plus commune est qu'une forêt couvrait le monticule où nous sommes, et les vallons environnans. Elle abritait de son ombre une source abondante. L'eau s'écoulait jusqu'au fleuve *Almone*, à travers une herbe épaisse et toujours fleurie. La fraîcheur, la solitude, le silence, le chant des oiseaux, le murmure de la fontaine, rendaient ces lieux favorables à la méditation. Là, dit-on, sans témoins, Numa venait souvent méditer sur les institutions propres à assurer la prospérité de Rome naissante. Persuadé que la crainte des dieux maintiendrait plus sûrement la multitude dans le respect de l'autorité, il ne craignit point d'user d'une pieuse supercherie. Plaçant ses lois sous l'égide de la religion, il prétendit que la déesse Égérie présidait à la fontaine de la forêt; que les Muses tenaient leurs assemblées sur ses bords, et que lui-même y était admis. Bientôt ces lieux devinrent sacrés. Le temple des Camènes fut construit. Nul n'aurait osé troubler les entretiens de Numa avec la nymphe qui le protégeait. Par elle, il apprenait quels sacrifices étaient les plus agréables aux dieux. Elle était censée régler les destinées du peuple romain. Mais, à cette époque reculée, une seule fable ne suffisait pas pour expliquer les faits les plus naturels. Vous trouverez ailleurs que cette Égérie n'était autre que l'épouse de Numa, qu'elle était douée d'une grande sagesse, et qu'elle contribua, par ses avis, au bonheur des Romains et à la gloire de leur roi. Numa mourut. Elle en conçut une douleur si vive qu'elle quitta Rome, et se retira, à peu de distance de la ville, dans cette même forêt qu'on désignait sous le nom de Forêt d'Aricie. Ses sanglots ayant, plus d'une fois, interrompu les sacrifices, les dieux la changèrent en une fontaine à laquelle ils donnèrent le nom d'Égérie. Choisissez maintenant entre ces deux versions. Elles vous paraîtront également raisonnables et fabuleuses. Au reste, la forêt n'existe plus. La source est presque tarie. La voûte et les murs qui la renfermaient s'écroulent. Des mutilations rendent méconnaissable la statue de la nymphe. Son urne est desséchée. Le peu d'eau qui s'en échappe, séjourne entre des pavés chargés d'algues et de limon. Les ronces, le lierre percent à travers leurs joints, et forment des buissons impénétrables. L'humidité et les plantes aquatiques permettent à peine d'approcher de ce nymphée sans ombrage, délaissé par les dieux qui le fréquentaient, et dépouillé de tous les charmes que lui prêtent les chroniques de l'antiquité.

A droite, se trouve un autre temple semblable à celui que nous venons de visiter, mieux conservé, un peu plus grand, et de même bâti en briques. On ignore sa véritable consécration. Il est comme abandonné au milieu de la campagne.

Je ne vous retiendrai pas long-tems au palais de l'ambassade de France, quoique j'y doive passer le reste de la journée. Je ne sais quelle contrariété échauffait la bile du comte de B....., et donnait de la contrainte à tous ses alentours. Chacun avait pris un accent solennel. Toutes les phrases eussent commencé par ces mots *de par le Roi*, qu'on n'y aurait pas mis plus d'importance et de gravité. L'expression la plus insignifiante suffisait pour irriter M. l'ambassadeur. Familiarisé avec nous, il s'est cru autorisé à s'affranchir de sa réserve accoutumée, à oublier la modération que son âge, son titre et son éducation lui commandent. Au nom du cardinal Fesch, cité par mon compagnon de voyage, son regard s'est enflammé. Il s'est livré aux plus grossières invectives. Il a qualifié S. E. de vil pourvoyeur des bandes de la république, de spoliateur des musées étrangers, de digne exécuteur des brigandages de l'usurpateur. Après cette explosion, j'ai hasardé de parler du chanoine de J.... « C'est un voleur, et un charlatan ! » s'est-il écrié. Enfin, il est survenu, ou plutôt S. E. a amené une discussion entre lui et le chevalier A....., secrétaire de sa légation, au sujet d'un prêtre de la Trinité-du-Mont, à qui, sous le régime français, l'administration du matériel de cette église avait été confiée. Cette discussion a bientôt dégénéré en une espèce de dispute. Les mots de larcin, de preuves, de procès criminel, de galères ont été prononcés par le noble comte, là, à sa table, devant un nombreux domestique. Plus il y mettait de colère, plus son subordonné, qui date dans cette mission des premiers tems de la république, y apportait de mesure et de sang-froid. Mais M. l'ambassadeur ayant laissé échapper un reproche vague de connivence, quelques dénégations fort sèches et assez énergiques de celui sur qui il pouvait retomber, ont amené un silence général. Sans la douceur angélique de la maîtresse du logis, qui s'est hâtée de dissiper cet orage, la contenance de chacun serait devenue fort embarrassante, à une table qu'on ne peut quitter quand on le veut. Heureusement le signal d'en sortir n'a pas tardé. On a passé dans le salon. J'ai ramené la conversation sur Pompéia, sur Rome, sur les antiquités, sujet inépuisable d'entretien et de conjectures. Elle a repris ses agrémens accoutumés, sans effacer toutefois entièrement l'impression que m'avaient faite les écarts dont je venais d'être témoin, qu'un simple particulier se permet rarement dans la familiarité la plus intime, et que doit positivement s'interdire un homme en place. Le souvenir du cardinal de Bernis, qui s'était déjà souvent offert à ma mémoire, dans ce palais qu'il a occupé, y est venu de nouveau à cette occasion; et la comparaison n'a pas été favorable à son successeur. Rome est encore pleine du renom qu'y ont laissé son urbanité, la grâce de ses manières, et sa dignité tempérée par une aménité de caractère qui ne l'abandonnait jamais. Poète, ami des arts, galant dans les salons, il ne reprenait son rang d'ambassadeur de France, qu'au palais pontifical ou dans son cabinet, et ne se montrait religieux qu'au pied des autels. Un sentiment exquis des convenances réglait ses discours et ses moindres démarches. Affectueux pour les Français, bienveillant envers les étrangers, il avait su se concilier l'estime et l'amitié des Romains. Rien ne manquait à ses succès publics ou privés. Quelle distance cependant entre deux hommes chargés des mêmes fonctions ! Combien de fois la plus grande difficulté de remplir convenablement un emploi, ne vient-elle pas de celui qui l'exerçait auparavant ! Demandez aux rois de l'Europe depuis que Napoléon a régné.

FIN DU TROISIÈME VOLUME.

TABLE

DU TROISIÈME VOLUME.

		Pages.
Naples........	30 novembre 1819...............	1
Lacco........	1ᵉʳ décembre 1819..............	39
Naples........	2.............................	116
Naples........	3.............................	126
Naples........	4.............................	144
Naples........	5.............................	163
Naples........	6.............................	180
Naples........	7.............................	188
Évoli........	8.............................	214
Salerne.......	9.............................	233
Naples........	10............................	245
Naples........	11............................	251
Terracine.....	12............................	273
Rome.........	13............................	276
Rome.........	14............................	278
Rome.........	15............................	279
Rome.........	16............................	312
Rome.........	17............................	334

Rome........18 décembre 1819................ 353
Rome.........19........................... 381
Rome........20............................ 394

FIN DE LA TABLE DU TROISIÈME VOLUME.

www.ingramcontent.com/pod-product-compliance
Lightning Source LLC
Chambersburg PA
CBHW052119230426
43671CB00009B/1048